O PROCESSO DE ACONSELHAMENTO

Patterson/Eisenberg
O PROCESSO DE ACONSELHAMENTO

Tradução MAGALY ALONSO

Título original: THE COUNSELING PROCESS.
Publicado por Houghton Mifflin Company, Boston, Massachusetts, U.S.A.
Copyright © 1983 by Houghton Mifflin Co.
Copyright © 1988, Livraria Martins Fontes Editora Ltda.,
São Paulo, para a presente edição.

1ª edição *1988*
4ª edição *2013*
4ª tiragem *2022*

Tradução
MAGALY ALONSO

Revisão da tradução
Cristina Sarteschi
Revisão
Coordenação de Maurício Balthazar Leal
Produção gráfica
Geraldo Alves
Composição
Oswaldo Voivodic
Ademilde L. da Silva
Arte-final
Moacir Katsumi Matsusaki
Capa
Marcos Lisboa

Dados Internacionais de Catalogação na Publicação (CIP)
(Câmara Brasileira do Livro, SP, Brasil)

Patterson, Lewis E.
 O processo de aconselhamento / Lewis E. Patterson, Sheldon Eisenberg ; tradução Magaly Alonso. – 4.ª ed. – São Paulo : Editora WMF Martins Fontes, 2013. (Textos de psicologia)

Título original: The counseling process
ISBN 978-85-7827-652-2

1. Aconselhamento I. Eisenberg, Sheldon. II. Título. III. Série.

12-15380 CDD-158.3

Índices para catálogo sistemático:
1. Aconselhamento : Psicologia aplicada 158.3

Todos os direitos desta edição reservados à
Editora WMF Martins Fontes Ltda.
Rua Prof. Laerte Ramos de Carvalho, 133 01325-030 São Paulo SP Brasil
Tel. (11) 3293.8150 e-mail: info@wmfmartinsfontes.com.br
http://www.wmfmartinsfontes.com.br

Índice

Prefácio IX

CAPÍTULO 1. **Algumas perspectivas sobre ajuda efetiva**............ 1
   Fundamentos teóricos da obra 1
   Preceitos fundamentais da ajuda efetiva... 3
   Características do conselheiro eficiente 10
   Sumário... 16

CAPÍTULO 2. **O aconselhamento como processo** 19
   Aconselhamento — definição 20
   Objetivos resultantes do aconselhamento...................................... 20
   Objetivos processuais no aconselhamento 26
   Fases do processo de aconselhamento... 27
   As três fases do aconselhamento 33
   Sumário... 36

CAPÍTULO 3. **Descoberta inicial**.. 37
   O que os clientes trazem à experiência de aconselhamento 37
   Modos de estimular a comunicação... 39
   Modos de bloquear a comunicação 40
   Condições interiores e a fase da descoberta inicial 44
   Sumário... 52

CAPÍTULO 4. **Exploração em profundidade** 55
   Experiências pessoais com *feedback* 56
   Empatia avançada 59
   Imediação... 65
   Confrontação 67
   Interpretação 74

Dramatização 75
Sumário 78

CAPÍTULO 5. Preparação para a ação 81
Resultados da ação 81
Tomada de decisão — Aplicação de solução científica de problema 86
Apoio para ação 93
Ajudando os clientes a adquirirem novas habilidades 97
Manipulação do ambiente 97
Sumário 99

CAPÍTULO 6. Término 101
Prontidão para a etapa final 101
Resistência à separação 102
Finalizando de um modo positivo 104
Encaminhamento 106
Sumário 107

CAPÍTULO 7. Técnicas de estruturação e condução 109
Estruturação 110
Condução 112
Sumário 120

CAPÍTULO 8. Diagnose no aconselhamento 123
O modelo diagnóstico na medicina 123
Diagnose no aconselhamento 125
Os componentes de diagnose no aconselhamento 126
Os mapas cognitivos do conselheiro 132
Sumário 137

CAPÍTULO 9. Trabalho com clientes relutantes 139
Quem é o cliente relutante? 139
Compreensão da relutância de um cliente 140
As emoções do conselheiro em relação ao cliente relutante . 142
Por que trabalhar com clientes relutantes? 145
Trabalho com a relutância do cliente 147
Trabalho com pessoas que são fontes de referência 149
Sumário 153

CAPÍTULO 10. **Trabalho com crianças pequenas e seus pais** ... 155
   Como as crianças diferem dos adultos 156
   Comunicação 158
   Avaliação 161
   Socialização 166
   Trabalhando com pais 168
   Sumário 171

CAPÍTULO 11. **Aconselhamento: ênfases teóricas** 173
   Estrutura para comparação de teorias de aconselhamento ... 173
   Aconselhamento centrado no cliente 175
   Aconselhamento gestáltico 179
   Aconselhamento psicanalítico 184
   Aconselhamento racional-emotivo 189
   Aconselhamento baseado em traços e fatores 192
   Aconselhamento behaviorista 194
   Sumário 199

CAPÍTULO 12. **Pesquisa em aconselhamento** 201
   O conselheiro como cientista 202
   Variáveis na pesquisa sobre aconselhamento 202
   Sumário 211

Apêndice A. **Normas éticas da American Personnel and Guidance Association** 215

Apêndice B. **Esboço para apontamentos da sessão** 227

Prefácio

A 3.ª edição de *O Processo de Aconselhamento* destina-se ao uso em cursos introdutórios sobre aconselhamento. O texto também é apropriado para treinamento de voluntários e profissionais que prestam socorro por telefone em vários tipos de serviço.

Como nas edições anteriores, nosso objetivo é desenvolver os princípios de ajuda interpessoal efetiva. Apresentamos o aconselhamento como uma experiência que visa ajudar indivíduos a planejar, tomar decisões, lidar com as pressões da vida e crescer, a fim de adquirirem uma autoconfiança positiva.

Quase todo o conteúdo da 2.ª edição foi conservado na presente edição, mas reorganizado e reescrito para maior clareza. As três fases básicas do aconselhamento foram analisadas mais cuidadosamente, focalizando a experiência do cliente e as habilidades do conselheiro. As técnicas ou as estratégias de aconselhamento estão integradas nos capítulos que expõem as fases do aconselhamento, de maneira que a natureza e a sincronização das técnicas podem ser tratadas simultaneamente. Em comparação às edições anteriores, as fases estão descritas num estilo mais coeso e de um modo que apreende a evolução no tempo do processo do aconselhamento. Este é apresentado como um sistema genérico cujos princípios se aplicam ao trabalho com pessoas de qualquer idade e em qualquer situação. O texto assume uma posição teórica eclética integrada, introduzindo idéias de vários pontos de vista teóricos e mostrando como cada um deles pode contribuir para o trabalho do orientador.

Diversos capítulos completamente novos foram escritos para a 3.ª edição. Um, sobre estrutura e condução, expõe a orientação do processo pelo conselheiro e apresenta uma base racional para a seleção de estratégias de ajuda. Um outro, sobre diagnóstico, concentra a atenção do leitor na compreensão do significado do material apresentado pelo cliente, como um passo no planejamento de intervenções efetivas. Foi acrescentado um capítulo que descreve a aplicação do modelo genérico do aconselhamento ao trabalho com crianças pequenas, porque acreditamos que todo profissional deveria ter alguma experiência com esse grupo especial. Um novo capítulo sobre teorias comparadas introduz o esboço teórico da teoria e prática do aconselhamento, em parte para mostrar as raízes do modelo apresentado no texto e em parte para levar o conselheiro principiante a mais leitura de fontes originais. Finalmente, tratamos da natureza e importância da pesquisa, como fator de desenvolvimento do aconselhamento como campo de prática profissional.

São relatadas experiências de aprendizagem e estudos de caso com o objetivo de fazer com que o leitor relacione o material teórico à prática do aconselhamento. As experiências de aprendizagem propõem o exame de cenas da vida pessoal a fim de localizar fatores que levam à comunicação efetiva ou não-efetiva. Os estudos de caso, acompanhados de perguntas, estimulam os leitores a colocarem-se no papel de conselheiro e a considerarem o material fornecido pelo cliente como se fossem encontrá-lo. Finalmente, o Apêndice B oferece um roteiro para os profissionais que desejam criticar seu próprio trabalho para a próxima sessão.

Escrevemos o livro num estilo personalizado, dirigido ao principiante que está se preparando para tornar-se um conselheiro eficiente. Após usar o texto num curso introdutório, o leitor deverá conhecer o suficiente sobre o processo de aconselhamento e sobre as habilidades do conselheiro, para, então, iniciar, sob supervisão, o contato com clientes. O texto é também uma fonte valiosa para estagiários que, ao se encarregarem de um caso, desejem rever alguns princípios do aconselhamento.

Desejamos agradecer aos revisores do manuscrito cuja crítica construtiva sempre nos foi de muita ajuda: Robert Micali, University of New Mexico; John Waidley, Eastern Michigan University; Kenneth Wegner, Boston College e Geoffrey Yager, University of Cincinnati.

Queremos também agradecer àqueles que estimamos por sua compreensão, quando não fomos tão disponíveis quanto desejavam. Devemos especiais agradecimentos ao Dr. Daniel J. Delaney, da Eastern Virginia Medical School, co-autor nas 1.ª e 2.ª edições de *O Processo de Aconselhamento*, pelas idéias embrionárias que originaram o texto e por ter permitido que preparássemos uma edição atualizada. Agradecemos sinceramente a contribuição de Marjorie Eisenberg, que tem acompanhado este projeto desde seu começo.

LEWIS E. PATTERSON
SHELDON EISENBERG

1. Algumas perspectivas sobre ajuda efetiva

As pessoas procuram os serviços de profissionais — conselheiros, assistentes sociais, psicólogos e psiquiatras — quando suas capacidades para responder às demandas da vida estão esgotadas, o crescimento desejável parece inatingível e lhes falta resolução para a tomada de decisões importantes. Algumas vezes, uma terceira pessoa — cônjuge, empregador, um dos pais ou professor — recomenda ou faz com que o indivíduo carente de ajuda busque aconselhamento, porque acredita que essa pessoa esteja falhando no domínio efetivo de algum aspecto importante da vida.

O objetivo do aconselhamento, concebido amplamente, é capacitar o cliente a dominar situações da vida, a engajar-se em atividade que produza crescimento e a tomar decisões eficazes. Como resultado do processo, o aconselhamento aumenta o controle do indivíduo sobre as adversidades atuais e as oportunidades presentes e futuras.

Fundamentos teóricos da obra

Pessoas de qualquer idade, em qualquer condição de vida e com diferentes tipos de problemas podem ser ajudadas a adquirir controle sobre as adversidades e oportunidades de suas vidas. Portanto, vemos o aconselhamento como um processo *genérico* que inclui essencialmente os mesmos elementos, mesmo se realizado numa clínica comunitária de aconselhamento, centro de reabilitação, escola, hospital ou em qualquer outro tipo de agência. Ainda que certos métodos possam resultar em trabalho mais efetivo com certos clientes — por exemplo, crianças pequenas (v. cap. 10) — a estrutura básica do processo de ajuda é a mesma.

A possibilidade de viver eficazmente é aumentada por informações sobre o *eu* e sobre as condições do *ambiente*. As informações sobre o *eu* incluem *capacidades, conhecimento, emoções, valores, necessidades, interesses* e *modos de interpretar a si mesmo e aos outros*. As condições do ambiente incluem, entre outros fatores, *contatos interpessoais* com a família, amigos e companheiros de trabalho ou escola, *fatores sociais e econômicos* associados ao lugar onde a pessoa vive, a seu meio de subsistência e à sua *herança cultural*. O modelo genérico de aconselhamento apresentado neste livro deve ser visto como uma abordagem que visa o *insight* no aconselhamento, porque o controle do cliente sobre seu próprio destino aumenta à medida que ele passa a ter maior compreensão das relações entre o eu e o ambiente. O indivíduo que tenha melhores percepções (*insights*) de suas próprias necessidades, desejos e capacidades em relação às oportunidades proporcionadas por seu meio particular, está capacitado para viver de modo mais efetivo.

As informações sobre as emoções do próprio cliente e as dos outros podem ser tão ou mais importantes que as informações factuais para a resolução de certos tipos de problemas. O modelo do aconselhamento aqui apresentado enfoca problemas cognitivos e afetivos. A capacidade para solucionar problemas *cognitivos* aumenta à medida que há *um estado afetivo* seguro, e o progresso real na solução de problemas *cognitivos* provavelmente fará com que o cliente *se sinta* melhor a seu próprio respeito.

Em nossa prática, nenhuma teoria da personalidade ou da aprendizagem explica a totalidade da experiência humana, e nenhuma abordagem do aconselhamento contém toda a "verdade" sobre o processo de ajuda. Nosso modelo genérico integra idéias advindas das abordagens mais contemporâneas e os capítulos subseqüentes reconhecem as contribuições especiais de seus criadores.

O modelo de ajuda de três fases é introduzido no cap. 2 e mais elaborado em capítulos posteriores. A *Primeira Fase* enfatiza a qualidade da *relação* do aconselhamento e baseia-se fundamentalmente no trabalho de Carl Rogers (1942, 1951, 1961; Meador e Rogers, 1979) e autores subseqüentes, que têm elaborado métodos de ensino e de avaliação de habilidades para relacionamento (Carkhuff, 1969; Egan, 1982). A *Segunda Fase* do aconselhamento concentra-se em ajudar o cliente a adquirir *compreensões mais profundas do próprio eu*. Contamos principalmente com conceitos psicanalíticos sobre a função e a defesa do ego e a motivação inconsciente, a fim de proporcionar uma base para que o conselheiro compreenda a motivação do cliente. As técnicas indicadas para originar compreensão do eu em profundidade emergem de uma ampla literatura sobre aconselhamento, mas têm especial relevância os procedimentos freudianos e da Gestalt (Perls, 1969; Polster e Polster, 1973). A *Terceira Fase* do aconselhamento envolve o *planejamento da ação*. Apoiamo-nos no trabalho de conselheiros que se baseiam nos traços e fatores (Williamson, 1939, 1950, 1965) e de conselheiros que visam aspectos cognitivos e comportamentais (Meichenbaum, 1977; Ellis, 1962, 1973, 1979; Krumboltz e Thoresen, 1976), quanto a algumas de suas idéias sobre tomada de decisões e reforço de ação positiva.

Cada uma das posições teóricas parece ter especial mérito na descrição de algum aspecto do processo do aconselhamento. Enquanto aqueles que propõem cada sistema tendem a crer que seu foco particular inclui todos os elementos mais importantes do processo, acreditamos que um agregado dos vários sistemas seja mais completo que qualquer um deles isoladamente. Obviamente, não sugerimos que um conselheiro selecione ao acaso técnicas ou estratégias. Oferecemos uma base para a escolha de técnicas específicas de acordo com a fase do aconselhamento e a natureza das preocupações do cliente, de tal modo que possa ser planejada uma progressão consistente durante todo o processo do aconselhamento. O cap. 11 fornece sinopses das teorias selecionadas e identifica a contribuição de cada uma delas para o nosso modelo genérico.

Preceitos fundamentais da ajuda efetiva

A busca para identificar os elementos gerais que formam a base para ajuda efetiva continua. Nesta seção apresentamos um conjunto de preceitos que constituem a base para nossa compreensão do processo de ajuda*. Esses princípios emergiram de quatro fontes: nosso estudo da série de teorias do aconselhamento, nossas experiências como conselheiros, nossa prática na formação de conselheiros e nossa contribuição como autores interessados em descrever o processo de ajuda. Os preceitos fundamentais da ajuda efetiva, apresentados aqui, destinam-se a orientar o leitor para alguns dos princípios que acreditamos serem muito importantes na compreensão do processo de ajuda. Esses preceitos irão adquirir significado mais profundo à medida que os capítulos subseqüentes forem assimilados pelo leitor e deverão ser reestudados após concluir-se a leitura do texto.

---

* Este conjunto de preceitos foi reproduzido, com alguma revisão, do cap. 1 de *Helping Clients with Special Concerns*, de S. Eisenberg e L. E. Patterson (Boston, Houghton Mifflin, 1979).

1º Preceito — Compreensão

Para ser verdadeiramente efetivo, o conselheiro deve ter uma compreensão total do comportamento humano e ser capaz de aplicá-la à série particular de problemas ou circunstâncias de cada cliente.

O diagnóstico e o levantamento de hipóteses são partes críticas e inevitáveis do trabalho do conselheiro. O processo de diagnóstico tem duas funções inter-relacionadas: a primeira é descrever padrões significativos de comportamento ou experiência afetiva; a segunda é fornecer explicações causais para esses padrões. Esse processo consiste em desenvolver tentativas de hipóteses, confirmar sua validade e usá-las como base para tomar decisões críticas quanto ao foco, processo e direções da experiência do aconselhamento.

Compreender o comportamento humano significa ter um conjunto de conceitos e teorias que ajudam a justificar e explicar relações humanas significativas e a relacioná-las a experiências. Esses conceitos e princípios fornecem o núcleo para o diagnóstico do conselheiro e o trabalho de levantamento de hipóteses. Os profissionais usam teorias e conceitos sobre o comportamento humano para compreender seu próprio comportamento e as preocupações, ações, percepções, emoções e motivações de seus clientes.

Existem dois perigos envolvidos no processo de diagnóstico e levantamento de hipóteses. Um deles é que o processo muitas vezes se transforma num jogo que imprime rótulos aos clientes, colocando-os dessa forma em categorias. Uma vez catalogado, o cliente é estereotipado: todas as características gerais das pessoas que fazem parte de uma determinada categoria são também atribuídas a ele. Como resultado, sua singularidade como indivíduo pode ser perdida, e o que é pior, outros atributos importantes podem ser esquecidos, pois a categorização prejudica a percepção do conselheiro. Um segundo perigo é que os profissionais muitas vezes cometem erros em seus diagnósticos, que resultam em esforços de ajuda freqüentemente ineficazes e algumas vezes contraprodutivos.

Concordamos que esses perigos são reais, mas não são inerentes ao processo de diagnóstico em si. Derivam, antes, do uso inadequado do processo. Os profissionais, que entendem o papel que a compreensão do comportamento humano tem em seu trabalho e que reconhecem a função do diagnóstico, trabalharão arduamente para evitar esses perigos. Isso é parte de sua responsabilidade ética.

2º Preceito — Mudança no cliente

O objetivo final da experiência do aconselhamento é ajudar o cliente a operar algum tipo de mudança que ele julga satisfatória.

Virtualmente, toda teoria significativa de aconselhamento estabelece que produzir algum tipo de mudança para crescimento no cliente é o resultado final pretendido. Algumas afirmam que a mudança explícita de comportamento é a condição *sine qua non* da experiência. Outras sustentam que a mudança de comportamento é simplesmente uma mudança de sintoma. A mudança real e duradoura surge quando o cliente desenvolve novas percepções sobre si mesmo, sobre as pessoas significativas e sobre a vida. Além disso, alguns conselheiros assumem uma abordagem terapêutica: tantam ajudar o cliente a mudar o comportamento disfuncional por padrões mais funcionais, tais como superar a timidez, reduzir a ansiedade debilitante, controlar a raiva contraprodutiva ou reduzir os conflitos interpessoais. Outros acreditam que o objetivo do aconselhamento é ajudar as pessoas a tomarem decisões vitais importantes. O papel do orientador é auxiliar o cliente a usar um processo de pensamento racional em momentos de confusão e conflito. Outros, ainda, vêem seu trabalho como o de estimular o crescimento pessoal e interpessoal favorável. Do modo como consideram sua função, reparar a disfuncionalidade e apoiar na tomada de decisões podem tornar-se contribuições importantes para a experiência de crescimento global do cliente. Para esses profissionais, ver as pessoas como seres envolvidos no processo de tornar-se mais completos e possuir um quadro em profundidade do funcionamento individual saudável ou pleno são perspectivas cruciais no processo do aconselhamento.

Muitas vezes é difícil documentar a mudança do cliente. A mudança de comportamento, se ocorre, é provavelmente a mais fácil de observar, porque é a mais tangível. Entretanto, os clientes também podem mudar suas percepções sobre certos comportamentos que anteriormente consideravam indesejáveis, podem mudar na medida em que experimentam uma tensão relacionada a uma situação não-desejada, ou podem mudar de muitas outras formas que envolvem experiência interior. Apesar das dificuldades para avaliar alguns tipos de mudança, um profissional que não é capaz de descrever as mudanças pelas quais o cliente tem passado, não tem base para saber quando o aconselhamento atingiu um resultado final efetivo.

3º Preceito — A qualidade da relação

A qualidade da relação de ajuda é importante para propiciar um clima para crescimento.

Quando uma pessoa se encontra com outra, decide o quanto de si mesma vai compartilhar. Antes de compartilhar profundamente, todos nós avaliamos o risco em termos de como supomos que o ouvinte reagirá a nossos pensamentos e sentimentos pessoais. Se não há confiança, permanecemos fechados e saímos da experiência inalterados.

Os elementos críticos da relação de ajuda que promovem abertura são freqüentemente descritos na literatura do campo: respeito *versus* rejeição, empatia *versus* oferecimento de conselho superficial, coerência ou autenticidade *versus* inconsistência, revelação facilitativa do eu *versus* ser fechado, imediação *versus* fugas para o passado ou futuro, e concreção *versus* intelectualização abstrata. Os conselheiros devem transmitir respeito pelos clientes como pessoas com direitos, que estão procurando viver do melhor modo possível. O interesse autêntico é transmitido quando procuram compreender o mundo do cliente como se fosse o seu próprio e dão indícios verbais dessa compreensão. Os profissionais eficientes compartilham seu próprio eu e oferecem a experiência de seu relacionamento com o cliente, como forma de abrir a comunicação a níveis de entendimento mais profundos. Responderão abertamente, com *feedback* imediato, a fim de ajudar o cliente a compreender sua própria experiência.

4º Preceito — Um processo seqüencial

O aconselhamento é um processo que ocorre numa seqüência bastante predizível e que se caracteriza pelo movimento em direção a resultados identificáveis.

O aconselhamento tem um começo, um meio e um fim. A princípio, o cliente e o conselheiro discutem as preocupações do primeiro. O conselheiro procura saber, do modo mais próximo possível, o que o cliente está sentindo e o que o trouxe ao aconselhamento. Enquanto escuta, procura desenvolver uma apreciação do mundo objetivo do cliente: como ele percebe a si mesmo, as outras pessoas significativas e o espaço vital circundante. Essa fase do processo envolve mais do que identificar um problema ou preocupação. Inclui também desenvolver um conhecimento de como o cliente sente aquela preocupação, a partir do modo como ele vê o mundo. A compreensão do mundo objetivo do orientando capacita o conselheiro a oferecer confrontações construtivas que podem levar o cliente à maior autoconsciência, qualidade essencial na fase intermédia da experiência do aconselhamento. Nessa fase, o cliente passa por um processo de exploração em profundiade, no qual o conselheiro procura ajudá-lo a compreender a si mesmo e às condições de sua vida relacionadas às preocupações sobre as quais escolheu trabalhar. O escutar atento, a reflexão cuidadosa e a confrontação ocasional caracterizam a contribuição do orientador nesta fase do processo. Para o cliente, os objetivos que estavam implícitos no modo como interpretou experiências de vida começam agora a tornar-se explícitos. O conselheiro o ajuda a colocar esses anseios (objetivos) em palavras que descrevam o mais claramente possível o que deseja fazer que aconteça. Novas percepções, descobertas e consciência sobre o eu caracterizam as experiências do orientando durante este estágio do processo. A experiência é excitante para alguns, desconfortável para outros.

Na fase final do aconselhamento, orientando e orientador trabalham juntos para pensar meios de alcançar objetivos desejados. Desenvolvem procedimentos alternativos e o cliente testa novos comportamentos. Finalmente, avaliam se os meios são adequados, ou não, para alcançar os objetivos.

5º Preceito — Auto-revelação e autoconfrontação

O processo do aconselhamento consiste primariamente na auto-revelação e autoconfrontação pelo cliente, facilitadas pela interação com o conselheiro.

Para que o aconselhamento se efetue, o cliente deve fornecer informações pessoais ao orientador que, por sua vez, tenta compreender o mundo daquele, no contexto de seu conhecimento sobre como as pessoas respondem a situações da vida. Embora os clientes possam revelar informação pessoal significativa em seu comportamento não-verbal, a comunicação no aconselhamento é principalmente verbal. O indivíduo revela seus pensamentos e sentimentos a um conselheiro perceptivo, através do que diz, da emoção com que diz, e pelo que escolhe ocultar em seu material verbal. Quanto maior for a revelação do eu, mais o orientador poderá ajudar o cliente a descobrir novos modos de lutar.

A autoconfrontação pelo cliente consiste no processo de examinar-se sob uma perspectiva ampla que possibilite o desenvolvimento de novas percepções sobre o eu. O conselheiro ajuda a ampliar a perspectiva sobre o eu, proporcionando um *feedback* sincero. Ao nível mais simples, esse *feedback* pode ser apenas uma exposição diferente das próprias palavras do cliente, que o leve a reconsiderar o que acabou de expressar. À medida que o orientador torna-se mais seguro de sua compreensão do cliente, pode preferir adotar uma forma mais abrangente de *feedback* que ajude o cliente a ver-se numa dada situação de um ponto de vista alternativo. Como tal *feedback* parte do quadro de referência do conselheiro, apresenta, muitas vezes, um panorama que o cliente não considerou anteriormente. É importante que, ao usar o confronto como instrumento, o conselheiro esteja o mais livre possível de interesses pessoais.

Seja o *feedback* ao nível da reafirmação, que implica baixo risco, ou ao nível do confronto, de maior risco, o cliente deve deparar-se com novos modos de ver e compreender o próprio eu em situações da vida. Através desse processo, emerge uma nova compreensão de necessidades, desejos, percepções e pressuposições pessoais e novas habilidades são descobertas e aperfeiçoadas.

6º Preceito — Uma intensa experiência de trabalho

O aconselhamento é uma intensa experiência de trabalho para os participantes.

Para o conselheiro, as atividades relacionadas ao escutar atento, à absorção de informação, à clarificação da mensagem e ao levantamento de hipóteses requerem uma energia intensa. Além dessas atividades intelectuais, está a experiência afetiva de preocupar-se com o outro a ponto de ser tocado por suas emoções, sem perder-se nelas e, portanto, debilitar-se como facilitador.

Para o cliente, o trabalho árduo está no esforço para compreender o que é difícil compreender, na persistência de confusão, conflito e incerteza, e no compromisso de revelar, para o eu, aquilo sobre o que é doloroso pensar. Esse esforço, persistência e compromisso demandam um grau de concentração que talvez nunca tenha sido experimentado antes. Todos os clientes sofrem as tensões adicionais de revelar a uma outra pessoa as suas insuficiências e de sentir emoções perturbadoras. O trabalho de crescimento sempre exige muito do cliente e freqüentemente é doloroso.

O aconselhamento não é o mesmo que uma conversa. Nela, duas ou mais pessoas trocam informação e idéias e a experiência é geralmente casual e relaxada. As pessoas saem de uma conversa e deslocam-se facilmente para outras coisas. O aconselhamento, por outro lado, é caracterizado por um grau de intensidade muito mais alto: as idéias são desenvolvidas mais vagarosamente, encontram-se num nível pessoal mais profundo e são consideradas mais cuidadosamente. Ao saírem de uma experiência de aconselhamento, as pessoas estão mental e emocionalmente esgotadas, e ainda pensam sobre o que foi discutido. Se não houve esforço por parte do cliente e do orientador durante a sessão, então não houve aconselhamento. Pode ter ocorrido conversa, mas não aconselhamento.

7º Preceito — **Conduta ética**

Assumir o serviço profissional de ajuda a pessoas obriga o orientador (conselheiro, assistente social, psicólogo, etc.) a agir de modo ético. Códigos de ética publicados por associações profissionais importantes servirão para fixar alguns parâmetros necessários (v. Apêndice A).

A prática ética pode ser definida como aquela que proporciona, com interesse e esforço consciencioso, um serviço de ajuda para o qual se foi preparado adequadamente. A prática não-ética ocorre sob três condições: quando profissionais envolvem-se com clientes cujos problemas estão além de seu preparo; quando exploram sua posição para arrecadar taxas ou um salário por serviço incompetente; ou quando não compreendem sua obrigação de respeitar os direitos do cliente à privacidade e à livre-escolha.

É fundamental que o cliente acredite na competência do profissional, seja ele advogado, médico, conselheiro, assistente social ou psicólogo. É essa confiança que permite ao cliente partilhar suas preocupações pessoais, de um modo que vai além da conversa casual e que torna a ajuda efetiva possível. É incorreto oferecer um serviço para o qual se é incompetente ou fornecer menos do que o cliente necessita.

Respeitar o direito do cliente à privacidade inclui a existência de um relacionamento confidencial em que o indivíduo é livre para revelar informações pessoais importantes. Não é ético revelar informação confidencial sobre um cliente a uma outra pessoa, a menos que esteja envolvida uma situação de perigo de vida. Também o orientador que coage um cliente a revelar informações que ainda não poderiam ser reveladas é culpado de invasão da privacidade. A linha que distingue a conduta facilitativa do orientador e a intromissão em problemas pessoais, às vezes, é tênue, e a distinção é medida segundo o tempo e o contexto.

Respeitar o direito que o cliente tem de escolher livremente também é problemático para alguns conselheiros. Se partimos do pressuposto que pessoas racionais chegarão ao mesmo conjunto de conclusões sobre um dado problema ou circunstância, é fácil concluir que o cliente que chega a uma resposta diferente da do conselheiro não está sendo racional. Às vezes, pode ser verdade, e a diferença de opinião serve como evidência de que o processo de aconselhamento ainda não está sendo satisfatório.

Em outro contexto a diferença de opinião pode significar que o cliente tem valores que diferem dos do conselheiro e talvez daqueles da sociedade em seu conjunto. Em tais casos, o orientador pode ajudar o cliente a entender as conseqüências lógicas de sua visão para estar certo de que sua escolha não se dê por falta de informação. Tendo efetuado uma exploração das alternativas e conseqüências, o orientador cumpriu sua responsabilidade profissional e não tem mais direito ou obrigação de tentar impor uma escolha particular.

Características do conselheiro eficiente

Atividade de aprendizagem pessoal

O objetivo desta atividade de aprendizagem pessoal é ajudar você a identificar as qualidades e características importantes do conselheiro eficiente. Embora isso possa ser feito individualmente, é mais significativo se partilhado com outros participantes na mesma experiência de aprendizagem.

1º Passo — Durante sua vida, você teve experiências nas quais recebeu ajuda; teve também outras experiências nas quais forneceu ajuda. Tenham ou não essas experiências sido rotuladas como aconselhamento, em momentos importantes de sua vida, você tem dado e recebido ajuda. Neste exercício, pense em duas ocasiões diferentes em que desejou a ajuda de uma outra pessoa. A primeira ocasião deverá ser uma na qual a ajuda recebida foi valiosa para você, isto é, a pessoa foi eficaz em ajudá-lo. A segunda ocasião deverá ser uma em que não houve sucesso; você não recebeu a ajuda de que necessitava. Em ambos os casos, a pessoa que ajuda poderá ser um amigo, esposo, supervisor, pai ou mãe, professor ou conselheiro; mas as duas experiências deverão envolver dois tipos diferentes de pessoa.

2º Passo — Pense sobre a primeira experiência e anote suas respostas às seguintes perguntas:

— Que tipo de ajuda você estava buscando? (Com o que estava preocupado? O que esperava obter como resultado de sua discussão?)
— Como a pessoa que o ajudava o tratou?
— Quais foram as atitudes básicas da pessoa que tentava ajudá-lo em relação a você?

— Quais eram as suas preocupações?
— Que modelos de resposta você percebeu na pessoa que lhe oferecia ajuda?
— Quais eram as características mais marcantes dessa pessoa?

3º Passo — Ao completar essa atividade em relação à primeira experiência, responda novamente às perguntas, tendo em mente a segunda experiência (que não foi bem-sucedida). Não prossiga até que tenha completado este passo.

4º Passo — Agora, compare as duas experiências de ajuda e as pessoas que prestaram ajuda. Que fatores estiveram presentes na primeira experiência e não apareceram na segunda? Como as pessoas que o ajudaram diferem umas das outras? Anote essas observações. Não continue até que tenha completado este passo.

5º Passo — Ao terminar suas comparações, discuta suas observações com os outros participantes. Veja se pode verificar, a partir de suas experiências, o que se segue.

Características dos conselheiros

Através dos anos, estudos sobre as características do conselheiro eficiente têm estado entre os temas mais comuns para dissertação, e existe uma extensa literatura de pesquisa sobre esse tema, por acadêmicos renomados. A maioria dos estudos procura relacionar características particulares, como dogmatismo, à eficiência do orientador. Pelo fato de o aconselhamento ser algo complexo, cada estudo contribui apenas com uma pequena parte do quadro total do que constitui um conselheiro eficiente. Teóricos e profissionais do aconselhamento também têm acrescentado suas observações clínicas sobre as características de conselheiros eficientes. A seguir, apresentamos uma sinopse das qualidades mais importantes de um conselheiro eficaz.

Os conselheiros eficientes são hábeis em levar à extroversão Por sua conduta e idéias básicas sobre outros conselheiros, são capazes de encorajar outras pessoas a se comunicarem aberta e sinceramente com eles. Procuram evitar, em suas respostas, formas que originem atitude defensiva e bloqueios à comunicação, ouvindo de modo atento e envolvido. São capazes de concentrar-se plenamente no que lhes está sendo transmitido, não apenas para compreender o conteúdo do que está sendo expressado, mas também para avaliar a relevância do que o outro está dizendo, em relação ao seu bem-estar presente e futuro. Prestam cuidadosa atenção a sentimentos, convicções, perspectivas e suposições sobre o eu, pessoas significativas e circunstâncias do espaço vital. São capazes de controlar seus próprios sentimentos de ansiedade, enquanto ouvem as preocupações e angústias de outra pessoa.

Os conselheiros eficientes inspiram sentimentos de segurança, credibilidade e confiança nas pessoas a quem ajudam Na presença de conselheiros eficazes, os clientes sentem rapidamente que podem compartilhar suas preocupações e sentimentos abertamente. Não irão se sentir embaraçados, envergonhados, nem serão ridicularizados ou criticados pelos pensamentos, sentimentos e percepções. Nada de "ruim" acontecerá como conseqüência do partilhar, existindo uma chance real de que algo proveitoso venha a resultar disso.

Os conselheiros eficientes são também dignos de crédito: o que dizem é percebido como confiável e sincero; além disso, não têm agendas secretas ou motivos ocultos. São vistos como honestos, diretos e não-manipuladores, sustentando a crença geral de que se pode confiar neles.

Os conselheiros eficientes são capazes de introversão e extroversão Os conselheiros eficazes refletem muito sobre suas ações, sentimentos, compromissos de valor e motivações. Estão voltados para a autocompreensão e a auto-análise não-defensivas e contínuas. Estão conscientes dos sentimentos que experimentam e das origens dos mesmos. São capazes de dominar a ansiedade, ao invés de apagá-la da consciência. São capazes de responder com profundidade à pergunta "Quem sou eu?". Podem ajudar outras pessoas a pensarem aberta e não-defensivamente sobre si mesmas e suas próprias preocupações, porque não têm medo de participar dessas experiências.

Os conselheiros eficientes transmitem interesse e respeito pelas pessoas que estão procurando ajuda Por sua conduta, os conselheiros eficazes transmitem tacitamente a seus clientes a seguinte afirmação: "Importa-me que você seja capaz de resolver as preocupações e problemas que está enfrentando. O que vier a lhe acontecer no futuro também me interessa. Se as coisas resolverem-se bem e você alcançar sucesso, estarei feliz com isso. Se encontrar frustração e fracasso, ficarei triste." O oposto de interesse não é raiva, mas indiferença. Os orientadores eficazes não são indiferentes ao presente e ao futuro das pessoas que procuram ajudar. Ao contrário, se oferecem tempo e energia para os outros, é porque o bem-estar futuro das pessoas a quem estão fazendo com que se abram lhes interessa.

Respeitar uma outra pessoa significa ter-lhe consideração e estima, isto é, ter uma visão favorável dela, reconhecer seus talentos e não a diminuir por suas limitações. Aplicado à ajuda eficiente, significa acreditar que essa pessoa será capaz de aprender, de superar os obstáculos e de amadurecer como um indivíduo responsável, confiante em si mesmo. Com essa perspectiva, os conselheiros eficientes transmitem consideração pelos outros, oferecendo seu tempo e energia, escutando ativa e atentamente (o que demonstra envolvimento), e não tratando o indivíduo como se fosse tolo ou ridículo, incapaz de pensamento e raciocínio sensatos. Os conselheiros eficazes também gostam de si mesmos e se respeitam, mas não são arrogantes ou presunçosos com as pessoas a quem estão ajudando.

Os conselheiros eficientes gostam de si mesmos, respeitam-se, e não usam as pessoas, a quem estão tentando ajudar, para satisfazer suas próprias necessidades Todo ser humano quer ser aceito, respeitado e indentificado por outras pessoas significativas, e reconhecido por seus talentos e realizações especiais. Entretanto, algumas pessoas são particularmente dependentes de outras para a identificação e o reconhecimento. Respondem intencionalmente ao *feedback* que lhes apresenta mensagens do tipo "Você é legal e agradável" (carícias, *strokes*, na terminologia da análise transacional), para satisfazerem suas próprias necessidades. Pessoas que agem assim, de modo excessivo, eventualmente tornam os outros "desligados" e receosos. Esse padrão de comportamento interpessoal bloqueia a comunicação sincera e, ao contrário, induz à simulação. Os conselheiros realmente eficazes sentem-se seguros e gostam de si mesmos, portanto não são dependentes, quanto a respeito, identificação e reconhecimento, das pessoas a quem estão procurando ajudar.

Os conselheiros eficientes têm conhecimentos específicos em alguma área que será de especial valor para a pessoa que está sendo ajudada Os orientadores profissionais têm conhecimento específico sobre o processo da formação profissional, as qualidades necessárias para a tomada de decisão e os empregos disponíveis em suas comunidades locais. Os conselheiros de gestantes têm conhecimento específico sobre as clínicas disponíveis, o funcionamento do corpo humano, as leis e convicções filosóficas e religiosas relativas ao aborto e à sexualidade humana. Quando as pessoas necessitam de ajuda, dirigem-se a quem acreditam ter conhecimento sobre o problema que as preocupa. Quando se defrontam com um problema pessoal, dirigem-se a quem julgam ter, de modo particularmente sólido, conhecimento do comportamento humano.

Os conselheiros eficientes procuram compreender o comportamento das pessoas a quem tentam ajudar, sem impor julgamentos de valor As pessoas tendem a julgar o comportamento alheio por seus próprios padrões. Essa tendência interfere seriamente no processo de ajuda eficaz.

Os orientadores eficientes esforçam-se para controlar a tendência de julgar os valores de seus clientes. Ao contrário, aceitam um determinado padrão de comportamento, como o modo de o cliente dominar alguma situação da vida, e tentam compreender como esse padrão se desenvolveu. Emitem opiniões sobre a eficácia ou ineficácia do mesmo para servir aos objetivos do cliente, mas sem classificar esses valores como "bons" ou "maus".

Em conseqüência, os conselheiros eficientes desenvolvem uma profunda compreensão do comportamento humano. Essa abordagem pressupõe que todo comportamento é intencional e dirigido a um objetivo, possui causas e explicações, e, para realmente se ajudar outra pessoa, as razões de seu comportamento devem ser compreendidas e não julgadas.

Os conselheiros eficientes são capazes de pensar em termos de sistemas Um sistema é uma entidade organizada, na qual cada um dos componentes relaciona-se com o outro e com o sistema como um todo. São exemplos de sistemas o corpo humano, a situação organizacional na qual uma pessoa trabalha, ou a unidade familiar. Em sistemas de "alta entropia", os componentes trabalham cooperativamente entre si e contribuem favoravelmente para os objetivos do sistema total. Em sistemas de "baixa entropia", isso não ocorre e algumas vezes os componentes atuam uns contra os outros. Os conselheiros eficazes conhecem os diversos sistemas sociais de que um cliente é parte, sabem como ele é afetado pelos mesmos e como, por sua vez, os influencia. Em outras palavras, conhecem as forças e fatores do espaço vital de um cliente e a mútua interação entre o comportamento deste e esses fatores ambientais. Percebem que as preocupações e os problemas de um cliente são influenciados por muitos fatores complexos que devem ser identificados e compreendidos, como parte inerente da tentativa de ajuda.

Os conselheiros eficientes são contemporâneos e têm uma visão global dos acontecimentos humanos Os orientadores devem estar conscientes dos fatos correntes importantes em todos os sistemas que afetam suas vidas, seu significado e suas possíveis implicações futuras. Ser contemporâneo significa ter compreensão em profundidade das preocupações sociais atuais e consciência de como esses fatos afetam as concepções dos clientes — especialmente suas idéias sobre o futuro. O contrário de ser contemporâneo é não saber o que está acontecendo nos sistemas e ambientes que constituem o espaço vital de uma pessoa (Wrenn, 1973).

Os conselheiros eficientes são capazes de identificar padrões de comportamento contraproducentes e procuram ajudar as pessoas a substituí-los por padrões mais gratificantes As pessoas freqüentemente tomam atitudes contraprodutivas, que promovem ruptura, ao invés de intensificação do objetivo. Algumas transmitem escárnio e hostilidade, enquanto desejam respeito e amizade. Outras fogem de situações alarmantes, ao invés de enfrentar os aspectos que causam ansiedade. Outras, ainda, agem de modo a trair a confiança alheia e não conseguem compreender por que os outros não acreditam nelas. Existem outras que temem responder assertivamente, quando as pessoas lhes fazem exigências irrazoáveis. Os conselheiros eficientes são capazes de distinguir os padrões de comportamento saudáveis e os doentios e de ajudar os outros a desenvolverem padrões salutares, pessoalmente gratificantes. Possuem um modelo das qualidades e padrões de comportamento de um indivíduo saudável e dos modos eficazes e ineficazes de dominar situações cotidianas de tensão.

Os conselheiros eficientes conseguem ajudar o outro a olhar para si mesmo e responder não-defensivamente à pergunta: "Quem sou eu?" É fácil descrever os aspectos do eu que são simpáticos e admiráveis. Difícil e doloroso é olhar para aspectos do eu que não o são. Aperfeiçoamento e crescimento requerem uma consciência sincera, aberta, daqueles aspectos do eu que uma pessoa gostaria de mudar. Os orientadores eficientes são capazes de ajudar os outros a olharem para os aspectos agradáveis e para os aspectos menos admiráveis do próprio eu, sem medo debilitador, a fim de identificar as mudanças pessoais que promoverão crescimento e aperfeiçoamento, e de desenvolver modos para que esses progressos ocorram.

Sua reação pessoal

Foram apresentadas onze características de conselheiros eficientes. Elas correspondem às que você identificou na atividade de aprendizagem pessoal? Você percebeu algumas características que não foram discutidas? As observações que você fez durante essa experiência contribuirão para você formar uma imagem pessoal da ajuda efetiva. Há características que você não identificou? A leitura das características que não foram observadas deverá levá-lo a refletir sobre como essas qualidades poderiam ter-se ajustado à sua situação pessoal de ajuda.

Enquanto algumas das características discutidas podem ter-lhe parecido óbvias, outras pareceram controversas. Provavelmente você notou, por exemplo, que termos como *empatia, autenticidade, consideração positiva, extrospecção* e *concreção* não foram usados. No entanto, se observar cuidadosamente, encontrará esses conceitos apresentados em outras palavras, como *extroversão, confiabilidade, introversão* e *raciocínio sistemático*. Considerando as características de conselheiros eficientes que você (e, possivelmente, os participantes de seu grupo) conheceu, verifique como se pode descrever o conselheiro eficiente.

Como passo final nesta experiência de aprendizagem pessoal, reflita sobre suas próprias qualidades pessoais para ser um conselheiro efetivo. Elas se identificam com as dos orientadores eficientes que você conheceu e das anteriormente descritas? Você observa potencialidades especiais? Nota limitações que poderiam ser remediadas através de estudo e prática? Percebe limitações que poderiam levá-lo a questionar sua escolha de tornar-se um profissional? Se sentir confusão ou tensão em relação a seu próprio potencial, discuta seu problema com seu professor ou com um profissional qualificado.

Sumário

Neste capítulo, apresentamos os fundamentos teóricos de nossas idéias sobre a ajuda eficiente, alguns preceitos básicos que expõem os elementos essenciais do processo de aconselhamento psicológico e uma descrição das características do conselheiro eficiente. Inevitavelmente, essas qualidades derivam-se e alimentam-se dos preceitos fundamentais da ajuda efetiva, porque o processo de aconselhamento psicológico não pode ser compreendido isoladamente da pessoa do conselheiro. Finalmente, recomendamos aos leitores que pretendem tornar-se profissionais que se analisem introspectivamente, a fim de verificar a presença ou ausência das características identificadas. A experiência mostra que as pessoas que desejam ensinar aos outros como viver de modo efetivo raramente são bons conselheiros. As pessoas que desejam ajudar as outras a adquirirem controle sobre suas próprias vidas geralmente são bons orientadores.

Do capítulo 2 ao 5, será apresentado um modelo sistemático das três fases do aconselhamento psicológico. A terminologia técnica empregada pelos profissionais de ajuda será introduzida, para que se possa relacionar este trabalho à literatura mais ampla desse campo. As habilidades para aconselhamento relacionadas à estruturação e condução, processos de diagnóstico e finalização vão do capítulo 6 ao 8. Os capítulos 9 e 10 descrevem problemas e métodos especiais que aumentam a eficiência do conselheiro no trabalho com clientes relutantes e com crianças. O capítulo 11 apresenta as várias abordagens teóricas do aconselhamento psicológico, e o capítulo 12 discute a pesquisa contemporânea sobre o processo da ajuda.

Referências

Carkhuff, R. R. *Helping and human relations* (Vol. 1). New York: Holt, Rinehart and Winston, 1969. (a)
Carkhuff, R. R. *Helping and human relations* (Vol. 2). New York: Holt, Rinehart and Winston, 1969. (b)
Egan, G. *The skilled helper: A model for systematic helping and interpersonal relations* (2ª ed.). Monterey, Calif.: Brooks/Cole, 1982.
Eisenberg, S., & Patterson, L. E. *Helping clients with special concerns.* Boston: Houghton Mifflin, 1979.
Ellis, A. *Reason and emotion in psychotherapy.* New York: Lyle Stuart, 1962.
Ellis, A. *Humanistic psychotherapy.* New York: Julian Press, 1973.
Ellis, A. "Rational-emotive therapy." In R. J. Corsini (Ed.), *Current psychotherapies* (2ª ed.). Itasca, Ill.: Peacock, 1979.
Krumboltz, J. D., & Thoresen, C. E. *Counseling methods.* New York: Holt, Rinehart and Winston, 1976.
Meador, B. D., & Rogers, C. R. Person-centered therapy. In R. J. Corsini (Ed.), *Current psychotherapies* (2ª ed.). Itasca, Ill.: Peacock, 1979.
Perls, F. *Gestalt therapy verbatim.* Moab, Utah: Real People Press, 1969.
Polster, E., & Polster, M. *Gestalt therapy integrated.* New York: Bruner Mazel, 1973.
Rogers, C. R. *Counseling and psychoterapy.* Boston: Houghton Mifflin, 1942.
Rogers, C. R. *Client-centered therapy.* Boston: Houghton Mifflin, 1951.
Rogers, C. R. *On becoming a person.* Boston: Houghton Mifflin, 1961.
Williamson, E. G. *How to counsel students.* New York: McGraw-Hill, 1939.
Williamson, E. G. *Counseling adolescents.* New York: McGraw-Hill, 1950.
Williamson, E. G. *Vocational counseling.* New York: McGraw-Hill, 1965.
Wrenn, C. G. *World of the contemporary counselor.* Boston: Houghton Mifflin, 1973.

2. O aconselhamento como processo

"Aconselhamento" é um termo que pode ser usado para descrever diversas atividades. O "Random House Dictionary of the English Language" define aconselhamento como: "conselho; opinião ou instrução dada para dirigir o julgamento ou conduta de outro"*. Tal definição aplica-se razoavelmente bem à atividade dos procuradores, vendedores de seguros ou ainda vendedores de cosméticos. Inicialmente, nas escolas, a prática de aconselhamento consistia em oferecer aos jovens e pessoas inexperientes conselho e instrução sobre o que deveriam fazer.

Após a publicação de *Counseling and Psychotherapy* (1942), de Carl Rogers, o aconselhamento, como um serviço de ajuda humana, começou a transformar-se e a aliar-se à psicologia e ao serviço social, embora conservando alguns de seus vínculos históricos com a educação. O trabalho embrionário de Rogers propunha que as soluções de uma pessoa talvez não se ajustassem às capacidades, valores ou objetivos de outra, e que para ser um conselheiro efetivo era necessário conhecer o cliente inteiramente. A partir do momento em que se percebeu que pessoas diferentes poderiam desenvolver respostas distintas à mesma situação e estar igualmente satisfeitas com os resultados, o papel do conselho propriamente dito e do ensino no aconselhamento foi reduzido drasticamente e o foco do aconselhamento passou a ser ajudar as pessoas a clarificarem seus próprios objetivos e construírem planos de ação de acordo com os mesmos. Tal abordagem enfatiza o potencial único de cada indivíduo e define o papel do conselheiro como facilitador do crescimento pessoal.

Uma vez que o *aconselhamento profissional* como um serviço de ajuda humana não se ajusta ao uso convencional da palavra, é necessário darmos uma definição ampla de aconselhamento. Abordamos também os objetivos resultantes e os objetivos processuais do aconselhamento. Segue-se

---

* *The Random House College Dictionary,* Revised Edition, Copyright 1975, 1982 by Random House, Inc.

uma discussão sobre esses objetivos que serve de orientação para os capítulos 3, 4 e 5, os quais descrevem, em detalhe, as fases do aconselhamento.

Aconselhamento — Definição

O aconselhamento é um processo interativo, caracterizado por uma relação única entre conselheiro e cliente, que leva este último a mudanças em uma ou mais das seguintes áreas:

1. Comportamento.
2. Construtos pessoais (modos de elaborar a realidade, incluindo o eu) ou preocupações emocionais relacionadas a essas percepções.
3. Capacidade para ser bem-sucedido nas situações da vida, de forma a aumentar ao máximo as oportunidades e reduzir ao mínimo as condições ambientais adversas.
4. Conhecimento e habilidade para tomada de decisão.

Em todos os casos, o aconselhamento deverá resultar em comportamento livre e responsável por parte do cliente, acompanhado de capacidade para compreender e controlar sua ansiedade.

Objetivos resultantes do aconselhamento

Deve ocorrer mudança

Afirmamos, na definição, que o aconselhamento leva o cliente a mudar. Isso é verdadeiro, se nos referimos ao aconselhamento individual ou em grupo e se o objetivo expresso do aconselhamento estiver relacionado ao desenvolvimento (orientado para o crescimento pessoal) ou for terapêutico (orientado para a solução de problemas). A mudança pode ser clara e comovente ou imperceptível para os outros, mas não para os próprios clientes. Ter consciência de que o aconselhamento deve levar à mudança diminui o risco de o cliente considerá-lo "apenas uma conversa agradável" e cria condições para o trabalho árduo e algumas vezes penoso necessário ao processo. Existem muitas formas de mudança do cliente em conseqüência do aconselhamento, e a discussão da extensão da mudança possível mostrará que qualquer tipo de mudança é um objetivo resultante racional.

Categorias da mudança possível A *mudança de comportamento* é provavelmente a mais fácil de ser reconhecida porque é evidente e observável. Poderá ser a solução de um problema, como no caso de uma criança que aprende a conseguir dos outros o que ela quer, empregando a amabilidade em vez de brigas; ou poderá ser o aumento do potencial para crescimento pessoal, como no caso de uma pessoa de meia-idade que inicia uma nova carreira. Muitos conselheiros acreditam que mudanças de pensamentos e atitudes devem preceder mudanças de comportamento, e trabalham para compreendê-las. Os adeptos da escola behaviorista pura sustentam que nunca podemos conhecer realmente os pensamentos e atitudes íntimos de um cliente e que apenas mudanças de comportamento observáveis servem para indicar o sucesso do aconselhamento.

Embora não observável diretamente, é possível que a mudança em *construtos pessoais* ocorra no aconselhamento, podendo ser avaliada pela produção verbal do cliente. Um objetivo comum do aconselhamento é que o cliente melhore o seu próprio autoconceito e passe a julgar-se uma pessoa mais competente, amável ou merecedora. Kelley (1955) descreve os construtos pessoais como uma visão particular da realidade pelo indivíduo (Patterson, 1980). Afirma que as pessoas se comportam com base no que acreditam ser verdade; portanto, se pensam que são incapazes e sentem-se embaraçadas para atuar diante de outras pessoas, seguirão esses construtos pessoais, evitando qualquer desafio. Mudanças em construtos pessoais muitas vezes levam à mudança de comportamento, mas podem também levar a mudanças de percepção que tornam o comportamento atual mais satisfatório.

Ellis (1979) também desenvolveu um sistema para compreensão de como os pensamentos de um indivíduo podem levar à insatisfação em relação ao estado de sua vida. Explica que as pessoas adquirem pensamentos que conduzem a expectativas que nunca poderão ser cumpridas, como, por exemplo: "Devo ser perfeitamente competente em tudo o que fizer, ou não serei uma boa pessoa." Através do aconselhamento, o cliente pode conseguir abandonar tal pensamento e, ao contrário, passar a apreciar o que realiza satisfatoriamente, enquanto procura se aperfeiçoar em outras áreas.

No estudo do caso a seguir, o cliente finalmente muda seu pensamento e comportamento. Observe como suas mudanças de pensamento libertam-no para um comportamento mais efetivo.

O caso de Thad

Thad, um jovem de 25 anos, procurou o serviço de orientação da universidade, porque tinha problemas para concentrar-se em seus estudos e sentia-se sob tensão constante. Dois meses antes, ele mudara para seu próprio apartamento, deixando pela primeira vez a casa de seus pais. Sentia-se culpado por "abandoná-los, quando precisavam dele". Seu pai tinha um sério problema degenerativo de saúde e requeria algum cuidado especial, embora não fosse um inválido. Sua mãe era ativa e saudável, capaz e desejosa de ajudar a tornar confortável a vida de seu marido.

À medida que o aconselhamento prosseguiu, Thad veio a compreender que seus pais necessitavam de sua afeição e envolvimento, mas não de seu auxílio físico e presença. Suas visitas diárias estavam, realmente, interrompendo outras coisas que eles queriam fazer. Thad mudou a percepção pessoal de seu papel na família, e a nova visão permitiu-lhe viver fora de casa sem culpa. Passou a fazer das visitas para a família ocasiões especiais, e ele e os pais voltaram a apreciar a companhia uns dos outros. A sensação de tensão desapareceu e Thad tornou-se capaz de concentrar-se no trabalho escolar e em outros aspectos de sua vida pessoal.

Questões para mais reflexão

1. Que pensamentos levaram Thad a ter os sentimentos de culpa em relação ao tratamento que dispensava a seus pais?
2. Que pensamentos substituíram os anteriores, à medida que o aconselhamento prosseguiu?
3. Como a mudança de pensamento de Thad afetou seu comportamento?

O aconselhamento pode também aumentar a *capacidade individual para lidar com situações da vida*. Certas condições ambientais em nossas vidas são adversas e difíceis de mudar. Aprender como dirigir a própria vida em face da adversidade resulta em realização e prazer, apesar de tais condições. A capacidade de domínio depende da habilidade do indivíduo em identificar os problemas a serem resolvidos, as alternativas disponíveis e os resultados prováveis de ações diferentes. Às vezes, dominar significa aprender a conviver com o que não se pode mudar.

Aprender a lidar com um pai ou mãe alcoólatra exige que certos problemas sejam resolvidos: O que posso mudar e o que devo aceitar? Quem pode me ajudar? Sou responsável pelo comportamento e bem-estar de meus pais? O que desejo fazer? Quais os resultados prováveis das ações disponíveis? O conselheiro pode ajudar, encorajando o cliente a definir as dimensões do sistema familiar como base para predizer o que pode ter resultado e que riscos vale a pena correr. Dependendo da análise, a conclusão poderá variar desde ausentar-se, quando o pai ou a mãe está bêbado, até conseguir que ele ou ela procure tratamento para seu problema. Mudanças na capacidade para dominar uma situação geralmente incluem mudança de comportamento e mudança em construtos pessoais.

Finalmente, o aconselhamento contribui para a *capacidade de* o cliente *tomar decisões importantes*. O conselheiro transmite ao cliente procedimentos para auto-avaliação e de como fazer uso de informação para chegar a respostas que satisfaçam. A tomada de decisão sobre a vida e a profissão ainda é o foco principal de orientadores na escola e na universidade. Os conselheiros, com métodos contemporâneos de desenvolvimento de carreira, procuram ajudar os clientes a identificar fontes relevantes de informação. Geralmente, abstêm-se de dar conselhos.

A mudança que ocorre durante o aconselhamento pode afetar sentimentos, valores, atitudes, pensamentos e ações. Dentro desse amplo potencial para mudança, algumas transformações serão óbvias e outras um pouco sutis. Visto que a extensão da mudança possível cobre essencialmente todas as dimensões da experiência humana, pode-se afirmar com certeza que, se não ocorrer mudança, o aconselhamento não teve êxito. Algumas vezes, ela pode resultar em paz interior pouco perceptível. Em outros casos, pode haver uma mudança de comportamento notável e, então, o cliente talvez necessite de ajuda para compreender as reações dos outros a seu comportamento transformado.

Comportamento livre e responsável

Liberdade é poder determinar as próprias ações, fazer as próprias escolhas e tomar as próprias decisões. Através da sua história, os seres humanos têm emigrado de um lugar para outro em busca de uma ordem social que proporcione liberdade. Mas a liberdade é frágil, e uma parte dela é sacrificada para se viver em qualquer tipo de sistema social. A responsabilidade de considerar a liberdade do outro, ao determinarmos nossas ações, limita nossa liberdade. Não é possível fazer exatamente tudo o que desejaríamos nem como gostaríamos.

Uma das funções dos conselheiros é ajudar os clientes a avaliarem as margens reais de sua liberdade, focalizando o que eles pensam sobre as conseqüências de suas ações e decisões. Os clientes que entendem liberdade como permissividade devem passar a ver que a família, os amigos, os professores, o empregador ou a sociedade em geral exigirão um preço por comportamentos percebidos como ameaçadores aos interesses pessoais do cliente ou aos interesses alheios. Há indivíduos que cedem facilmente sua liberdade a outros (especialmente aos pais), abdicando do direito de tomar decisões importantes para suas vidas, em troca da sensação passageira de agradar os outros.

Para o profissional que trabalha com jovens é difícil saber até onde pode apoiar a livre escolha. Tem diante de si os direitos das crianças *versus* os direitos dos pais, num contexto em que tanto as crianças como os pais podem formular juízos muito imperfeitos. Convencionalmente, associa-se o bom-senso à maturidade, o que, muitas vezes, leva o profissional a se sentir pouco apoiado para respeitar os direitos das crianças. O orientador pode ajudar o jovem a proteger sua liberdade, auxiliando-o a considerar cuidadosamente as alternativas, de modo que possa tomar decisões bem ponderadas em relação ao seu comportamento. Infelizmente, não existe um método simples e prático para ajudar o conselheiro a saber quando um cliente está cônscio e maduro o suficiente para assumir responsabilidade por si mesmo. Devem ser feitas avaliações cuidadosas em cada caso. O conselheiro deve estar seguro de respeitar as liberdades de seus clientes e de ajudá-los a demonstrar consideração responsável pela liberdade do outro; caso contrário, o aconselhamento pode tornar-se um processo manipulador muito poderoso, que fomenta o conformismo e esmaga a expressão individual.

Compreensão e domínio da ansiedade

É um equívoco comum pensar que o aconselhamento elimina a ansiedade. Os conselheiros principiantes são tentados a colocar a eliminação da ansiedade como uma de suas metas, e os clientes reforçam esse objetivo, sem um exame cuidadoso dos problemas. Basta que o orientador olhe para si mesmo, para amigos e familiares, para perceber que a ansiedade está presente, mesmo em pessoas que estão levando vidas satisfatórias. Um dos objetivos do aconselhamento é ajudar as pessoas a compreenderem suas ansiedades e a reduzirem a ansiedade debilitadora.

Convencionalmente, classifica-se a ansiedade em real, moral e neurótica. A *ansiedade real* é o medo de perigo real e é uma defesa essencial para uma vida e situações-limite. A *ansiedade moral* é o medo de fazer alguma coisa que seja moralmente errada. Baseada no medo de violar um código (como os Dez Mandamentos) ou no medo de violar os direitos do outro, serve como um controle sobre nosso comportamento social e permite às pessoas viverem com certa margem de segurança. A *ansiedade neu-*

rótica é o medo de perigos ou humilhações imaginários e não é útil, porque não se relaciona com a realidade.

Dificilmente a ansiedade real é o tema do aconselhamento, e é raro que um conselheiro tente mudar o nível de ansiedade real apresentado por um cliente. É desejável que a pessoa tenha ansiedade suficiente para, ao atravessar uma rua, verificar rapidamente o trânsito. Um soldador de estruturas de aço deve, para preservar-se, observar as precauções de segurança ao construir um arranha-céu. Ocasionalmente o conselheiro pode tentar mostrar a um cliente que determinada ação é perigosa, se parece desinformado, como no caso de uma criança que brinca com fósforos ou de um adolescente que não usa o capacete protetor ao guiar moto. Contudo, as pessoas escolhem, por prazer e proveito pessoal, os perigos que estão preparadas a enfrentar, e o conselheiro tem pouca influência sobre essas decisões, além de fornecer informação. Ver perigo excessivo em situações da vida cotidiana é, por definição, ansiedade neurótica. Esse ponto será discutido mais tarde.

A ansiedade moral é um controle essencial em qualquer estrutura de vida em grupo. Serve como um dissuasor para queles que são tentados a invadir a propriedade, privacidade ou vida de outro. As pessoas que não sentem ansiedade moral são sociopatas. Por outro lado, alguns indivíduos desenvolvem um controle moral muito rígido que não lhes permite gozar a vida. Preocupam-se durante dias se supuserem ter ofendido alguém ou ter tido um comportamento que viola seu ideal moral de pessoa. Também a ansiedade moral, quando se torna excessiva, pode ser classificada como neurótica — é debilitadora e desproporcional à necessidade de preocupação real.

A ansiedade neurótica é o principal problema para a maioria dos clientes, pois origina angústia e inibe uma atuação efetiva. Dois exemplos de ansiedade neurótica são: medo de encontrar novos grupos de pessoas, quando se sabe que, na verdade, se tem bastante sucesso no estabelecimento de novos contatos; e medo de usar elevador, quando se sabe que os elevadores são geralmente seguros. Há, naturalmente, um julgamento envolvido em se decidir quando a ansiedade é neurótica, uma vez que algumas pessoas não se saem bem ao estabelecer novas relações e que alguns elevadores talvez apresentem perigo.

O objetivo do aconselhamento é fazer com que o cliente passe a apresentar um nível de ansiedade apropriado à situação. O indivíduo deve temer situações perigosas e preocupar-se de modo adequado em relação a seu comportamento moral. Tendo eliminado a maior parte da ansiedade desnecessária, compreenderá que sua ansiedade motiva-o a lidar com os problemas da vida.

Objetivos processuais no aconselhamento

Em nossa definição, afirmamos que o aconselhamento é um processo interativo, caracterizado por uma relação única entre conselheiro e cliente. O restante deste capítulo dedica-se a dar uma visão geral do processo do aconselhamento e uma introdução à natureza dessa relação especial.

Para compreender o aconselhamento como processo, é importante distinguir os objetivos resultantes e os objetivos processuais. Como foi descrito na parte anterior, os objetivos resultantes são os resultados pretendidos pelo aconselhamento. Geralmente são descritos em termos do que o cliente deseja alcançar como conseqüência de suas discussões com o conselheiro. Os objetivos processuais são aqueles acontecimentos futuros que o orientador considera úteis ou instrumentais para "provocar" os objetivos resultantes. Estes últimos são descritos em termos da mudança no cliente, que se manifestará depois do aconselhamento e fora do consultório. Os objetivos processuais são planos para acontecimentos que terão lugar durante as sessões de aconselhamento; são eventos que o orientador considera úteis e instrumentais para alcançar objetivos resultantes.

Algumas vezes, os objetivos processuais são descritos em termos de ações do conselheiro; outras, são descritos em termos de efeitos a serem experimentados pelo cliente. Por exemplo, um orientador pode pensar: "Para ajudar este cliente, devo ouvir diligentemente o que ele está dizendo e compreender o significado de suas preocupações para seu bem-estar presente e futuro. Devo entender como as atitudes que ele está descrevendo influem no modo como se comporta em relação a pessoas significativas. Devo compreender as circunstâncias do meio relacionadas a suas preocupações, e os acontecimentos reforçadores que favorecem seu comportamento." São objetivos processuais que dizem respeito ao comportamento do conselheiro.

Examinando uma gravação da primeira sessão de um cliente, o conselheiro pode pensar: "Para eu ajudar este cliente, ele precisa sentir uma confiança maior em mim do que a que aparentemente está experimentando agora. Parece que ele está falando muito sobre problemas e acontecimentos que não se relacionam com suas preocupações principais. Para que nossas sessões tenham resultado, ele deve se concentrar mais atentamente nessas preocupações. Se o cliente tem medo de olhar para ou de falar sobre elas, será importante ajudá-lo a adquirir controle sobre essas ansiedades. Como posso ajudá-lo a sentir mais confiança e menos ansiedade?" Sentir confiança, concentrar-se mais profundamente nas preocupações principais e controlar o medo são objetivos processuais, descritos em termos de efeitos que o cliente deve experimentar. O fato de o profissional desejar ajudar a pessoa a sentir mais confiança e menos ansiedade levanta as questões cruciais: "O que eu posso fazer?" e "Como posso comportar-me para facilitar esses importantes objetivos processuais?".

Alguns desses objetivos mostram-se essenciais a todas as relações de aconselhamento e, na realidade, definem os passos no processo do aconselhamento. Outros são específicos de certos clientes. No exemplo anterior, a preocupação acerca da confiança ilustra um objetivo processual comum a todo aconselhamento, ao passo que a fuga do cliente de sua preocupação primária é um comportamento particular do cliente. Mesmo que outros mostrem a mesma tendência, não é um comportamento comum a todos os clientes. Os elementos do processo de aconselhamento, essenciais a todas as interações do processo, são introduzidos a seguir, na discussão das fases do aconselhamento.

Fases do processo de aconselhamento

O termo "processo" ajuda a dar uma idéia sobre a essência do aconselhamento. Um processo é uma seqüência identificável de acontecimentos num determinado tempo. Geralmente, há etapas progressivas no processo. Por exemplo, existem etapas identificáveis no processo curativo de um problema físico, como uma perna quebrada. Do mesmo modo, existem fases descritíveis no processo de desenvolvimento desde o nascimento até a morte. Embora as etapas desse processo sejam comuns a todos os seres humanos, o que acontece em cada uma delas é particular a cada indivíduo.

No aconselhamento também existe um conjunto predizível de etapas que ocorrem numa seqüência completa. Inicialmente, o conselheiro e o cliente devem estabelecer contato, definir juntos "em que ponto o cliente está" em relação a sua vida, e identificar os problemas. Segue-se uma conversa, que leva a uma compreensão mais profunda das necessidades e desejos do cliente no contexto de seu mundo interpessoal, com objetivos de mudança emergindo lentamente. Por fim, há o planejamento de ações apropriadas, para realizar alguns objetivos identificados. Se um cliente procura o conselheiro para discutir uma preocupação que é bastante específica e compartimental (como estudar Francês ou Espanhol no próximo ano), a seqüência integral das fases pode se dar em uma única e curta sessão. Se o cliente procura o orientador com uma preocupação de base razoavelmente ampla (por exemplo, aprender a viver como pai/mãe solteiro/a), as etapas poderão ser cumpridas em muitas sessões, com novo material do tipo "Onde estou agora?" introduzido ao longo do processo, ao mesmo tempo que outros problemas alcançam a etapa de construção do plano de ação.

Descoberta inicial

No início do aconselhamento, orientador e cliente não se conhecem bem. Talvez o cliente tenha visto o conselheiro numa sessão de orientação em grupo. Talvez o conselheiro tenha alguma informação sobre o cliente, obtida através de um formulário de matrícula ou de um registro escolar. Nem um, nem outro pode saber antecipadamente a direção que a discussão tomará e, provavelmente, o cliente está um pouco ansioso em relação às preocupações que vai revelar, pois não está seguro de como será recebido.

Carkhuff (1973) e Egan (1982) descrevem o *prestar atenção* como um importante comportamento do orientador no começo do aconselhamento. Consiste simplesmente em interessar-se de modo atento pelas palavras e ações do cliente. Demonstra-se atenção pela postura, expressão facial e contato pelo olhar. Deve-se observar o comportamento do cliente a fim de se apreenderem os sinais de conteúdo e emoção, como irriquietude, tom de voz, dificuldade em manter contato pelo olhar, que podem não estar contidos na mensagem verbal. O comportamento atento faz parte da etapa de descoberta inicial, porque deve ocorrer quando houver o contato entre cliente e conselheiro. Estar atento ao comportamento verbal e não-verbal do cliente é o primeiro objetivo processual implementado com cada cliente.

Na etapa de descoberta inicial do aconselhamento, o cliente deve ser ajudado a articular suas preocupações pessoais e a situá-las num contexto, de tal modo que o conselheiro possa compreender os significados pessoais e a importância que o cliente atribui a elas. A literatura mais antiga sobre aconselhamento descrevia esta fase como a de definição do problema, mas tal terminologia não consegue captar a essência do processo de descoberta inicial. Se, por exemplo, a preocupação de um determinado cliente é com a gravidez de uma mulher solteira, o sentido dessa preocupação variará imensamente, dependendo da qualidade do relacionamento com o parceiro sexual e de atitudes quanto à aceitabilidade de relações pré-matrimoniais. Após ter apreendido o significado da situação, para este cliente em particular definir o problema como gravidez de uma mulher solteira é apenas o primeiro passo.

Para encorajar a descoberta, o conselheiro deve estabelecer condições que promovam confiança no cliente. Carl Rogers (1965) descreveu essas condições como características da relação de ajuda:

1. *Empatia* — compreender a experiência do outro como se fosse a própria, sem jamais esquecer a condição "como se".

2. *Coerência ou autenticidade* — ser como você parece, sempre coerente, digno de confiança no relacionamento.
3. *Consideração positiva* — interessar-se por seu cliente.
4. *Incondicionalidade* — não estabelecer condições para seu interesse (como: "Eu o aprovarei, se você fizer o que eu quero").

A fim de transmitir essas condições ao cliente, o conselheiro deve aprender a responder de modo significativo ao que o cliente diz. Apresenta-se, como o tipo mais freqüente de resposta, nesta fase, a afirmação em nova forma, ou seja, a paráfrase ou a resposta permutável. O conselheiro mantém o foco da atenção sobre o que o cliente está dizendo e sobre o sentido que este atribui aos acontecimentos de sua vida. Uma resposta típica do orientador poderá ser: "Você fica muito aborrecida quando seu marido sai, sem lhe dizer aonde vai ou quando voltará". Tal afirmação revela ao cliente que o conteúdo e o sentimento de sua declaração foram ouvidos. Dita em tom adequado, transmitirá interesse e autenticidade.

Egan (1982) acrescenta uma outra condição, que tem relevância através de todo o processo de aconselhamento:

5. *Concreção* — usar linguagem clara para descrever a situação de vida do cliente. Aqui, a tarefa do conselheiro é separar declarações ambíguas e ajudar o cliente a encontrar descrições que retratem exatamente o que está acontecendo em sua vida.

Se as condições acima estiverem presentes na fase de descoberta inicial do aconselhamento, o cliente será encorajado a falar livremente e a discorrer sobre suas preocupações. No processo, o cliente não relata simplesmente ao conselheiro qual é o problema; mas começa a clarificar as dimensões das preocupações vitais. À medida que o cliente trabalha buscando comunicar ao outro suas idéias e sentimentos, obtém também uma compreensão pessoal maior. No capítulo 3, apresentaremos uma análise detalhada da fase de descoberta inicial do aconselhamento, acompanhada de estudo de caso para ilustração.

Exploração em profundidade

Na segunda fase do aconselhamento, o cliente deverá adquirir uma compreensão mais clara de suas preocupações vitais e começar a formular um novo senso de direção. É útil pensar nos objetivos emergentes como o "lado menos interessante" dos problemas; assim, à medida que estes vão sendo compreendidos mais claramente, a direção em que o cliente deseja mover-se também se torna mais óbvia. Nesta fase, os meios para alcançar novos objetivos podem não estar claros, mas os próprios objetivos começam a tomar uma forma mais evidente.

O processo que facilita a formulação de um novo sentido de direção desenvolve-se sobre as condições da fase de descoberta inicial, e apenas se torna possível se a confiança foi estabelecida na primeira etapa e se mantém. Mas, agora, o relacionamento é menos frágil que no começo, e permite ao conselheiro usar uma série maior de instrumentos de intervenção, sem aumentar a tensão além de limites toleráveis. Passa-se progressivamente da primeira para a segunda fase, à medida que o conselheiro percebe a prontidão do cliente.

Na segunda fase, o conselheiro começa a trazer, a princípio sutilmente, suas impressões diagnósticas sobre as dinâmicas e os comportamentos de luta do cliente para o debate. As declarações de empatia tomam o matiz da experiência acumulada com o cliente e do modo como essa experiência iguala-se a critérios de comportamento humano efetivo. Tais afirmações de empatia em alto grau reasseguram ao cliente que o conselheiro tem uma compreensão de seu mundo e impulsionam à exploração ainda mais profunda. Por exemplo, no estudo de caso apresentado neste capítulo, Thad, inseguro quanto a suas responsabilidades com os pais, foi ajudado por afirmações centralizadas em seus desejos aparentemente conflitantes de independência e interdependência de seus pais. Seu problema foi um caso especial de uma luta clássica do adulto jovem, e o conselheiro foi capaz de infundir na conversa um alto grau de empatia, porque sabia o quanto tais lutas são importantes para muitos jovens.

À medida que o relacionamento torna-se mais firme, o conselheiro também começa a confrontar o cliente com observações sobre seus objetivos e comportamento. No caso de Thad, foi feita a seguinte afirmação confrontante: "Você diz que quer ser independente, mas pára na casa de seus pais todo fim de tarde e acaba ficando ali à noite, quando, na verdade, quer estar com amigos. Você acha que assim estabelecerá o tipo de independência de que necessita?" Muitas outras variações sobre o tema da confrontação construtiva serão oferecidas no capítulo 4. Contudo, em termos amplos, a confrontação construtiva proporciona ao cliente uma visão externa de seu comportamento, baseada nas observações do conselheiro. O cliente é livre para aceitar, rejeitar ou modificar essa impressão, e, nesse processo, chega a novas visões refinadas e aperfeiçoadas de si mesmo.

Imediação é outra qualidade do comportamento do conselheiro que se torna importante na segunda fase do aconselhamento. O conselheiro manifesta ao cliente algumas de suas reações imediatas às afirmações do mesmo. As respostas imediatas iniciam-se geralmente com a palavra *eu*, ao invés de *você*, para identificar o conteúdo com o conselheiro ("Eu me sinto aborrecido quando você deixa que o maltratem"; não: "Você me deixa irritado quando não luta por si"). As respostas imediatas podem ser abertamente aprobativas ("Estou entusiasmado com sua sensação de sucesso") ou confrontantes. Nestas últimas, o conselheiro orienta o comportamento do cliente na sessão visando compreender como este lida com outras pessoas e partilhando algumas dessas observações com o cliente. Um exemplo de tal afirmação imediata pode ser: "Você parece estar evitando uma decisão e atuando desamparado. Quando você age assim, tenho a tendência de querer tomar as decisões por você." Se o cliente afirma que essa parece uma observação acurada, poderá seguir-se uma resposta condutiva confrontante como: "Você supõe que age assim também com seu pai, embora afirme que gostaria de que ele parasse de procurar lhe dizer o que deve fazer?" As respostas imediatas são mais eficientes quando a relação de aconselhamento está tão desenvolvida que é pouco provável que o cliente as interprete como excessivamente críticas ou indevidamente aprobativas.

Uma vez claramente estabelecido que o foco do aconselhamento na segunda fase é o cliente, o orientador pode começar a partilhar com o mesmo aspectos de sua própria experiência, sem medo de parecer simplificar demais os problemas ou dizer-lhe "Faça como eu fiz". Os incidentes na vida do conselheiro podem ser compartilhados, se tiverem relevância direta para o cliente. Tal revelação pessoal pode ajudar a estabelecer identificação entre ambos e sugerir ao último que ele não está sozinho para enfrentar um problema particular. Apesar de uma informação sobre como o conselheiro dominou uma situação semelhante possa ser relevante para a solução do problema do cliente, deve-se tomar o cuidado de procurar as diferenças na situação deste último e permitir-lhe usar a experiência do orientador apenas se houver uma aplicação evidente.

Muitas vezes, a segunda etapa do aconselhamento torna-se emocionalmente exaustiva, porque o cliente deve enfrentar repetidamente a inadequação do seu comportamento habitual e começar a abandonar o familiar pelo não-familiar. Essa tarefa difícil deve ser cumprida numa relação de interesse em que esteja claro que o conselheiro não está criticando o comportamento passado do cliente. As observações têm o objetivo de ajudá-lo a perceber mais transparentemente o que não lhe agrada em suas respostas a situações presentes ou em suas tomadas de decisão, e a adquirir uma noção dos tipos de respostas que poderiam ser mais satisfatórias.

Preparação para a ação

Na terceira e última fase do aconselhamento, o cliente deve decidir como realizar os objetivos que emergiram durante as duas etapas anteriores. As preocupações foram definidas e clarificadas dentro do contexto de sua situação de vida. Ponderou como seu próprio comportamento relaciona-se com os objetivos a serem atingidos, os quais foram esclarecidos no processo de aconselhamento. O que resta é decidir quais ações abertas, se houver alguma, poderá empreender para minorar suas preocupações. Se nenhuma ação é indicada, então a terceira fase pode ter como foco fazer com que o cliente tenha consciência de que fez tudo o que era possível ou desejável em determinada situação.

Também se inclui, na terceira fase, identificar possíveis cursos alternativos de ação (ou decisões) que o cliente poderá escolher e julgar em termos da probabilidade dos resultados. A nível de idéias, vários cursos de ação são desenvolvidos pelo cliente com o estímulo do conselheiro, embora seja perfeitamente aceitável que o profissional sugira possibilidades que o cliente não tenha vislumbrado. Os possíveis cursos de ação e seus resultados relativos são avaliados em termos dos objetivos que o cliente deseja atingir e de seu sistema de valores. Ao decidir-se por alguma ação, geralmente o cliente experimenta alguns novos comportamentos enquanto permanece em contato com o conselheiro. Juntos, orientam os passos iniciais do processo de mudança. Muitas vezes, o cliente necessita de reforço para os novos comportamentos, porque estes podem não ocasionar resultados imediatos. Especialmente quando os objetivos envolvem melhorar relações interpessoais com uma ou mais pessoas, as outras partes não respondem prontamente às novas direções do cliente, e isso pode ser desanimador. Num caso em que o cliente decide que a nova ação não é necessária, a resolução pode ser "eu não necessito ficar tão perturbado pelo comportamento do outro". Em tal situação, o processo de reforço sustenta a capacidade de o cliente dominar melhor as emoções, quando ocorrem experiências difíceis.

Resumindo, a terceira fase é um momento de tomada de decisão e ação. O cliente considera as ações possíveis e escolhe uma, para colocar à prova. O conselheiro apóia a experimentação de novos comportamentos e ajuda o cliente a avaliar a eficácia dos mesmos — ou de novas concepções da realidade — à medida que possam se relacionar à redução da tensão. Quando o cliente percebe que os novos comportamentos ou os novos construtos são satisfatórios, o aconselhamento está terminado. Ver capítulo 5 para mais detalhes sobre a preparação para a ação.

As três fases do aconselhamento

O quadro 2-1 oferece uma visão geral do processo de ajuda, mostrando o trabalho do cliente e o do conselheiro associados a cada fase da experiência, a qual envolve trabalho de ambos os participantes em todas as etapas. Aplicado ao aconselhamento, o trabalho refere-se à experiência de explorar com esforço, para compreender profundamente, esclarecer o que está vago, descobrir novos *insights* relacionados às preocupações da pessoa e desenvolver planos de ação.

Na fase de descoberta, o trabalho do cliente implica assumir o risco de revelar informação a uma pessoa relativamente estranha; envolve um esforço para tomar contato com construtos e emoções pessoais relacionados a seus problemas e preocupações. Para o conselheiro, o trabalho implica desenvolver confiança, estabelecer o ambiente do aconselhamento como um lugar e tempo de trabalho, estar atento para compreender os temas e problemas significativos que necessitarão de exploração mais profunda na segunda fase, e tomar contato inicial com temas projetados na fala do cliente. Geralmente, o trabalho do conselheiro envolve também avaliar o nível de prontidão do cliente para a segunda fase.

Na fase de exploração em profundidade, o trabalho do cliente implica tomar contato mais profundo com temas e problemas apresentados na primeira fase; envolve classificar os objetivos resultantes do aconselhamento e desenvolver novas descobertas e *insights*, a eles relacionados, sobre o próprio eu e sobre os outros. Para o conselheiro, o trabalho implica ajudar o cliente a desenvolver novas compreensões, combinando empatia em alto grau, imediação, confrontação, interpretação, dramatização e outras intervenções estruturadas.

O trabalho do cliente na terceira fase implica sintetizar novos conceitos, aprendidos na segunda fase, e formular cursos alternativos de ação. Os cursos específicos de ação deverão ser testados e alguns serão postos em prática. Já que a ação geralmente envolve fazer algo novo, o trabalho também inclui assumir o controle da ansiedade relacionada à novidade. Para o conselheiro, o trabalho implica ajudar o cliente a sintetizar informação, a formular alternativas e a encorajar a escolha sem controlar ou impor-se ao cliente.

Todas essas funções serão descritas mais longamente nos capítulos 3, 4 e 5. Temos enfatizado que o aconselhamento não é apenas uma conversa, mas um trabalho que requer intensa energia de ambos os participantes. Entretanto, também é verdade que o aconselhamento pode ser divertido e excitante. Dizer que aconselhamento é trabalho não significa que deva ser penoso.

Quadro 2-1 — Fases do processo de aconselhamento

	Descoberta inicial	Exploração em profundidade	Preparação para a ação
Trabalho do cliente	Comunicar a natureza das preocupações, abrangendo conteúdo, sentimento e contexto. Clarificar significados espontâneos das preocupações durante a descoberta.	Desenvolver compreensão mais profunda dos significados de preocupações pessoais e formulação de tentativa de objetivos.	Testar alternativas e construir planos para conseguir objetivos desejados. Desenvolver confiança suficientemente forte, nesses planos, para sustentar a ação.
Trabalho do conselheiro	Proporcionar condições para desenvolver uma relação de confiança e trabalho: Compreensão empática Coerência ou autenticidade Consideração positiva Interesse incondicional Concreção	Ampliar os instrumentos do cliente para compreender o próprio eu, através de empatia, imediação, confrontação, interpretação e dramatização. Comunicar percepções diagnósticas ao cliente, de modo experimental. Engajá-lo num processo de autodiagnóstico.	Ajudar a traçar um conjunto de alternativas. Estruturar o processo da tomada de decisão. Estimular avaliação e verificação da realidade.

Não-linearidade das fases

Como em todos os modelos por fase, o processo acima descrito mostra cada etapa como dependente da anterior: não é possível estabelecer objetivos, a menos que a pessoa tenha clarificado suas preocupações; não é possível avaliar efetivamente cursos possíveis de ação, a menos que se tenham estabelecido objetivos. Todavia, tal concepção linear das fases é uma simplificação, e é importante que consideremos as limitações de tal modelo.

Em primeiro lugar, não é necessário que um cliente esclareça *todas* as suas preocupações, antes de começar a pensar sobre os objetivos e as ações em relação a um segmento particular de sua vida. Provavelmente, uma pessoa desempregada, chefe de família, deseje trabalhar urgentemente para assegurar uma fonte de renda; embora em última instância ela possa querer envolver-se num processo extenso de planejamento de carreira, é possível que a primeira pergunta seja: "O que eu posso fazer já, para atender às minhas necessidades e às de minha família?" A mulher que é vítima de espancamento talvez queira considerar como construir finalmente uma vida que não inclua seu companheiro atual; mas, antes, pode desejar conseguir estratégias para impedir mais agressão. Assim, um cliente clarificará seu pensamento sobre alguns objetivos, ao mesmo tempo que outros estarão em processo de formação. As ações podem ser tomadas em relação aos objetivos já esclarecidos, mas o cliente deve esperar para agir em relação aos que ainda estão indefinidos.

As ações particulares não podem ser avaliadas para um fim que não foi definido, e esse objetivo não pode ser definido se o problema não foi explorado e explicitado. Mas os vários aspectos da vida de um indivíduo não podem ser isolados totalmente e tratados como problemas independentes. Cada aspecto deve ajustar-se ao quadro geral da vida do indivíduo, como as peças de um quebra-cabeça devem finalmente ser encaixadas para produzir uma cena completa. O processo de aconselhamento pode envolver desbastar as extremidades de uma peça para que se ajuste ao quadro — nesse caso, tomará um tempo relativamente curto; pode implicar a definição de muitas peças, com trabalho simultâneo sobre duas ou mais delas — nesse caso, será mais longo. Algumas peças podem exigir reprocessamento enquanto outras tomam forma — em tal caso, sem dúvida complexo, o processo de *descoberta inicial→exploração em profundidade→preparação para a ação* ocorre em relação a cada parte do problema. Obviamente, o aconselhamento nunca volta ao início absoluto, quando novos segmentos de preocupação são identificados; mas as revelações totalmente novas podem exigir uma extensa exploração e clarificação antes que os planos de ação possam ser considerados.

Sumário

Iniciamos este capítulo com uma definição abrangente de aconselhamento, apresentando o objetivo geral de mudança no cliente, facilitada pela discussão com um conselheiro. Com base na definição, foram discutidos os objetivos resultantes e os processuais. O cliente pode mudar seu comportamento, seu modo de pensar sobre si e sobre os outros, ou suas formas de lidar com a vida e de tomar decisões importantes.

Apresentamos as etapas do processo de aconselhamento como descoberta inicial, exploração em profundidade e preparação para a ação. O fluxo se estabelece a partir do encontro inicial entre o conselheiro e o cliente, passa pela exploração minuciosa das preocupações do cliente e vai até o planejamento da ação. As técnicas de aconselhamento, apropriadas a cada uma das três etapas, foram brevemente identificadas. Essa introdução serve como base para os capítulos 3, 4 e 5, que contêm descrições detalhadas de cada fase.

Referências

Carkhuff, R. R. *The art of helping*. Amherst, Mass.: Human Resources Development Press, 1973.
Egan, G. *The skilled helper* (2.ª ed.). Monterey, Calif.: Brooks/Cole, 1982.
Ellis, A. "Rational-emotive therapy". In R. J. Corsini (Ed.), *Current psychotherapies* (2.ª ed.). Itasca, Ill.: Peacock, 1979.
Kelley, G. A. *The psychology of personal constructs*. New York: Norton, 1955.
Patterson, C. H. *Theories of counseling and psychotherapy* (3.ª ed.). New York: Harper & Row, 1980.
Random House college dictionary (Rev. ed.). New York: Random House, 1982.
Rogers, C. R. *Counseling and psychotherapy*. Boston: Houghton Mifflin, 1942.
Rogers, C. R. "The interpersonal relationship: The core of guidance". In Mosier et al. (Eds.), *Guidance: An examination*. New York: Harcourt, Brace & World, 1965.

3. Descoberta inicial

No capítulo anterior, definimos o aconselhamento como um processo de interação pessoa-a-pessoa que estimula a mudança no comportamento e no pensamento. São mudanças desejáveis aquelas que ajudam o cliente a tomar uma decisão vital, a lidar de modo mais efetivo com os problemas de desenvolvimento e tensões da vida, a ter consciência da eficiência pessoal, e a aprender a usar a liberdade de modo responsável. Descrevemos também as três fases interativas e críticas da experiência de aconselhamento: descoberta inicial, exploração em profundidade e engajamento para ação. Este capítulo será dedicado à compreensão das importantes propriedades e habilidades da primeira fase.

Construir relações é o primeiro passo essencial do processo de aconselhamento. Já que a experiência total do aconselhamento deve beneficiar o cliente, deve-se dedicar tempo e energia para se desenvolver uma relação que possa ser caracterizada por confiança mútua, franqueza, bem-estar e otimismo quanto à importância de sessões contínuas de aconselhamento. Essas condições de apoio fornecem a base necessária para o processo evoluir numa experiência de exploração mais profunda, que caracteriza a segunda fase do aconselhamento.

Ao descrever a etapa inicial do aconselhamento, discutiremos antes de tudo as características que os clientes trazem com eles na primeira sessão do aconselhamento. A seguir, serão expostas as características e habilidades do conselheiro que contribuem para a descoberta inicial. Finalmente, serão apresentados os efeitos da fase da descoberta inicial.

O que os clientes trazem à experiência de aconselhamento

Alguns clientes iniciam a experiência de aconselhamento voluntariamente. Tornam-se conscientes da tensão, ansiedade, dissonância, confusão ou falta de finalidade em suas vidas, e percebem que necessitam de ajuda.

O grau da tensão sentida pode variar de um nível leve (como no caso de um formando do 2º Grau, que mostra desejo por mais informação acerca de bolsas de estudo e empréstimos) até um bastante intenso (como no caso de um casal que percebe existir uma crise em seu casamento). Os clientes voluntários ou auto-encaminhados têm diversas características em comum: experimentam tensão e conflito (que motivam esforço para buscar ajuda e, pelo menos, iniciar alguma revelação sobre si mesmos e suas preocupações) e estão dispostos a fazer uma reflexão árdua. Para eles, uma pergunta inicial do conselheiro, do tipo "Como posso ajudar você?" geralmente é suficiente para provocar uma comunicação relevante.

Outros clientes hesitam em participar do aconselhamento. Podem estar experimentando tensão, mas não reconhecem a necessidade de ajuda. Podemos citar, como exemplos de clientes relutantes, estudantes cujos níveis de realização estão bem abaixo do que se poderia esperar; estudantes com comportamento incomum, com freqüentes expressões de raiva; um cônjuge que demonstra má vontade em relação a um problema marital reconhecido pelo parceiro; e indivíduos que abusam de drogas ou álcool. Como esses clientes, em geral, são pressionados por uma terceira pessoa para fazer o contato inicial com o conselheiro, freqüentemente estabelecem fortes barreiras para participação. Podem evitar fazer as revelações importantes e o trabalho de pensar que leva ao crescimento. Trabalhar de modo efetivo com clientes relutantes requer algumas habilidades especiais, que serão discutidas no capítulo 9. No presente capítulo, presumiremos que o cliente partiu para o aconselhamento com alguma disposição para iniciar uma exposição do problema e efetuar algum trabalho.

Embora alguns clientes iniciem a experiência voluntariamente, todos principiam com ansiedade e resistência. Parte da ansiedade relaciona-se à condição inerente à experiência do aconselhamento, que requer que o cliente revele informação sobre si mesmo e sua vida pessoal a uma pessoa relativamente estranha. São algumas das questões básicas que os clientes se colocam: "O que essa pessoa fará com a informação que eu partilhei com ela?" e "Que impressões o conselheiro desenvolverá a meu respeito, se eu descrever honestamente minhas preocupações, tensões e dúvidas?" Parte da ansiedade tem origem no medo do desconhecido: "Que acontecerá comigo durante esta experiência?"

Uma vez que a prevenção e a ansiedade são inevitáveis, os objetivos durante a fase da descoberta inicial visam ajudar o cliente a sentir-se à vontade em relação ao processo de comunicação, e auxiliá-lo a sentir-se menos ansioso quanto a efetuar contato pleno, sincero e em profundidade com percepções, convicções e emoções relevantes para as preocupações que requerem atenção e trabalho.

Os conselheiros promovem a descoberta inicial através de três procedimentos interligados: provocando comunicação, não fazendo ou dizendo coisas que bloqueiem a comunicação e tomando contato significativo com o material relevante.

Modos de estimular a comunicação

Mensagens corporais do conselheiro

Há pessoas cuja linguagem corporal incentiva a comunicação e outras cuja linguagem corporal indica desinteresse e talvez igual ansiedade para comunicar-se. O ouvinte ativo e interessado encara e volta-se para a pessoa que fala com uma postura de atenção e igual entusiasmo; seus olhos estão dirigidos para a face do interlocutor; seus braços e tronco têm uma postura aberta, que passam a seguinte mensagem: "Eu estou muito interessado em receber, com todos os meus processos sensoriais, o que você quer contar para mim." A energia que provoca essa gestualidade parece ser natural e sem esforço planejado; é uma representação corporal de uma convicção sentida.

Por outro lado, o ouvinte que está desinteressado ou pouco à vontade não usa seu corpo para promover a comunicação. O foco facial pode estar distante do rosto da pessoa que fala, 45 graus ou mais; o ângulo do corpo, oblíquo ao comunicador; os braços, cruzados; ou o corpo, em posição de defesa. Tais sugestões corporais transmitem mensagens como: "Eu não estou interessado", "Eu não me preocupo", "Eu não tenho energia disponível para você" ou "Eu tenho medo de ser aberto com você". Esses indícios de fechamento podem ser sutis e, muitas vezes, inconscientes. O uso de equipamento de vídeo proporciona um *feedback* visual muito útil para se trabalhar esse aspecto.

Mensagens verbais do conselheiro

O incentivo à comunicação inicia-se, muitas vezes, por uma proposta sincera do conselheiro. Uma declaração como "De que modo posso ajudar?", "Em que você gostaria que trabalhássemos juntos?" ou "Como você gostaria de começar?", em geral é suficiente para promover a comunicação.

A maioria dos clientes voluntários responde a tais solicitações com uma expressão de preocupação, juntamente com a implícita necessidade de ajuda. Podemos citar como exemplos:

— "Tenho procurado decidir qual faculdade cursar, mas estou confuso."
— "Meu marido é alcoólatra e o tem sido desde antes do nosso casamento. Não consigo fazê-lo parar. Estou assustada e não sei o que fazer."
— "Estou preocupada com meu filho. Estou divorciada há seis meses e ele não está se adaptando muito bem."
— "Sinto-me indecisa e isso faz eu me sentir uma criança, ao invés de um adulto."
— "Tommy continua me incomodando no pátio do recreio. Ele me empurrou para fora da quadra de novo, e ontem ele me bateu."
— "Estou farto das críticas que os professores me fazem."

Tais afirmações expressam uma preocupação inicial. Quase sempre são necessários mais explanação e esclarecimento. São sugestões para continuação, que possivelmente encorajam mais explanação:

— "Conte-me mais sobre..."
— "Ajude-me a compreender mais totalmente..."
— "Eu acharia útil saber mais sobre (ou compreender mais claramente)..."
— "Conte-me o que aconteceu..."
— "Ajude-me a entender o que você está pensando sobre sua decisão..."
— "Soa como se você achasse útil, se..."
— "Seria útil para nós, a fim de..."

Modos de bloquear a comunicação

Jogar areia, sabotar e obstruir a estrada são boas metáforas para descrever comportamentos que, muitas vezes, alguns ouvintes têm a fim de bloquear a comunicação. Os principais são: dar conselho, "dar aula", questionamento excessivo, intelectualização e contar história.

Dar conselho

"Por que você não..."; "Sim, mas..." (como é descrito por autores que escrevem sobre análise transacional) é um jogo verbal freqüentemente acionado em sessões de aconselhamento. O cliente transmite sinais de confusão, tensão, exasperação e desamparo. Desejando oferecer algum alívio, o conselheiro dá algum conselho ("Por que você não..."). O cliente não responde com entusiasmo ao conselho ("Sim, mas..."). Logo, surgem barreiras para o relacionamento: o cliente passa a se sentir mais defensivo; sentimentos de exasperação começam a crescer no conselheiro e, muitas vezes, resultam na rejeição do cliente. Além de bloquear a comunicação, dar conselho tem o efeito de fazer o cliente sentir-se como uma criança incapaz, dependente; portanto, bloqueia o desenvolvimento da confiança responsável em si mesmo. De fato, os clientes algumas vezes apresentam-se como crianças desamparadas, a fim de levar o orientador a dar conselho. Sob essas condições, dar conselhos reforça as manipulações defensivas e a representação. À parte as situações específicas ou as condições de crise, nas quais a capacidade básica do cliente para solução de problemas está prejudicada significativamente, o aconselhamento será uma experiência muito mais potente se o conselheiro evitar dar conselho.

"Dar aula"

"Dar aula" é realmente uma forma dissimulada de dar conselho. Ao "dar aula", o conselheiro apresenta-se como um *expert*, desenvolvendo uns poucos parágrafos ou mais de "sabedoria". A mensagem é: "Você deveria fazer isso do meu modo. Se não o faz, é tolo e eu ficarei zangado com você." Isso é degradante para o cliente, de várias maneiras: além de transmitir uma mensagem de "estupidez", o orientador está dando mais tempo para seu próprio material que para o do cliente. Em "aulas" muito longas, os clientes simplesmente desligam seus receptores auditivos, e muitas vezes desconsideram o emissor da mensagem, bem como a própria mensagem. Isso acontece especialmente com clientes que estiverem envolvidos em lutas de poder com figuras autoritárias. O conselheiro não deve ser visto pelo cliente justamente como mais uma dessas figuras.
Você sabe que provavelmente está "dando aulas" quando diz mais de três sentenças consecutivas a seu cliente.

Questionamento excessivo

"Qual é a sua idade?", "Em quantas casas morou?", "Junto a quantas crianças cresceu?", "A que religião foi filiado quando criança?", "Quando atingiu a puberdade?", "Gosta de estar ao ar livre?", "Gosta de ver TV?", "Gosta de sorvete de chocolate?", "Por que está seguindo o curso para o qual está lendo esse livro?", "O que deseja fazer durante o resto de sua vida?"
Muitas vezes, o questionamento excessivo não promove a comunica-

ção. Coloca o processo em forma interrogativa e o cliente em posição defensiva. O conselheiro pergunta e o cliente responde. O problema é que o cliente tem pouca iniciativa. O modelo é especialmente destrutivo para o aconselhamento eficiente, com clientes que desenvolveram hostilidade em relação a figuras de autoridade. Para eles, a experiência provoca uma reação de transferência defensiva e de autoproteção. O fato de haver um questionamento excessivo significa que, provavelmente, informações importantes estão sendo encobertas.

As perguntas iniciadas com "por que" são especialmente destrutivas, pois levam o cliente a intelectualizar, explanar e justificar. Elas afastam o aconselhamento de uma experiência personalizante.

Algumas vezes, o conselheiro faz perguntas, para estimular a interação com um cliente não-verbal; outras, para conseguir informação. Às vezes, a intenção de uma pergunta é dirigir a atenção do cliente para um tópico, tema ou problema específico. Na fase da descoberta inicial, o não-questionamento geralmente é mais eficaz para se atingir esses objetivos.

Para ajudar o cliente não-verbal, o conselheiro deve usar alternativas como: "Percebo que é difícil para você conversar à vontade comigo. Talvez fosse útil partilhar o que está acontecendo em sua vida e que lhe causa agitação." Observe que uma resposta como essa trabalha com a energia do cliente, e não contra ela.

Se há uma informação importante a ser dada, o conselheiro deve tentar uma alternativa como: "Preciso compreender mais claramente como as coisas foram vistas, sentidas e soaram para você, quando sua esposa decidiu partir. Ajude-me a compreender o que isso significou para você naquele momento." Tais reações promovem reciprocidade na experiência do aconselhamento. Adicionalmente, antes de provocar tal resposta, o conselheiro deve primeiro esclarecer que a informação solicitada é realmente importante.

Para centralizar a atenção do cliente num tema específico, pode ser útil uma alternativa como: "Você tem dito que várias vezes se senta sozinho no ônibus escolar. Conte-me sobre o que você pensa, quando isso acontece." Mais uma vez, tal alternativa ajuda o conselheiro a identificar os problemas que são importantes para exploração, incita a exploração de um modo agradável e transmite ao cliente reciprocidade.

A menos que explore de maneira demasiadamente profunda e em espaço muito privado, é pouco provável que uma pergunta eventual prejudique o relacionamento. As perguntas são prejudiciais quando se tornam o modo dominante de comunicação do conselheiro ou ocasionam uma atmosfera sufocante ao invés de espontânea.

Os conselheiros principiantes podem controlar a tendência para cair no questionamento, nunca fazendo duas perguntas de uma vez, seguindo uma pergunta com uma não-pergunta relacionada à informação recebida em resposta à pergunta e, se necessário, usando um estimulador para exploração como: "Conte-me mais sobre..."

Também é bastante útil distinguir as perguntas abertas e as fechadas. Estas geralmente sondam informação factual específica e podem ter respostas curtas. As primeiras centram-se mais sobre idéias, convicções ou emoções e necessitam de discussão mais longa para uma resposta completa. "Você está vivendo com seu marido agora?" é uma pergunta fechada. "O que você faz quando seu marido chega em casa bêbado?" é uma pergunta aberta. ("Conte-me o que você faz, quando seu marido chega em casa bêbado" é uma questão ainda melhor.) Se o conselheiro vê necessidade de questionar, deve procurar fazer perguntas abertas, ao invés de fechadas.

Contar história

Conselheiro: Lembro quando estava na 10.ª série. Nessa época, os garotos no meu grupo também eram muito egocêntricos. Cada um parecia querer ser o primeiro. Nenhum de nós sabia nada sobre ser amigo. Cada um parecia colocar muita energia para subir, rebaixando os outros.

Cliente: Puxa, eu suponho que você, aos 15 anos, tenha tido uma vida muito solitária.

Conselheiro: Sim, realmente tive. Eu me lembro de uma vez, quando...

Os conselheiros muitas vezes contam histórias sobre suas próprias vidas, para ajudar o cliente a identificar-se com eles e transmitir a mensagem "Eu compreendo o que você está sentindo, porque também passei por isso". Em geral esse procedimento, ao invés de facilitar, bloqueia a comunicação. Deslocando-se o foco de atenção do cliente para o conselheiro, a exploração pelo cliente é interrompida. Além disso, uma suposição subjacente é que, em situação singular, o conselheiro experimentou as mesmas opiniões e emoções do cliente. Projetando suas próprias emoções no cliente, o conselheiro não o leva em conta e arrisca a introdução de ruído de interferência ou material desnecessário, na comunicação. Geralmente um conselheiro conta uma história pessoal, quando não conhece outra forma de responder ao cliente. Contar história é, muitas vezes, um modo de o conselheiro dominar sua ansiedade pessoal. Na pior das hipóteses, pode estar usando o cliente como audiência para satisfazer suas próprias necessidades de atenção.

Condições interiores e a fase da descoberta inicial

Na parte anterior, descrevemos alguns modelos específicos de respostas que encorajam ou inibem a descoberta pessoal pelo cliente. Nesta parte, descreveremos quatro condições interiores necessárias para estimular a descoberta inicial. São descritas como interiores porque representam uma orientação para pessoas que cada conselheiro deve trabalhar para implementar consistentemente. Uma atmosfera de empatia, consideração positiva, autenticidade e concreção promove o aconselhamento efetivo. A ausência de uma ou mais dessas condições bloqueia seriamente o trabalho de descoberta.

Empatia

Carl Rogers (1942, 1951, 1961, 1965), que introduziu a empatia como condição interior na experiência do aconselhamento, descreveu-a como a capacidade do conselheiro para "penetrar no mundo fenomênico do cliente — sentir o mundo do cliente como se fosse o seu próprio, sem nunca perder a condição 'como se' " (Rogers, 1961, p. 284). Autores subseqüentes (Carkhuff, 1969 a, b; Egan, 1982; Eisenberg e Delaney, 1977) concluíram que existem diferentes níveis de empatia e que, para estimular efetivamente o trabalho de aconselhamento, o nível de empatia transmitido deve estar relacionado ao nível de prontidão do cliente para descoberta e exploração. Considera-se a empatia primária como sendo o nível facilitativo para a fase de descoberta inicial do aconselhamento, e o nível avançado de empatia como sendo facilitativo para a fase de exploração em profundidade. Nesta parte, iremos desenvolver alguns conhecimentos gerais sobre empatia e enfocar o nível primário. A empatia avançada será discutida no capítulo 4, como parte do processo para incentivar a exploração em profundidade.

A empatia envolve duas habilidades principais: perceber e comunicar. Ao nível de *percepção*, a empatia envolve um intenso processo de prestar atenção ativamente a temas, problemas, construtos pessoais e emoções. Os *temas* podem ser considerados como padrões recorrentes: percepções do eu, atitudes em relação aos outros, relações interpessoais consistentes, medo de fracasso e busca de poder pessoal. Os *problemas* são questões de conflito com as quais o cliente está deparando: "O que eu desejo para meu futuro?", "Deveria me separar de minha família?" "Deveria mudar de profissão?" Em relação a cada tema e problema, o cliente apresenta fortes emoções de alegria, raiva, ansiedade, tristeza ou confusão. Compreender os investimentos emocionais é uma parte crítica do elemento perceptual da empatia.

George Kelley (1955) descreveu o elemento perceptual da empatia como a compreensão dos construtos pessoais do cliente. Definiu *construtos pessoais* como o conjunto singular de elementos cognitivos que uma pessoa usa para processar informação, dar significado a fatos da vida, ordenar seu mundo, explicar relações de causa e efeito e tomar decisões. Os construtos pessoais estabelecem ordem e regularidade no mundo da pessoa e dão sentido à vida. Incluem opiniões sobre si mesmo e sobre os outros, suposições sobre como e por que os fatos acontecem no mundo, e premissas lógicas e morais particulares que guiam as ações da pessoa. Partindo-se dessa orientação, a empatia pode ser vista como a compreensão dos construtos pessoais proeminentes de um indivíduo. O conselheiro pode determinar quais são esses construtos pessoais a partir das decisões, ações e declarações do cliente e também de suas respostas aos instrumentos de avaliação da personalidade.

À medida que o cliente revela informação sobre si, alguns temas formam-se muito rapidamente no primeiro plano perceptual do conselheiro, enquanto outros permanecem no segundo plano. Alguns construtos pessoais (por exemplo, "O mundo não é um lugar seguro", "As pessoas são falsas") podem emergir rapidamente, embora outros permaneçam inacessíveis. A empatia *primária* é o processo de tomar contato com os temas que são evidentes aos dois participantes. A empatia *avançada* é o processo de ajudar o cliente a explorar temas, problemas e emoções novos à sua consciência.

A empatia inclui não apenas uma compreensão dos temas e padrões, mas também uma avaliação de quais temas o cliente está pronto para explorar. Para essa avaliação, o conselheiro conta com indicadores não-verbais de abertura *versus* defesa.

No aconselhamento, deve-se sempre ajudar o cliente a aprender algo novo que será relevante para seus objetivos pessoais. Para que isso ocorra, o conselheiro deve transmitir suas percepções sobre o que o cliente tem contado. Ao nível da comunicação, a empatia primária envolve a capacidade do conselheiro de fazer com que o cliente perceba que um tema significativo foi entendido. Isso pode ser feito pelo conselheiro através de comunicação verbal ou não-verbal: cruzar os braços pode indicar que o conselheiro entendeu a ansiedade do cliente; levantar o braço com o punho cerrado e o bíceps contraído pode significar uma compreensão da raiva. Verbalmente, a empatia primária pode ser transmitida com uma resposta permutável que centraliza a atenção do cliente num tema significativo e provoca mais considerações sobre o mesmo.

As respostas permutáveis são afirmações que apreendem os temas essenciais de uma declaração do cliente, mas não vão além do material evidente. Por seu teor, essas respostas ajudam a focalizar a atenção do cliente no significado e no sentimento, de modo que os temas essenciais podem ser vistos mais claramente, compreendidos mais integralmente e explorados em maior profundidade.

Um bom exemplo desse tipo de resposta aparece num filme clássico para o treinamento do conselheiro, onde Carl Rogers (1965) aconselha Glória, uma cliente divorciada com duas crianças pequenas. Em determinado momento, Glória diz a Rogers: "Eu realmente não sei como minha filha (que tem 7 anos) irá se sentir a meu respeito, se souber que eu durmo com um homem com quem não sou casada." Rogers coloca de forma diferente a preocupação da cliente: "Se sua filha soubesse de suas ações, ela aceitaria, *poderia aceitar*, você?" Ela confirmou que Rogers a compreendeu e continua a discorrer sobre sua ansiedade quanto a ser uma boa mãe e ser aceita por sua filha. Observe que Rogers identificou um tema-chave e o devolveu para Glória, de um modo que a ajudou a examiná-lo mais profundamente. Não repetiu simplesmente a afirmação dela, nem moralizou, deu conselho ou bloqueou a comunicação.

A empatia, transmitida de modo eficaz, produz uma série de efeitos desejados na fase da descoberta inicial do aconselhamento. Como primeiro efeito, tem-se que energia requerida para escutar ativamente expressa interesse e afirmação para o cliente. O conselheiro está dizendo: "Eu me preocupo tanto com você que desejo investir energia em entender claramente."

Segundo efeito, o *feedback*, que surge do contato do conselheiro com temas significativos, ajuda o cliente a ver seus próprios temas com mais clareza. Isso o ajuda a compreender-se mais profundamente e a reexaminar percepções, atitudes e convicções relevantes.

Terceiro efeito, essa forma de responder cria expectativas sobre a natureza da experiência do aconselhamento, o qual apresenta-se ao cliente como um processo que envolve prestar atenção ao eu, explorar, examinar e perceber mais claramente o eu. O aconselhamento surge como uma experiência que envolve trabalho, não simplesmente conversa. De fato, a ação do conselheiro visa estimular o trabalho de autodescoberta pelo cliente.

Quarto efeito, se o conselheiro procura oferecer um nível de empatia consistente com o nível de prontidão do cliente, este se sente seguro para continuar a experiência do aconselhamento, percebe que nada de ruim irá lhe acontecer como resultado da comunicação e que provavelmente algo de útil irá resultar disso.

Quinto efeito, a empatia transmite ao cliente que o conselheiro tem algo especial para oferecer. Geralmente, a empatia não é vivenciada nos acontecimentos da vida diária. A pessoa que pode fazer contatos empáticos firma-se como tendo alguma habilidade especial, o que ajuda o cliente a experimentar uma sensação de otimismo quanto a sessões futuras.

Consideração positiva

Você teve relações com pessoas que obviamente interessaram-se por você e com outras que pareciam não se importar. O interesse é expresso pelo entusiasmo que uma pessoa exprime por estar na presença de outra e pela quantidade de tempo e energia que está disposta a dedicar ao bem-estar da outra. A experiência de ter o interesse de outro ajuda desenvolver ou restaurar um senso de cuidado por si mesmo, produz energia e encoraja a responder às demandas da vida. O interesse do conselheiro pode aumentar o entusiasmo do cliente pelo trabalho e pelo crescimento. É difícil para o profissional ocultar sua aversão. Quando revelada, sutil ou diretamente, ocasiona tensão no relacionamento. Trabalhar com um cliente pelo qual não se tem interesse, é como tentar ingerir uma comida não muito apreciada: é possível passar pela experiência, mas ela exige muito esforço.

Não é realista um conselheiro ter a expectativa de que vai gostar de todos os clientes. Contudo, se não for possível transmitir um interesse sincero, faltará à experiência uma condição interior vital.

Para trabalhar sentimentos de indiferença, o conselheiro deve primeiro admiti-los e assumir a responsabilidade por sua existência — fazer de conta que não existem não os manterá fora da experiência do aconselhamento. Após o reconhecimento, sua tarefa é identificar características específicas do cliente que ele não aprecia. Para muitos conselheiros, a mentira, a atitude defensiva, a manipulação, a autodestruição e a destruição dos outros, a má vontade para conformar-se a regras sociais razoáveis e a irresponsabilidade para com os outros são traços que freqüentemente provocam repugnância e raiva.

Nesse ponto, alguns princípios do comportamento humano podem ajudar o conselheiro a trabalhar suas emoções. Um deles é que a maior parte da irritação humana provém de se fazerem afirmações do tipo "deveria", sobre o comportamento do outro. "Sally *deveria* ir à escola" (ao invés de "cabular"). "Mark *deveria* ser honesto" (em lugar de mentir). "Sam *deveria* estimular seus filhos" (em vez de gritar com eles). Se existe irritação e indiferença, o conselheiro deve reconhecer as mensagens do tipo "deveria" que estão sendo impostas ao cliente; ao mesmo tempo, precisa reconhecer que, impondo o "deveria", está julgando o comportamento do cliente, em vez de procurar compreender seu significado e importância. Na verdade, julgar bloqueia a compreensão. Reconhecidas as mensagens do tipo "deveria", o conselheiro pode avaliar abertamente seus possíveis efeitos sobre o relacionamento e se é justo impô-las.

Um segundo princípio é que, muitas vezes, a ansiedade acompanha e é encoberta pela irritação. O conselheiro que não gosta de um cliente pode também se sentir ameaçado por ele. A consciência da ansiedade subjacente pode ajudá-lo a identificar qual atitude do cliente está resultando no senso de intimidação. Lutas por poder, alienação e resistência são fontes muito comuns da ansiedade do conselheiro dissimulada pela irritação.

Um terceiro princípio é que algumas características do cliente podem fazer com que o conselheiro lembre de uma outra pessoa, em relação à qual existem sentimentos de raiva ou ressentimentos. Em tais circunstâncias, ele não percebe o cliente com inteira precisão; ao contrário, há algumas distorções em sua imagem do cliente. Reage a ele como se fosse alguma outra pessoa. Esse processo, que tipicamente ocorre de modo inconsciente, é chamado *contratransferência* e será discutido de forma mais completa no capítulo 9.

Com base nesses princípios, trabalhar a aversão exige que o conselheiro dê respostas sinceras às seguintes perguntas:

— "Que características de meu cliente acho desagradáveis?"
— "O que penso que ele deveria estar fazendo, e que não está?"
— "Como os meus 'deveria' estão afetando nosso relacionamento e minha sinceridade com ele?"
— "Impondo 'deveria', o que estou perdendo de meu cliente?"
— "Estou experimentando, quando estou com ele, uma sensação de ansiedade, ao invés de calma?"
— "Em minha vida, com quem poderei ter importantes assuntos não-resolvidos?"
— "Existem semelhanças entre essa pessoa e meu cliente?"

Para qualquer conselheiro, essas questões são muito difíceis de ser respondidas, sem a assistência de um profissional; por essa razão, recomendamos que se tenha um conselheiro consultor, que pode ser de grande ajuda, simplesmente levantando as questões precedentes, aliadas a boas práticas de aconselhamento descritas neste e no próximo capítulo.

Autenticidade

Rogers (1942) originalmente definiu autenticidade como a característica da transparência, da veracidade, da honestidade ou da autenticidade. Entendeu, com isso, uma disposição para compartilhar o próprio eu interior e apresentar pensamentos e sentimentos ao cliente, de modo a não manipulá-lo ou controlá-lo. Autenticidade significa apresentar-se honestamente ao cliente, sem defesas, objetivos ocultos ou uma imagem cuidadosamente manipulada. São sinônimos de *autenticidade: sinceridade, imparcialidade* e *consistência*. São antônimos: *falsidade, defensividade, desonestidade, ocultação do eu* e *manipulação ou controle da imagem*.

Rogers acredita que, se o conselheiro for autêntico, será percebido como autêntico. Ter essa percepção do orientador ajudará o cliente a sentir-se mais seguro e a desenvolver um senso de confiança maior e, assim, estar mais disposto a engajar-se no trabalho de exploração intensiva do aconselhamento. Sentir a autenticidade do conselheiro num clima de segurança capacita o cliente a ser mais autêntico e também o encoraja a abandonar suas próprias defesas, jogos e manipulações.

Para testar essas idéias, tente um simples experimento juntamente com um colega. Pense sobre duas pessoas em sua vida. A pessoa A é um indivíduo que você percebe ser autêntico. A pessoa B é um indivíduo que você não vê como autêntico. Desenvolva uma imagem clara de cada uma delas. Lembre-se de uma ou duas experiências significativas que teve com essas pessoas. Enquanto relembra essas experiências, responda às perguntas abaixo. Anote suas respostas ou discuta-as com seu parceiro.

— Que observações específicas fiz sobre A que me dão a impressão que ela é uma pessoa autêntica?

— Que observações específicas fiz sobre B que me dão a impressão que ela não é uma pessoa autêntica?

— Que diferenças observo no modo de se relacionarem comigo?

— Como descreveria minha experiência interior na presença de A, particularmente minhas emoções?

— Como descreveria minha experiência interior na presença de B, particularmente minhas emoções?

— A partir de minha experiência pessoal, que princípios quanto à autenticidade me parecem válidos?

Para a maioria das pessoas, três padrões básicos parecem estar envolvidos na percepção dos outros como autênticos ou falsos. As pessoas consideradas autênticas são aquelas que podem ser vistas por dentro. Rogers refere-se a isso como *transparência*. A falsidade, ao contrário, é percebida quando o observador sente que estão acontecendo coisas, no interior do outro, que estão ocultas à observação. A experiência é: "Algo está ocorrendo em seu interior, mas não posso perceber o que é. Seja o que for, isso me assusta. Temo a possibilidade de ser manipulado ou vitimado pelo que está acontecendo dentro do outro e que não posso ver."

Um segundo tipo de percepção relaciona-se à sensação de a pessoa ser manipulada por objetivos ocultos. Um *objetivo oculto* é um fim ou intento não declarado que implica manipular ou controlar o outro. Um exemplo típico é o adolescente do sexo masculino que, no decorrer de um encontro com uma garota, diz: "Quero apenas conhecê-la como pessoa; não desejo fazer amor com você." Todo o tempo a garota fica pensando: "Sim, sem dúvida." Ela percebe que seu companheiro tem um objetivo oculto ou fim dissimulado. As pessoas que são percebidas como tendo um objetivo oculto ou tentando manipular os outros são consideradas desonestas e não-confiáveis. Os outros protegem-se em sua presença. O conselheiro autêntico é aquele que não tem objetivos ocultos. Sejam quais forem seus propósitos, são declarados abertamente e não são manipuladores.

As discrepâncias percebidas no comportamento e pensamento de uma pessoa são a terceira variável que contribui para uma sensação de autenticidade ou falsidade. Em relação a uma pessoa considerada autêntica, existe coerência entre suas convicções e ações, entre suas idéias declaradas, afirmações e comportamentos não-verbais. Como será ilustrado pelo estudo de Tepper e Haase, descrito no capítulo 12, as discrepâncias nas áreas que acabamos de descrever contribuem para uma sensação de falsidade e um sentimento de desconfiança. O cliente percebe o conselheiro como falso, quando este diz: "Eu respeitarei a escolha que você fizer, qualquer que seja ela", e, mais tarde, lhe questiona as decisões. Ou o conselheiro pode dizer: "Não quero forçá-lo a fazer algo que você não deseja; quero apenas que pense sobre sua atitude para com seu marido." O profissional também pode ser percebido como falso, quando tem dificuldade em manter os olhos nos olhos do cliente, enquanto diz: "Confio no que está me contando".

Para ser plenamente autêntico no sentido descrito por Rogers, o conselheiro deve conhecer-se muito bem. Deve possuir um quadro claro das características principais de sua personalidade e de como se expressam em acontecimentos significativos e relações com pessoas.

Segundo o princípio da autenticidade, o conselheiro nunca deve se comunicar de modo falso, apresentar informação que desorienta, e, conscientemente, dar de si uma imagem que ilude o cliente. Ao mesmo tempo, não é necessário que o conselheiro revele impulsivamente ao cliente todo o seu pensamento, opinião ou sentimento. Partilhar informação sobre o próprio eu é uma decisão, não um impulso, tanto para o conselheiro como para o cliente. O profissional deve decidir antes o que e quando partilhar baseado nas percepções da necessidade ou da capacidade do cliente para beneficiar-se da informação revelada. Por exemplo, uma emoção experimentada na presença do cliente ou uma observação sobre o que está acontecendo no momento, no relacionamento, é comunicação imediata com a qual o cliente pode ter dificuldades para trabalhar durante a primeira fase. Na segunda fase, esse procedimento pode ser mais apropriado, porque o cliente se sente mais seguro e está mais preparado para trabalhá-lo. Por outro lado, revelar uma experiência passada que se assemelha à do cliente pode ajudar a reduzir a distância e a aumentar o senso de reciprocidade; no entanto, entrar em detalhes sobre experiências pessoais passadas pode transformar-se rapidamente em "contar história", existindo a possibilidade de afastar o cliente de seu foco e bloquear seu trabalho de exploração. Se o conselheiro opta por revelar experiências pessoais, deve fazê-lo na medida em que tal procedimento possa ajudar o cliente a compreender essa experiência e ver paralelos com a sua própria.

Outros dois tipos de revelações que tendem a diminuir percepções de autenticidade pelo cliente são opiniões sobre o comportamento de outras pessoas e juízos a respeito do curso de ação que o cliente deveria tomar (dar conselho). Os clientes que experimentam tensão interpessoal muitas vezes desejam confirmação de que estão certos e o outro errado, ou querem compreender os motivos da outra pessoa. Assim, por uma ou outra razão, pedem ao conselheiro uma opinião. Uma vez que este não conhece todas as circunstâncias ou motivos envolvidos, e como falar do comportamento de uma outra pessoa é tagarelice, o sensato é que ele não expresse quaisquer juízos. Pode ser útil, ao conselheiro, explicar que não está em posição de julgar as ações de outras pessoas.

Dar opiniões sobre o que um cliente deve ou não fazer é dar conselho. Como já foi dito anteriormente, em geral esse procedimento é inadequado durante a primeira fase.

Concreção

O trabalho do aconselhamento visa ajudar os clientes a passarem de uma situação de confusão para um estado de maior clareza sobre os problemas com os quais estão se deparando. Esse processo requer que cliente e conselheiro se comuniquem clara e especificamente um com o outro. Imprecisão, abstração e obscuridade são opostas à comunicação concreta, interferindo no trabalho de esclarecimento.

Pode ser difícil reconhecer a própria tendência para a linguagem obscura, especialmente para o profissional que trabalha com crianças pequenas. Algumas vezes, um indício de confusão do cliente pode servir como *feedback*. Freqüentemente, entretanto, o *feedback* pode ser dado por um estranho que ouvir as gravações de uma sessão de aconselhamento e apontar a comunicação vaga.

A linguagem obscura pode ser um sinal de algumas possíveis dificuldades. O conselheiro talvez não tenha uma compreensão clara do cliente, pode querer impressioná-lo ou estar tentando ocultar-lhe algo.

O profissional deve explicitar as origens da fala não-facilitativa a fim de corrigir a dificuldade. Se a linguagem vaga resulta de insuficiente compreensão do cliente, pedir-lhe esclarecimento pode ajudar; se é resultado de tentativa de impressionar o cliente, é preciso dar atenção a esse medo de não impressionar; se resulta de controle de suas falas, seu medo de ferir, alienar ou perder o cliente deve ser trabalhado. Se a fala sincera significa expressão de raiva, esta também necessita de atenção.

Sumário

O objetivo primário da fase de descoberta inicial é trabalhar para o desenvolvimento de uma relação caracterizada por uma comunicação confiável, sincera, aberta, e por um trabalho que envolva introversão e esclarecimento. À medida que a experiência evolui, o cliente progressivamente descobre mais informação sobre si mesmo e sobre suas preocupações. A partilha dessa informação ajuda o profissional a compreender o cliente de modo mais completo e a trabalhar em direção a objetivos experimentais.

À medida que o cliente revela informação, a natureza do contato com o conselheiro dá-lhe *feedback* sobre se é ou não seguro continuar. Esse contato também ajuda a estabelecer o aconselhamento como processo de análise do eu, e não como uma simples conversa.

O contato efetivo implica estimular a comunicação com incentivos verbais e não-verbais, e transmitir empatia adequada ao nível de prontidão do cliente. Vários padrões de comportamento podem bloquear o processo.

A empatia, uma das quatro condições interiores relevantes para a fase da descoberta inicial, pode ser descrita como a capacidade para perceber e compreender os temas e problemas projetados através da fala do cliente. A empatia também pode ser descrita como a percepção e o entendimento dos construtos pessoais que um cliente usa para compreender e organizar seu mundo. As respostas refletivas e afirmações como "Conteme mais sobre..." são duas boas formas de transmitir um nível de empatia, apropriado à fase de descoberta inicial.

As três outras condições interiores são: consideração positiva, autenticidade e concreção. A dificuldade do profissional em sentir consideração positiva em relação a um cliente pode ser sinal importante de uma reação de contratransferência. Trabalhar uma contratransferência é tarefa de crescimento significativa para todo conselheiro. Seguir as orientações para transmitir autenticidade pode ajudá-lo a superar problemas nessa área.

O desenvolvimento de uma relação de trabalho efetiva, durante a fase de descoberta inicial, estabelece as condições centrais necessárias à segunda fase: exploração em profundidade.

Referências

Carkhuff, R. R. *Helping and human relations* (Vol. 1). New York: Holt, Rinehart and Winston, 1969. (a)

Carkhuff, R. R. *Helping and human relations* (Vol. 2). New York: Holt, Rinehart and Winston, 1969. (b)

Egan, G. *The skilled helper: A model for systematic helping and interpersonal relations* (2.ª ed.). Monterey, Calif.: Brooks/Cole, 1982.

Eisenberg, S., & Delaney, D. J. *The counseling process* (2.ª ed.). Boston: Houghton Mifflin, 1977.

Kelley, G. A. *The psychology of personal constructs* (Vol. 1). New York: Norton, 1955.

Rogers, C. R. *Counseling and psychotherapy*. Boston: Houghton Mifflin, 1942.

Rogers, C. R. *Client-centered therapy*. Boston: Houghton Mifflin, 1951.

Rogers, C. R. *On becoming a person*. Boston: Houghton Mifflin, 1961.

Rogers, C. R. "Client-centered therapy". In E. Shostrom (Ed.), *Three approaches to psychotherapy* (Filme). Santa Ana, Cali.: Psychological Films, 1965.

4. Exploração em profundidade

Um objetivo decisivo da experiência do aconselhamento é que o cliente passe a ter *insight*, e esse é o importante trabalho da segunda fase do processo. De fato, a opinião de que a tomada de consciência leva ao crescimento é um pressuposto-chave do modelo genérico apresentado neste texto. Tipos distintos de *insights* podem ser importantes para clientes diferentes, mas o modelo de aconselhamento que oferecemos tem como base a convicção de que a mudança positiva ocorre através da tomada de consciência. Esse pressuposto é também comum a todas as escolas de aconselhamento (exceto uma) que serão estudadas no capítulo 11.

Nem todo cliente necessita do mesmo tipo de *insight*. Uns podem precisar de um quadro mais explícito de exemplos de interesses e capacidades relacionados à escolha profissional. Outros, de esclarecimento sobre como o seu comportamento afeta as outras pessoas. Clientes confusos podem necessitar de ajuda para compreender convicções e percepções internas que criam conflito. Outros, ainda, podem beneficiar-se ao tomar consciência de suas emoções íntimas e de como são expressas, dissimuladas ou reprimidas.

O *insight* desenvolve-se através do processo de exploração de temas, padrões, preocupações e problemas significativos. Durante a primeira fase, alguns desses aspectos são identificados. Na segunda, tornam-se o foco da atenção e são explorados em profundidade. À medida que o cliente explora e o conselheiro apresenta um *feedback*, elementos dos pensamentos do cliente que estavam no fundo emergem ao primeiro plano perceptual. Durante esse processo, pressupostos, convicções, emoções, motivações e inconsistências tornam-se mais claros para o cliente. A experiência pode produzir, ao mesmo tempo, esclarecimento e tensão. Neste capítulo, focalizaremos modos de comunicação que podem estimular o processo esclarecimento-tomada de consciência.

As novas tomadas de consciência atuam como informação nova para o cliente. A informação mais profunda e também mais difícil de ser assimilada é aquela que se refere ao eu: emoções vivenciadas, objetivos pessoais, sentimentos para com o próprio eu e para com outras pessoas significativas, controle da energia, características dominantes da personalidade e relações com os outros. Ajudar o cliente a desenvolver novos *insights* sobre o eu leva tempo e, inevitavelmente, resulta em resistência. Parte da tarefa do conselheiro é controlar o espaço de tempo para o cliente receber nova informação, de modo que possa ser assimilada.

Como é indicado no Quadro 2-1, as habilidades do conselheiro, associadas a esse processo de consciência do eu, incluem: empatia em alto grau, imediação, confrontação, interpretação e dramatização. Todas essas formas de comportamento proporcionam *feedback* para o cliente. Para compreender essas habilidades e sua relação com o aconselhamento, é preciso, antes, entender a experiência de receber e dar *feedback*.

Experiências pessoais com *feedback*

Feedback pode ser entendido como informação sobre os efeitos das ações ou declarações de uma pessoa. Toda pessoa recebe *feedback* do começo ao fim de sua vida. Algumas dessas experiências são encorajadoras e gratificantes, como, por exemplo, quando uma pessoa significativa faz uma afirmação do tipo: "Gosto da sua aparência" ou "Gostei de suas observações em nossa reunião". Outras vezes, o *feedback* toma a forma de crítica, por exemplo: "Não entendo o que você está me dizendo" ou "Você teria sido mais eficiente se tivesse se limitado a ouvir".

Lembre-se de algumas experiências recentes nas quais recebeu *feedback*. Que notou em relação a como o *feedback* lhe foi dado? Que observou no tom de voz e na atitude, para com você, da pessoa que proporcionou o *feedback*? Do que se tornou consciente em seu íntimo, enquanto recebia o *feedback*?

Em seguida, lembre-se de uma situação em que lhe foi dado um *feedback* destinado a encorajá-lo a fazer ou dizer alguma coisa, de modo diferente. Que percebeu sobre o conteúdo, sobre as ações da pessoa que lhe proporcionou o *feedback* e sobre suas reações internas?

Dar *feedback* envolve efetivamente os princípios descritos a seguir. Veja se suas experiências os confirmam ou negam. Se os negam, que princípio você desenvolveria como alternativa?

Princípios sobre *feedback*

É difícil receber feedback: todo *feedback*, mesmo quando aprobativo, encontra alguma resistência. Muitas vezes, ao recebermos *feedback* aprobativo, experimentamos emoções misturadas: apreciamos e, ao mesmo tempo, nos sentimos incomodados. O *feedback* crítico tipicamente encontra resistência. Se oferecido num contexto de atenção e apoio, podemos ser capazes de acolher algo dele.

O feedback *que não se ajusta à imagem que a pessoa faz de si mesma será ainda mais difícil de ser aceito do que o* feedback *compatível com a auto-imagem*. Se um cliente me diz que aprecia meus *insights* e sensibilidade, posso aceitar esse *feedback*; ele se ajusta e é compatível com o modo como percebo a mim mesmo. Porém, se um cliente diz que eu não compreendi a profundidade de suas preocupações, minha reação tende a ser defensiva: muito provavelmente reagirei de um modo que impede o *feedback* de chegar além da superfície; o *feedback* não se ajusta à imagem que faço de mim mesmo e aceitá-lo é uma experiência dolorosa. O *feedback* aprobativo que não se ajusta às percepções que tenho de mim mesmo também será bloqueado.

O feedback *demora para ser internalizado. Resiste-se a grande parte dele*. Durante a experiência que acabou de relembrar você pode ter tido a sensação de querer incorporar e de, ao mesmo tempo, também querer rejeitar o *feedback*. O *feedback* nunca é plenamente incorporado no momento em que é recebido: grande parte disso, particularmente aquilo que não se ajusta às percepções que temos de nós mesmos, é rejeitada ou não é levada em conta. Outras partes são reconsideradas várias vezes, antes de serem aceitas. Incorporar ou fazer com que o *feedback* se ajuste é um processo lento; mesmo quando desejamos isso, resistimos (Harrison, 1973).

O feedback *é mais fácil de ser aceito se vem de uma fonte confiável*. Nesse contexto, uma fonte confiável é uma pessoa cujos juízos, percepções e observações são considerados válidos. Uma pesquisa (Goldstein, 1971) mostra consistentemente que é mais provável as pessoas rejeitarem ou não levarem em conta o *feedback* de uma pessoa relativamente estranha ou de alguém cujas percepções não valorizam. Na experiência do aconselhamento, o cliente (seja uma criança ou um adulto) simplesmente não coloca qualquer energia para assimilar o *feedback* de um conselheiro que não é percebido como digno de confiança. Em geral, o profissional é considerado mais digno de crédito se passou por uma experiência similar à do cliente, sentiu *stress* e cresceu com essa experiência tensionante.

O feedback *é mais fácil de ser aceito quando a pessoa que o proporciona oferece-o com uma presença calma*. Essa atitude ajuda o cliente na assimilação. Se estiver ansioso, irritado ou confuso, o cliente irá se sentir inseguro e bloqueará a assimilação. Essas pessoas proporcionando *feedback* têm especial dificuldade com este princípio, quando se projetam no papel de receptor e, na verdade, dizem para si mesmas: "Eu não desejaria receber o que estou dando."

O feedback *é mais fácil de ser aceito quando transmitido em linguagem direta ao invés de defensiva ou obscura.* Uma fala clara requer linguagem direta e concreta. A linguagem vaga obscurece as mensagens e torna difícil sua compreensão para o receptor. Para oferecer uma mensagem de *feedback* de modo explícito, deve-se ter clareza sobre que informação dar, e estar muito à vontade para proporcioná-la. Duas importantes razões pelas quais os conselheiros têm dificuldade com *feedback* são: não ter clareza sobre que *feedback* dar e se é correto dá-lo. A dificuldade em qualquer uma das duas áreas pode resultar em fala defensiva.

O feedback *é mais fácil de ser aceito quando é apresentado para consideração e não "para ser comprado".* Geralmente, quando um conselheiro proporciona *feedback* a um cliente, espera que este lhe "compre" ou aceite o *feedback*. Aceitar é um voto de confiança para o conselheiro. O bloqueio demonstra rejeição ou falta de confiança. Inerente a dar *feedback* está uma mensagem de venda: "Eu quero que você o adquira." Infelizmente, essa mensagem, implícita ou declarada, provavelmente cria resistência. Os conselheiros podem minimizar essa fonte de resistência, ao assumirem que provavelmente o cliente *não* aceitará *feedback* da primeira ou segunda vez que for oferecido, não porque o conselheiro seja incompetente, mas porque a resistência ao *feedback* é natural.

Sumário sobre *feedback*

O *feedback* ajuda as pessoas a crescerem e aprenderem sobre si mesmas, e seu meio também as auxilia a tornarem seu comportamento futuro mais efetivo que o passado. As pessoas tendem a estar em conflito em relação ao *feedback*: desejam-no e, ao mesmo tempo, resistem a ele.

A essência do trabalho na segunda etapa é prover os clientes com *feedback* sobre eles próprios, de modo que possa ser assimilado e usado para o crescimento. Como sempre se opõe resistência ao *feedback*, oferecê-lo é uma forma de arte. Trabalhar segundo os princípios que acabamos de desenvolver aumentará as chances para sua assimilação e uso. Voltamo-nos a seguir para a empatia em nível avançado, imediação, confrontação, interpretação e dramatização como formas de comunicação para proporcionar *feedback* consistente com os princípios discutidos.

Empatia avançada

No capítulo anterior, definiu-se empatia como a capacidade do conselheiro "para penetrar no mundo objetivo do cliente — sentir o mundo do cliente como se fosse o seu próprio, sem nunca perder a condição 'como se' " (Rogers, 1961, p. 284). A empatia primária, nível apropriado à fase inicial do aconselhamento, é transmitida através de respostas indicativas de que o conselheiro compreendeu os temas perceptíveis para o cliente e para ele. Comunicação não-verbal e respostas permutáveis foram expostas como formas importantes de transmitir empatia primária.

A segunda fase é caracterizada por um nível mais profundo de abertura no cliente — uma prontidão maior para explorar temas importantes e para tornar-se consciente dos significados menos óbvios que se encontram por trás desses temas. Concomitantemente, o grau de empatia do conselheiro deve passar do nível primário para o avançado. O profissional com alto grau de empatia é capaz de tomar contato com material subentendido ou menos evidente, atuando de modo a trazê-lo para a superfície a fim de que possa ser visto mais claramente e explorado mais totalmente. A empatia primária ajuda o cliente a ver, de modo mais claro, o material perceptível; a empatia avançada o ajuda a tomar contato com o material novo. Por esse contato adicionar elementos à informação do cliente sobre si, a empatia avançada é muitas vezes chamada "empatia aditiva" (Carkhuff, 1969, 1971; Egan, 1982; Gladstein, 1977; Means, 1973; Rogers, 1967, 1975).

A seguir, serão focalizados elementos do mundo objetivo do cliente acessíveis ao contato da empatia avançada. Será dada atenção ao valor potencial de fazer contato em cada área. As várias áreas para contato representam diferentes opções para o conselheiro. Como sempre, as decisões tomadas são determinadas pela prontidão do cliente, pelos objetivos do aconselhamento, pelo impacto pretendido e pelas tendências pessoais do conselheiro.

Percepções sobre si e sobre os outros

As percepções referem-se aos modos singulares pelos quais os indivíduos interpretam assuntos ou acontecimentos significativos. Se as decisões, as ações e as emoções são influenciadas pelas percepções da pessoa, esclarecê-las é sempre uma importante parte da experiência do aconselhamento. É importante tornar claras as percepções de uma pessoa sobre si mesma, sejam quais forem os objetivos do aconselhamento. Esclarecer percepções sobre outras pessoas pode ser útil, especialmente quando o problema do cliente é um conflito interpessoal. Nesta área, a empatia avançada efetiva leva o cliente a compreender mais acuradamente suas percepções e a explorar seu significado e importância.

Pressupostos sobre acontecimentos importantes da vida

Um pressuposto pode ser entendido como uma convicção que uma pessoa tem, a qual é aceita com base na fé. Muitas vezes, as pessoas agem a partir de pressupostos, sem ter uma consciência clara do pressuposto envolvido. Trazer à consciência pressupostos subjacentes ajuda o cliente a evidenciá-los, a reconsiderar sua validade e a examinar como seu comportamento está sendo influenciado por eles. Alguns exemplos de reações de empatia avançada que convidam a esse trabalho de esclarecimento são:

— "Parece-me que você possivelmente está pressupondo que se fosse sincera com seu marido, ele se tornaria violento."

— "Soa como se você estivesse pressupondo que seu patrão não está interessado no *stress* que você está sentindo no trabalho."

Trazer à consciência pressupostos pouco claros é uma experiência de *feedback* que encoraja reexame e possível mudança em direção a pressupostos mais precisos ou razoáveis. Essa é a orientação básica de Albert Ellis (1973, 1977) e outros que consideram o aconselhamento como o processo de ajudar o cliente a raciocinar precisamente e a usar raciocínio acurado, para tomar decisões inteligentes e superar emoções autodestrutivas (ver capítulo 11).

Desejos pessoais importantes não-satisfeitos

É da natureza da vida que alguns desejos importantes não sejam satisfeitos imediatamente. De fato, estudiosos da personalidade tão diferentes como Freud (1954), Maslow (1971), Perls (1969), Murray (1938) e Ellis (1973), concordam que parte da adaptação às realidades da vida exige que as pessoas aprendam como adiar a satisfação de desejos. Esses estudiosos também observam que os desejos que permanecem insatisfeitos por um extenso período são lançados fora da consciência (reprimidos), e que agarrar-se a algo desejado há longo tempo origina emoções de ansiedade, raiva e mágoa. Quando um desejo importante é reprimido por tempo suficiente, essas emoções podem tornar-se parte penetrante da personalidade de um cliente.

Os desejos satisfeitos através de interações interpessoais parecem ser os mais problemáticos. Eles podem implicar afeição, reconhecimento, atenção, companheirismo, intimidade e, algumas vezes, poder e vingança.

Emoções

As emoções são o caminho para a autoconsciência. Tomar contato com as emoções conduz a uma compreensão mais clara do mundo objetivo e do comportamento do cliente. Isso inicia o processo de desenvolvimento de maior autodomínio. O contato acurado compreende qualificação correta do tipo e intensidade da emoção: a raiva pode ir desde a leve irritação à fúria intensa; a ansiedade pode estender-se do nervosismo ao terror.

As emoções são em grande parte experiências internas com componentes fisiológicos, cognitivos e comportamentais. Por exemplo, os sintomas fisiológicos da ansiedade podem abranger gases estomacais, boca seca, palmas das mãos suadas e músculos tensos; os cognitivos podem incluir pensamento confuso, consciência de estar ansioso, e incapacidade para concentrar-se no trabalho; os sinais comportamentais podem compreender fuga de situações ameaçadoras, evitar o contato nos olhos e a gagueira. Prestar intensa atenção pode ajudar o conselheiro a identificar o tipo e o nível da emoção que o cliente está experimentando.

As respostas abaixo demonstram empatia avançada, que reflete as emoções do cliente. Cada afirmação identifica um sentimento que o conselheiro percebeu em declarações anteriores e que vai um pouco além das palavras reais do cliente.

— "Você parece triste e irritado com a decisão de seus pais se divorciarem."

— "Parece-me que você está se sentindo como que apanhado numa armadilha."

— "Você trabalha com afinco no emprego, e seu patrão lhe disse que aprecia seu trabalho. Mas, parece-me, você tem dúvidas, ao invés de satisfação, em relação a seu desempenho."

Confusão e conflito

Todo cliente que busca voluntariamente a ajuda de um conselheiro está vivenciando, em algum nível, confusão e conflito. Alguns conflitos são fundamentalmente interiores ("Eu não sei qual é a minha posição sobre aborto"). Outros se relacionam ao próprio cliente e aos outros ("Nosso relacionamento parece ter-se deteriorado numa luta por poder. Sabemos perturbar um ao outro emocionalmente''). Todos os conflitos têm componentes perceptuais, emocionais e comportamentais e, basicamente, têm sua origem em alguma dimensão da personalidade do cliente. Como os exemplos a seguir indicam, a empatia avançada pode incitar o trabalho de exploração e ajudar o cliente a passar da confusão para a clareza. No processo, o cliente aprenderá algo sobre características de sua própria personalidade.

— "Da forma como percebo, ter seu filho ou interromper a gravidez é a questão que você está procurando responder. Cada uma dessas alternativas apresenta alguma atração e alguns sérios problemas."

— "Por trás da pergunta casar ou não, parecem estar algumas outras questões que você não respondeu plenamente. Por um lado, você quer companheirismo e intimidade; mas, quando olha para o casamento de seus pais, vê distúrbio, raiva e conflito, e não deseja isso para si mesmo."

— Para um estagiário em aconselhamento: "Sinto que a luta que está travando é entre ajudar a cliente a fazer a própria escolha, e achar que é moralmente mais correto encorajá-la a não fazer um aborto. Parte de você percebe que é importante respeitar o direito de a cliente fazer as próprias escolhas e parte sente que aborto é moralmente errado. Ambas as posições morais são quase igualmente fortes para você."

— Para uma cliente adulta: "Parece-me que parte de você deseja continuar vivendo em casa para cuidar de seus pais, e outra parte quer alugar um apartamento num lugar distante, de modo que você possa afirmar sua independência."

— Depois, com a mesma cliente: "Ficar em sua casa resulta em sentir-se presa e ressentida; o pensamento de partir origina sentimentos de culpa."

Pensamento sobre o futuro

Toffler (1972) observou que o pensamento das pessoas, quanto ao futuro, inclui imagens sobre o desejável, cenas sobre o possível e antecipação sobre o provável. Numa era de mudança rápida e tempos econômicos difíceis, pensar sobre o futuro pode ser confuso e assustador. Durante crises e períodos de depressão pessoal, as perspectivas das pessoas sobre o futuro tornam-se particularmente pessimistas e desanimadoras. Prestar atenção e reagir aos pensamentos quanto ao futuro pode levar a superar ansiedade e depressão, e ajudar as pessoas a lutarem mais efetivamente contra a tensão e as crises. Seguem-se exemplos de respostas que ajudam a focalizar o que é desejável, possível e provável.

— "Você parece seguro de querer educação universitária, mas necessita de algum esclarecimento sobre o que pretende da experiência."
— "Do modo como entendo, seu conflito está entre permanecer no emprego atual ou tentar uma nova oportunidade."
— "Você pode viver de modo satisfatório sem o seu marido, mas parece que a parte mais difícil do divórcio é o que você deveria dizer a seus parentes e amigos íntimos."

Relações entre acontecimentos

Ajudar os clientes a desenvolver uma compreensão ou a esclarecer suas próprias compreensões sobre as relações entre acontecimentos pode auxiliá-los a descobrir modos de adquirir maior controle de si mesmos e de seu meio. O que, por sua vez, pode levar a menos confusão e a maior senso de domínio pessoal. Parte do importante trabalho de estabelecer conexões pode envolver relacionar: experiências internas a ações exteriores, condições de estímulo a comportamento pessoal, e este a resultados desejados e reais. A comunicação com alto grau de empatia pode iniciar uma exploração em torno de um tema ou de uma combinação desses temas. Seguem-se, abaixo, exemplos de respostas possíveis:

— "Se percebo corretamente, quando em seu íntimo você fica assustado procura ocultar isso falando muito."
— "Do modo como entendo, você se sente gelar quando os empregados que supervisiona desafiam suas idéias. Isso, por sua vez, faz você se sentir incompetente."
— "Quando você desafia seu marido, parece que ele fica defensivo e irritado, o que a bloqueia para partilhar suas idéias."

Depois de termos descrito as diferentes dimensões de informação acessível para contato de empatia avançada, apresentamos o caso de Colleen para ilustrar como esses princípios podem ser aplicados como parte integral da experiência do aconselhamento durante a segunda fase.

O caso de Colleen

Colleen era uma adolescente cujos pais eram separados. Tinha problemas de visão. Morava com a mãe e, ocasionalmente, visitava o pai em seu apartamento, nos fins de semana. Trabalhava regularmente com seu conselheiro sobre vários temas. Numa consulta, ela parecia extraordinariamente deprimida. O conselheiro notou sua aparência de depressão, o que incitou uma discussão sobre a visita ao pai no fim de semana anterior. Em primeiro lugar, o conselheiro contatou as emoções em sua resposta inicial de empatia avançada: "Parece que a visita a seu pai foi muito fatigante para você." Colleen confirmou essa observação e prosseguiu, explicando que o pai parecia retraído, distante e não-comunicativo. A segunda resposta de empatia avançada do conselheiro enfocou as percepções e os desejos: "Parece que seu pai não se comunica com você, e isso a faz imaginar se ele quer realmente que você esteja com ele."

Colleen acenou com a cabeça afirmativamente, com traços de dor em torno de seus olhos e boca. A próxima resposta de empatia avançada do conselheiro tomou contato com um importante desejo que Colleen estivera refreando em seu interior por longo tempo: "Sinto que é realmente importante, para você, saber o que representa para seu pai." Isso provocou lágrimas e confirmação.

O conselheiro apertou a mão de Colleen para oferecer apoio, e resumiu: "O que você deseja é saber o que seu pai sente por você. Vamos ver se podemos imaginar um modo de você descobrir." Isso introduziu, no processo de aconselhamento, o trabalho da terceira fase que será discutido no capítulo 5. O conselheiro usou um pouco de dramatização, incluindo inversão de papéis, para ajudar Colleen a encontrar uma forma de perguntar.

Colleen deixou o consultório parecendo muito insegura, mas, na semana seguinte, estava mais feliz. Ela explicou que havia estado com o pai e falara que achava difícil saber o que lhe dizer quando o visitava. Sua declaração levou a uma conversa íntima na qual o pai revelou que também sentia o mesmo. A certa altura, o pai disse que era difícil para ele saber como ser um bom pai. Colleen relatou que isso a fez sentir-se aliviada, porque ele estava mostrando que desejava ser um bom pai e porque ela sabia o que dizer. Sua resposta para o pai — "Deixe-me saber que sou importante para você" — pareceu produzir uma significativa transição no relacionamento entre eles.

Uma resposta-chave nesse episódio foi o esclarecimento dos desejos de Colleen, o que levou ao trabalho da terceira fase, ajudando-a em dois níveis: ela traçou um caminho para dar origem a algo importante para si e constatou que poderia realizar muito mais do que anteriormente pensara ser possível. Em sessões subseqüentes, essa sensação de poder pessoal foi relacionada a um sentimento de desamparo devido a suas dificuldades de visão.

EXPLORAÇÃO EM PROFUNDIDADE

Perguntas para maior reflexão

1. Que problemas você poderia esperar que Colleen tivesse como resultado de seus problemas de visão? Que implicações isso traria para o trabalho desenvolvido com Colleen pelo conselheiro?
2. Usando as dimensões da empatia avançada expostas no início deste capítulo, que temas ou problemas adicionais você poderia esperar ouvir de Colleen relacionados ao fato de seus pais serem separados?
3. O que constitui um ajustamento "saudável" de uma pessoa à separação dos pais?
4. As lágrimas de um cliente são parte constante da experiência de aconselhamento, especialmente quando o processo atinge a segunda fase. Quais são seus sentimentos quando uma pessoa chora em sua presença? Como seus sentimentos íntimos influenciam seu modo de reagir? Suas emoções e reações seriam diferentes se fosse um homem que estivesse chorando?
5. O que um conselheiro deve fazer quando um cliente chora?

Imediação

A imediação pode ser entendida como uma fala que descreve para o cliente alguma percepção ou experiência interior atual que o conselheiro está tendo no relacionamento. Muitas vezes, a imediação é transmitida na forma de mensagens do tipo "Eu" e oferecida não como crítica ou punição, mas como *feedback* que pode estimular a exploração de algum tema significativo. No exemplo que se segue o cliente é uma jovem.

Conselheiro: Neste momento, estou me sentindo muito cauteloso. Parte de mim quer explorar como as coisas estão entre você e seu namorado, e parte está se refreando... Pergunto-me se você pode estar tendo experiências semelhantes neste momento.

Cliente: (Pausa, seguida de fala lenta.) Sim. Tudo isso exerce tanta pressão sobre mim que às vezes eu preferiria não pensar a esse respeito.

Conselheiro: Então, você se sentiria mais à vontade se falássemos de outro assunto.

Cliente: (Ainda vagarosamente.) Seria mais seguro, mas eu ainda preciso de ajuda para pôr tudo isso em ordem.

Conselheiro: Posso imaginar o quanto isso é pesado para você... Ajudaria, se eu apenas escutasse enquanto você fala?

Nessa altura, a cliente respirou fundo e começou a contar sua história. A imediação pode estimular o crescimento em vários níveis. Pode ajudar o cliente a observar de modo mais pleno o que está acontecendo em seu interior, encorajar uma fala mais sincera e direta, auxiliar o conselheiro e o cliente a observarem as tensões em seu relacionamento, e proporcionar informação ao último sobre experiências similares fora do relacionamento. Uma vez que a imediação requer do conselheiro uma grande quantidade de energia pessoal, pode originar, no cliente, coragem e força.

A imediação também pode ajudar o cliente e o conselheiro a enfocarem seu relacionamento. O *feedback* de tais mensagens pode auxiliar os participantes a explorar questões como confiança, poder, manipulações e barreiras. O que ocorre na relação do aconselhamento tem provavelmente semelhanças com os relacionamentos externos; por isso, o que o cliente aprende através dessa exploração pode aplicar-se a outros relacionamentos. No exemplo a seguir, o cliente é um adulto do sexo masculino. A afirmação inicial do conselheiro ocorreu aproximadamente aos vinte minutos da sessão.

Conselheiro: Tom, nos últimos cinco minutos não estou me sentindo à vontade em relação ao que está acontecendo. Para mim, parece como se estivéssemos girando em torno do tema "você e seu pai", sem, na realidade, tomar contato com isso, plenamente.
Cliente: (Pausa.) Penso que você está certo. Mas que fazer?
Conselheiro: Nas últimas duas sessões, senti como se estivéssemos rodeando sem focalizar. Hoje, decidi que quero dizer alguma coisa.
Cliente: Se é assim que você tem se sentido, por que não disse antes?
Conselheiro: Não estava seguro que você estivesse aberto para escutar essa mensagem.
Cliente: Você deve me ver como sendo bastante defensivo.
Conselheiro: Todos nós, inclusive eu, somos defensivos de alguma maneira. Posso ser excelente em intelectualizar.
Cliente: Tenho percebido isso algumas vezes. Mas você parece superar-se e não deixar que se interponha demasiado no caminho.

| Conselheiro: | Você estaria disposto a falar sobre minhas defesas? |
| Cliente: | Sim. (O cliente prosseguiu, expondo suas observações sobre as defesas do conselheiro. Durante a exposição, começou a descrever como o intelectualizar do conselheiro às vezes afastava o foco de material significativo. Repentinamente sua face mostrou os sinais de *insight*.) Na realidade, estou falando sobre o que *eu* estou fazendo? |

O resto da sessão foi dedicado a examinar como o cliente usava essa defesa e que conseqüências isso trazia para ele.

Nossa própria experiência como conselheiros educacionais, junto à experiência clínica de profissionais como Jourard (1971), leva-nos a crer que imediação é uma das habilidades mais difíceis de se desenvolver. Embora aprender as palavras efetivas possa ser importante, o emprego da imediação é difícil porque significa ameaça. A imediação requer comunicação íntima na qual o conselheiro revela parte de si mesmo ao cliente. Para alguns estagiários pode estar envolvido um medo maior de intimidade. É possível que esse temor tenha origem na falta de experiência, numa experiência anterior com intimidade sem muito sucesso, ou em ambos. Outros estagiários receiam se mostrar para outras pessoas, e têm dificuldade com auto-revelação. Alguns têm problema para perceber suas próprias experiências íntimas imediatas e, assim, não podem partilhá-las com uma outra pessoa. E, finalmente, a imediação pode, algumas vezes, provocar um *feedback* crítico do cliente.

Para trabalhar suas habilidades de imediação, você necessitará identificar suas próprias fontes de medo. Se as idéias precedentes aplicam-se a você, talvez seja útil usar as experiências de treinamento de seu programa para trabalhar sobre elas.

Confrontação

A confrontação é um dos modos mais controversos de comunicação. Para muitos implica um processo de interação que envolve ataque, como no exemplo: "Polícia e estudantes confrontaram-se no *campus* da universidade." Nesse contexto, há dimensões de raiva, violência, lutas por poder e controle, e um relacionamento hostil ao invés de cooperativo. E, realmente, a confrontação no aconselhamento algumas vezes parece ajustar-se a essa descrição.

Entretanto, a confrontação no aconselhamento não é uma oportunidade para o conselheiro importunar o cliente, aliviar ou deslocar raiva, nem dominá-lo. Ao contrário, vemos a confrontação como um meio para o conselheiro oferecer ao cliente um *feedback* orientado para o crescimento. Pode-se definir *confrontação* como um procedimento que focaliza diretamente a atenção do cliente sobre algum aspecto de seu comportamento que, se for alterado, levará à atuação mais efetiva. Essa definição é semelhante à proposta por Leaman (1978): "Confrontação é uma identificação aberta, sincera dos padrões contraproducentes ou das manipulações do cliente. O conselheiro partilha como esses comportamentos inadequados produzem conseqüências negativas nas relações interpessoais." (p. 630). A definição que propomos é um pouco mais ampla e sugere que a confrontação pode incluir ações que simplesmente ajudam o cliente a tornar-se consciente de padrões significativos.

Confrontação e discrepâncias

A confrontação parece ser mais útil quando se centra sobre algum dos vários tipos de discrepâncias ou sobre as defesas do cliente. Descreveremos uma série de discrepâncias possíveis, como as desenvolvidas por Berenson e Mitchell (1974), Egan (1982) e Leaman (1978).

Discrepâncias entre as percepções do cliente e a informação correta Agimos com base naquilo que acreditamos ser verdade e, quando nossas convicções são incorretas, podemos atuar de modo contraproducente. Ajudar um cliente a corrigir concepções errôneas pode levar a um comportamento mais gratificante, por exemplo: uma adolescente pode expressar a crença que lavar-se com água e sabão, após as relações sexuais, eliminará a possibilidade de gravidez. Ela está agindo a partir de uma informação errada grave. Auxiliá-la a compreender a realidade mais acuradamente *pode* ajudá-la a tomar precauções mais adequadas. Seu conselheiro pode escolher fazer a confrontação do seguinte modo: "Sally, parece que você acredita que lavar-se com água e sabão assegura que não ficará grávida. (Sally balança afirmativamente a cabeça com um olhar ansioso.) Existem vários modos de evitar gravidez, se você quiser; mas, lavar-se com água e sabão não é nenhum deles. Você acharia útil discutirmos as maneiras de evitar a gravidez?"

Discrepâncias entre as percepções e as ações do cliente Certa vez, um dos autores teve como cliente uma mulher adulta que estava tentando superar uma separação proposta por seu marido. Ela se descreveu como boa esposa e expressou intensa agitação e confusão quanto aos motivos pelos quais seu marido queria o divórcio. Numa consulta posterior, falou de um caso que havia tido logo após seu casamento. Ao apresentar os dois fragmentos da informação na mesma sentença, o conselheiro deu à cliente um *feedback* sobre essa discrepância: "Você se vê como uma boa esposa e, contudo, teve um caso amoroso logo depois do casamento." Isso levou à exploração sobre seu conceito de ser uma boa esposa, seus padrões de sexualidade, e o que seu caso significou para o marido, que o havia descoberto.

Discrepâncias entre os desejos e os resultados reais Padrões contraproducentes são ações constantes, que falham em satisfazer um desejo importante, ou dão origem a conseqüências indesejadas. Tais padrões parecem especialmente característicos de relações interpessoais nas quais as ações de uma pessoa resultam em alheamento, ao invés de proximidade. Isso é ilustrado pelo caso de Ken, apresentado mais adiante neste capítulo.

Discrepâncias entre as mensagens verbais e as corporais Perls (1969) indicou que, embora seja relativamente fácil para as pessoas usarem palavras para encobrir verdades íntimas, as mensagens corporais proporcionam informação mais acurada sobre o que está acontecendo interiormente. Prover o cliente com *feedback* sobre as mensagens corporais ou as discrepâncias entre as declarações verbais e as mensagens corporais pode levar a uma comunicação mais sincera.

Certa ocasião, um dos autores estava trabalhando com uma mulher deprimida. O modo de ela expressar-se era lento, penoso, e tinha de ser "arrancado". A um certo ponto, o conselheiro perguntou-lhe se não havia inconveniente em falar do tema particular envolvido. Enquanto concordava, a cliente cruzou seus braços e pressionou-os contra o estômago. O conselheiro não disse nada, mas inclinou-se para ela e tocou os braços onde cruzavam. Isso levou a uma importante exploração das razões pelas quais era difícil, para ela, falar sobre o tema.

Discrepâncias entre as ações ou idéias do cliente e os juízos do conselheiro Como foi desenvolvido no início deste capítulo e será considerado mais completamente no capítulo 11, os profissionais que partem de uma orientação racional acreditam que uma parte da experiência do aconselhamento é ajudar o cliente a pensar racional e sensatamente sobre o que lhe está acontecendo. Um conselheiro que escuta atentamente, muitas vezes ouve declarações que refletem pensamento irracional. Dar ao cliente *feedback* ou desafiar os aspectos de seu pensamento que soam irracionais é um ato de confrontação que pode estimular mudança. As dimensões específicas de pensamento irracional são descritas no capítulo 11.

Outra dimensão da discrepância entre o cliente e o conselheiro relaciona-se a diferenças em suas percepções do cliente. Este pode considerar-se aberto, enquanto aquele pode vê-lo como defensivo, ou o cliente pode ver-se como incapaz, enquanto o conselheiro o considera competente. Dar *feedback sobre discrepâncias como essas pode incentivar uma exploração importante da autopercepção do cliente. Um dos autores relembra uma ocasião comovente, quando uma estagiária bastante admirada por seus colegas estudantes e seus professores estava descrevendo suas inseguranças sobre sua ineficácia no aconselhamento. A afirmação com feedback* do autor conduziu a um importante trabalho de esclarecimento: "Tenho observado você trabalhar com pessoas (num contexto de aconselhamento em grupo), e participado o quanto admiro suas habilidades. Contudo, você vê a si mesma como ineficiente. Como se explica termos essas percepções diferentes de você?"

Trabalhando com as defesas do cliente

Uma reconsideração das discrepâncias que acabamos de descrever indica, claramente, que elas resultam de uma falta de informação ou da defensividade do cliente, Se a origem do problema é a falta real de informação, então proporcionar informação correta é um procedimento útil. Entretanto, o que muitas vezes parece falta de informação pode ser em si mesmo um sinal de defensividade.

Embora Berenson e Mitchell (1974) e Egan (1982) apresentem a confrontação como uma abordagem para lidar com os jogos, cortinas de fumaça e defesas de um cliente, essa postura necessita de algum esclarecimento. A visão clássica das defesas do cliente tem sido a de considerá-las como obstáculos e barreiras ao progresso no aconselhamento. O conselheiro tem, tradicionalmente, optado por evitar tomar contato com elas (na esperança de que se reduzam na atmosfera de segurança do aconselhamento) ou desafiá-las através da confrontação (em geral, com a implicação de que o cliente está errado por apresentar tais defesas).

A literatura recente, partindo da perspectiva da Gestalt (Polster e Polster, 1973), reconhece que as defesas (ou resistências, em termos da Gestalt) são companheiras antigas do cliente. Essas resistências o têm ajudado a dominar as tensões e pesares da vida. As resistências de uma pessoa ajudam-na positivamente, mas, ao mesmo tempo, resultam em formas de auto-anulação e de angústia. Solicitar ou exigir que um cliente abandone suas resistências é o mesmo que pedir-lhe para abandonar um amigo de confiança, com quem pode contar e que o tem acompanhado desde a infância. Os esforços do conselheiro para encorajá-lo a deixar as resistências serão repelidos. Realmente, os desafios fortes podem ser considerados como aqueles que dão "musculação" às resistências de um cliente. (Em termos da Gestalt, *musculação* tem um significado literal, uma vez que as resistências incluem ações dos músculos.)

Partindo dessa orientação, a tarefa do conselheiro é *trabalhar com* as resistências do cliente ao invés de *atacá-las*. Ao contrário de exigir que sejam abandonadas, deve simplesmente auxiliar o cliente a ver e experimentar as resistências com mais perspicácia. Sua tarefa é ajudá-lo a tornar-se mais íntimo de seu antigo companheiro. Na terminologia dos níveis de consciência, consiste em auxiliá-lo a deslocar a consciência de resistências, do plano profundo obscuro, para o primeiro plano claro: a esse nível, o cliente está em posição mais firme para decidir o que fazer — se for possível fazer algo — com suas resistências.

O caso relatado, no qual o conselheiro tocou os braços cruzados do cliente, é um exemplo desse tipo de abordagem. O conselheiro poderia ter continuado aquela intervenção, dizendo: "Se seus braços pudessem falar neste momento, o que diriam?" ou "Note a energia nos músculos de seus braços. Mantendo seus braços assim como estão, você poderia exagerar as tensões musculares que sente?" Essas intervenções auxiliariam o cliente a tornar-se intimamente familiar de seu amigo de confiança.

Trabalhar com defesas ou resistências é confrontante apenas no sentido de que as intervenções do conselheiro são planeadas para dar *feedback* útil ao cliente. A eficiência do processo é reduzida, se existir qualquer sensação de ataque envolvida.

Dentro dessa orientação existem vários modos de proporcionar *feedback* a um cliente. Uma vez que a resistência muitas vezes envolve os músculos, pode ser proveitoso atrair a atenção do cliente para os músculos abrangidos. É possível se fazer isso, descrevendo a atividade dos músculos, tocando-os, perguntando ao cliente o que os músculos que estão resistindo diriam se pudessem falar, exagerando ligeiramente a energia dos músculos, ou usando o próprio corpo para mostrar ao cliente o que ele está fazendo. Para ser eficaz com essas intervenções, o conselheiro deve ser capaz de diagnosticar qual delas é mais aceitável para o cliente.

Diretrizes para confrontação construtiva

Um problema sério no processo de confrontação é que um cliente pode ficar confuso quanto a se o conselheiro é um aliado ou um adversário.

Quando um conselheiro emprega a confrontação, mesmo com o mais nobre motivo, o cliente se sente inseguro: o conselheiro pode ser um aliado, no sentido de querer encorajá-lo, mas pode bem interpor-se como um inimigo de suas resistências. Para o cliente, isso tem a conotação: "Se você ataca um amigo meu, também me ataca, e isso o torna meu inimigo."

Assim, propomos as seguintes diretrizes para confrontações:

1. Lembre-se que a confrontação não é o único modo de proporcionar *feedback* a um cliente.

2. Nunca seja um inimigo para seu cliente ou para os amigos íntimos e caros dele. Se você se tornar um inimigo do cliente, ele resistirá a você.

3. Se você está se sentindo irritado com seu cliente, é problema seu. Você não o ajudará, castigando-o com sua irritação. Se está irritado, provavelmente está reagindo a uma das resistências dele. Você pode também confessar-lhe sua irritação e explorá-la com ele, como parte da experiência do aconselhamento.

4. Tenha muita clareza quanto às razões que o levam a optar pela confrontação. Atacar o cliente não é uma boa razão.

5. Seja um aliado total do cliente, não um aliado e um adversário. A confrontação deve ser uma experiência de *feedback* que ajuda o cliente a ver algum aspecto de seu comportamento mais claramente, não podendo conter desaprovação real ou insinuada.

6. Use linguagem direta e simples. A linguagem vaga pode significar que você tem pouca clareza sobre que material do cliente deseja confrontar, sobre suas razões para confrontar ou se o cliente está pronto para ouvir o que você quer dizer. Em qualquer uma dessas condições, a confrontação não é um procedimento adequado.

O caso de Ken

Ken era um estudante de nível superior, que estava sendo atendido por um profissional do sexo masculino num centro de aconselhamento da universidade. Seu problema inicial era um sentimento de depressão por estar afastado dos outros estudantes no *campus*. Ele relatou ter uns poucos conhecidos, mas não amigos, do sexo masculino ou feminino. A mágoa por essas circunstâncias proporcionou grande motivação para trabalho. Durante a primeira fase, Ken e seu conselheiro discutiram como ele se sentia na universidade e o que notava acontecer quando falava com seus colegas. Durante essa conversa, o orientador percebeu um comportamento-padrão de se referir aos outros de modo depreciativo. Ken parecia ser bem sarcástico. Quando essa atitude apareceu novamente na segunda consulta, o conselheiro decidiu fazer uma confrontação, a qual configurou o momento crítico que dirigiu o aconselhamento para a segunda fase. "Ken, tenho ouvido você fazer algumas afirmações sarcásticas sobre seus colegas, muitas vezes. Quando você faz essas observações, eu me sinto constrangido. Uma parte de mim quer proteger aquelas pessoas e outra torna-se muito defensiva, imaginando se você faz observações semelhantes a meu respeito."

Isso levou a uma exploração intensa de como o sarcasmo de Ken poderia afetar outras pessoas, com quem ele queria desenvolver relações. Isso também abriu caminho para a exploração sobre como e onde ele adquiriu esse comportamento. Através dessas explorações, Ken desenvolveu uma consciência clara de um padrão de comportamento do qual, anteriormente, tinha apenas uma percepção obscura. Durante a terceira fase, o conselheiro ajudou Ken a trabalhar afirmações mais positivas e aprobativas sobre os outros.

Essa transição foi muito difícil. O conselheiro concluiu que Ken mantinha seu sarcasmo porque estava conseguindo algo com isso. O aconselhamento voltou à segunda fase, e mais exploração revelou que o pai de Ken era muito mordaz e que Ken usava seu próprio cinismo para manter um relacionamento com o pai. Largar esse modo de reagir poderia resultar em afastamento entre ele e seu pai, medo que, inconscientemente, Ken havia alimentado por um longo tempo. A dramatização ajudou Ken a tomar consciência do que estava acontecendo em seu relacionamento com o pai, do que desejava daquela relação e não estava obtendo, e do que temia perder. Essa tomada de consciência, embora dolorosa, ajudou Ken a concluir que, enquanto seu comportamento-padrão — o cinismo — o ajudava em seu relacionamento com o pai, o mesmo não acontecia em suas relações com os colegas.

Discussão

Ken desenvolvera um padrão de comunicação evidentemente contraproducente e provocador de angústia. Seu pai servia não apenas como modelo funcional para esse comportamento, mas também os reforçava dando apoio e aprovação. Eles tornaram-se de tal modo uma parte do ambiente e estilo pessoal de Ken, que ele não tinha consciência de quão dominantes eram. As outras pessoas viam-nos claramente e se afastavam.

Quando esses padrões persistentes ocorreram no ambiente do aconselhamento, o orientador percebeu que eram muito significativos e que era preciso ajudar Ken a desenvolver uma clara consciência deles. A confrontação feita pelo conselheiro ilustra como a comunicação imediata pode também ser confrontante. De fato, a capacidade do orientador para atingir o eu interior e descrever o que estava acontecendo em seu próprio íntimo, naquele momento, foi a importante fonte de *feedback* que moveu o aconselhamento para a exploração em profundidade.

Perguntas para mais reflexão

1. A segunda fase consiste em ajudar o cliente a ver algo sobre si mesmo, com mais clareza. O que, especificamente, Ken viu de modo mais claro, como resultado de sua experiência de aconselhamento?
2. Como você acha que Ken se sentiu quando recebeu o *feedback* de seu conselheiro? E como o conselheiro se sentiu ao oferecer esse *feedback*?
3. Como você reage a pessoas cínicas?
4. Que tipo de *feedback* você acha fácil dar a uma outra pessoa? Que tipo de *feedback* você acha difícil dar?
5. Recorde algumas ocasiões em que recebeu *feedback*. Algumas delas foram difíceis para você? Em caso positivo, o que as tornou difíceis?
6. Quando recebe *feedback*, como você reage?
7. Atividade proposta: Peça a uma pessoa em quem você confia, para dar-lhe *feedback* sobre seu comportamento quando você está recebendo *feedback* de outrem.

Interpretação

Interpretação tem vários significados inter-relacionados. No sentido mais amplo, pode ser definida como o ato de dar sentido ou importância a um acontecimento (Brammer e Shostrom, 1977). O conselheiro que explica o significado dos pontos de um teste de interesse está interpretando o teste para o cliente.

Num contexto mais restrito, a *interpretação* pode ser definida como uma explicação dada sobre as razões de um acontecimento. Geralmente, ocorrem dois tipos de explicação no aconselhamento: uma histórica, que explica como um padrão significativo se desenvolveu; e uma atual, que esclarece por que um padrão continua a ocorrer. De acordo com essa definição mais restrita, um conselheiro sabe que está interpretando quando a palavra *porque* é usada.

O papel da interpretação no aconselhamento é controvertido . Para os que fundamentam sua abordagem nas idéias de Freud (1954), interpretação é uma parte central da experiência de ajuda; tomando-se por base lógica que padrões contraproducentes têm significado simbólico, acredita-se que ajudar o cliente a compreender o significado de seu comportamento é uma parte essencial do processo de mudança. Aqueles com uma orientação baseada na experiência (Rogers, 1967; Perls, 1969) acreditam que interpretar é um processo extremamente intelectualizado que distancia da experiência atual e, assim, bloqueia a consciência e o crescimento.

Algumas vezes, empregamos a interpretação no processo de aconselhamento, quando esta é compatível com a primeira definição; mas, raramente a fazemos, sob a segunda definição. Ajudar um cliente a compreender o significado de um conjunto de pontos num teste, certamente, é parte do processo de auxiliá-lo a adquirir informação sobre o próprio eu para que possa perceber-se mais claramente; a esse nível, o processo baseia-se em informação e não é intelectualizado. Ao mesmo tempo, preferimos evitar nos envolver em discussões intelectuais sobre que significado simbólico um comportamento pode ter, ou sobre por que um cliente mantém um determinado comportamento.

A interpretação (sob a segunda definição) torna-se parte de nosso trabalho na atividade de diagnóstico implicada no exame de uma sessão. Distante do cliente, o conselheiro procura entender as motivações das ações deste, usando princípios do comportamento humano para, de modo mais pleno, compreendê-lo; esse procedimento é importante para desenvolver intervenções futuras. Esse trabalho de diagnóstico está exemplificado na atuação do conselheiro com Ken: foi durante uma sessão de controle que ele percebeu que a resistência de Ken lhe dificultava adquirir novos comportamentos; se não tivesse visto esse padrão de comportamento, poderia ter encorajado Ken a tentar novos comportamentos, antes que estivesse pronto.

Dramatização

A dramatização pode ser útil especialmente para resolver as dificuldades em relações interpessoais e tem aplicação nas segunda e terceira fases. Neste capítulo, enfocaremos seu uso com a finalidade de aumentar a consciência do próprio eu e dos outros.

Em princípio, o valor da dramatização está na possibilidade de trazer, ao presente, acontecimentos que ocorreram no passado ou que o cliente acha que poderão vir a ocorrer ou que ele gostaria que ocorressem no futuro. Durante a dramatização, o conselheiro tem como tarefa: representar acuradamente seu papel e prestar cuidadosa atenção à sua própria experiência interior e aos padrões de energia do cliente. Quando se encerra a dramatização, o cliente e o conselheiro discutem o que aconteceu. A partir dessa experiência, o orientador tem um valioso suprimento de informação para oferecer como *feedback* ao cliente. A informação pode vir de dentro de si mesmo e ser oferecida como comunicação imediata ("Quando eu representava sua esposa, queria ouvir as suas idéias, mas você não me deixava falar e me senti magoado porque não me via como um igual"), ou de observações sobre o tônus do cliente ("Enquanto eu sustentava minhas idéias, seus músculos pareciam regelar").

Esse *feedback* pode ajudar o cliente a perceber melhor as emoções, desejos, padrões de energia e convicções que estão ocorrendo entre ele e a outra pessoa envolvida (Corey e Corey, 1977). Realmente, como trabalho da segunda fase, essas tomadas de consciência podem levar à mudança e ao crescimento.

Montar adequadamente a dramatização é uma parte importante da atividade. É proveitoso dar ao cliente o papel de diretor do drama pois, assim, ele pode decidir quem representa cada papel, instruir o conselheiro sobre como representar o papel designado e decidir como representar seu próprio papel. Os detalhes sobre o ambiente também devem ser esclarecidos pelo diretor, para atingir-se a maior autenticidade possível. Pode ser útil haver vários "ensaios", possibilitando ao cliente ajudar o conselheiro a entender a personalidade do indivíduo que ele está representando; isso também aprofunda a compreensão do cliente.

Durante a dramatização, ocasionalmente, o conselheiro pode praticar ações deliberadas, como interromper o contato nos olhos, desviar-se, inclinar-se para diante, fazer o rosto parecer magoado, cruzar os braços sobre o peito, ou levantar-se da cadeira e esconder-se debaixo da escrivaninha. Tais atitudes podem realçar os padrões de energia e de reação do cliente, de modo que possam ser vistos mais claramente e discutidos na fase de *feedback*.

O caso de Jack e Eve

Jack e Eve, ambos com mais de 30 anos, estavam casados há oito anos. Seu único filho, Tommy, tinha 6 anos. Procuraram aconselhamento porque, como Eve declarou, "nossa família não é um lugar saudável para se viver". O relacionamento deles era caracterizado por discordâncias quanto a dinheiro, atribuição de funções e cuidados com o filho. Jack sentia tensão no trabalho e ficava mal-humorado em casa. Eve se ocupava dos assuntos domésticos e não tinha emprego assalariado.

Numa sessão, um episódio recente, em que Jack havia gritado com Tommy, foi o foco do aconselhamento. Houve, então, uma sessão de dramatização, onde o conselheiro representava o papel de Tommy. A situação foi montada da seguinte maneira: Jack chegava em casa do trabalho e encontrava o quarto de Tommy em desordem. Chamava o filho, em altos gritos, para vir ao quarto imediatamente. Tommy aproximava-se de seu quarto vagarosamente e com os músculos enrijecidos. Jack continuava apresentando-lhe a desordem. No meio da crítica acerba de Jack, "Tommy" (o conselheiro) repentinamente fechou os olhos, tapou os ouvidos, virou-se, fugiu e escondeu-se embaixo de um móvel no outro quarto. Isso enfureceu Jack, que, em voz alta, exigia o retorno de "Tommy". Com voz trêmula, "Tommy" disse: "Não, tenho medo de que você possa me matar."

No final da dramatização formal, Jack estava visivelmente abalado e acenava com a mão, para que a encenação terminasse. Sentou-se e, apoiando a cabeça nas mãos, repetiu várias vezes: "Nunca percebi bem quão severamente minha irritação feria os outros." Depois de um tempo, o conselheiro perguntou a Eve sobre suas reações à irritação de Jack. Sua afirmação — "Idêntica à de Tommy: amedronta-me" — validou o *feedback*.

Discussão

Até essa experiência, Jack não havia levado em conta seriamente os efeitos da própria raiva sobre os outros, racionalizando-a, rejeitando-a e argumentando que os outros membros da família tinham de aprender a aceitar sua irritação. A dramatização — na qual o conselheiro fez deliberadamente o que achava que Tommy queria fazer, mas tinha medo — ajudou Jack a ver e sentir os efeitos de sua raiva. Numa sessão posterior, em acompanhamento, houve exploração do que Jack perderia, se controlasse a irritação. Isso levou a descobertas relacionadas ao medo de perder poder, de ser o vencido, e ao uso da raiva para intimidar. Com o tempo, esses *insights* pareceram ajudar Jack a reduzir a expressão de raiva, mostrar maior paciência e demonstrar afeição mais facilmente.

Questões para mais reflexão

1. Quais os princípios da dramatização utilizados pelo conselheiro em relação a Eve? Alguns princípios que poderiam ter sido úteis não foram usados?
2. A partir da informação apresentada, como você descreveria Jack?
3. Que princípios o conselheiro usou para dar *feedback*?
4. Você já recebeu esse tipo de *feedback*? Como reagiu ao recebê-lo? Você mudou alguns comportamentos como resultado?
5. Que semelhanças e diferenças você vê entre trabalhar com indivíduos e trabalhar com casais?

Sumário

A segunda fase da experiência do aconselhamento é um período para a exploração em profundidade de temas e questões relacionados às preocupações do cliente. À medida que a exploração ocorre, a tarefa do conselheiro torna-se a de ajudar o cliente a desenvolver novas consciências e perspectivas, que possam levar a um crescimento, controle e clarificação. O *feedback* é o veículo primário através do qual ocorre a tomada de consciência. Procedimentos como empatia avançada, imediação, confrontação, interpretação e dramatização estimulam esse processo. As diretrizes para receber e dar *feedback* podem ajudar o conselheiro a cumprir efetivamente esse trabalho.

Referências

Berenson, B. G., & Mitchell, K. M. *Confrontation: For better or for worse.* Amherst, Mass.: Human Resource Development Press, 1974.
Brammer, L., & Shostrom, E. *Therapeutic psychology: Fundametals of actualization counseling and psychotherapy* (3.ª ed.). Englewood Cliffs, N. J.: Prentice-Hall, 1977.
Carkhuff, R. R. *Helping and human relations: Selection and training* (Vol. 1). New York: Holt, Rinehart and Winston, 1969.
Carkhuff, R. R. *The development of human resources.* New York: Holt, Rinehart and Winston, 1971.
Corey, G. *Theory and practice of counseling and psychotherapy* (2.ª ed.). Monterey, Calif.: Brooks/Cole, 1982.

Corey, G., & Corey, M. Groups *Process and practice*. Monterey, Calif.: Brooks/Cole, 1977.
Egan, G. *The skilled helper: A model for systematic helping and interpersonal relations* (2.ª ed.). Monterey, Calif.: Brooks/Cole, 1982.
Ellis, A. *Humanistic psychotherapy*, New York: Julian Press, 1973.
Ellis, A. "Rational-emotive therapy: Research data that supports the clinical and personality hypothese of RET and other modes of cognitive-behavior therapy". *Counseling Psychologist*, 1977, 7(1), 2-42.
Freud, S. *Psychopathology of everyday life*. London: Ernst Benn, 1954.
Gladstein, G. "Empaty and counseling outcome: An empirical and conceptual review". *Counseling Psychologist*, 1977, 6(4), 70-79.
Goldstein, A. P. *Psychotherapeutic attraction*. New York: Pergamon, 1971.
Harrison, R. "Defenses and the need to know". In R. Golembiewski & A. Blumberg (Eds.), *Sensitivity training and the laboratory approach* (2.ª ed.). Itasca, Ill.: Peacock, 1973.
Jourard, S. *The transparent self*. New York: D. Van Nostrand, 1971.
Leaman, D. R. "Confrontation in counseling". *Personnel and Guidance Journal*, 1978, 56, 630-633.
Maslow, A. H. *Motivation and personality*. New York: Viking Press, 1971.
Means, B. L. "Levels of empathic responses". *Personnel and Guidance Journal*, 1973, 52, 23-28.
Murray, H. A. *Explorations in personality*. New York: Oxford University Press, 1938.
Perls, F. *Gestalt therapy verbatim*. Moab, Utah: Real People Press, 1969.
Polster, I., & Polster, M. *Gestalt therapy integrated: Contours of theory and practice*. New York: Brunner/Mazel, 1973.
Rogers, C. R. *Counseling and psychotherapy*. Boston: Houghton Mifflin, 1942.
Rogers, C. R. "The conditions of change from a client-centered viewpoint". In B. Berenson & R. Carkhuff (Eds.), *Sources of gain counseling and psychotherapy*. New York: Holt, Rinehart and Winston, 1967.
Rogers, C. R. "Empathic: An unappreciated way of being". *Counseling Psychologist*, 1975, 5(2), 2-10.
Toffler, A. *The Futurists*. New York: Random House, 1972.

5. Preparação para a ação

Para muitos clientes, o processo de descrever suas preocupações para o conselheiro reduz a tensão e os liberta para pensar de uma outra maneira sobre suas vidas. Para outros, o processo de exploração em profundidade clarifica os objetivos, de forma que o cliente vê as ações óbvias que acabariam com as preocupações. Em muitos casos, entretanto, mesmo depois de o problema estar claramente definido e o resultado desejado pelo cliente ter sido identificado, nenhum modo de ação é evidente, ou muitos são possíveis, e a tarefa passa a ser a de decidir qual deles é o melhor. Pode haver um modo de ação que parece adequado para aliviar as preocupações do cliente, mas que lhe seria muito exaustivo levar a cabo. Pode ser que as causas da dificuldade do cliente não estejam sob seu controle. Nesse caso, o cliente pode ser ajudado a conviver mais satisfatoriamente com uma situação desfavorável, ou o conselheiro pode decidir manipular o meio, trabalhando com outras pessoas além do cliente (como pais, professores ou cônjuge). Os estudos de caso, a seguir, ilustrarão a ação potencial para cada uma das situações descritas nesta introdução. Os casos serão apresentados imediatamente e analisados mais adiante neste capítulo.

Resultados da ação

O caso de Terry (Resultados da ação na primeira fase)

Terry, de 6 anos de idade, foi encaminhado para o conselheiro porque estava tendo problema em ajustar-se à 1.ª série. Não se concentrava por muito tempo e nunca parecia ficar muito realizado, pois "passava" de uma coisa para outra, sem chegar ao final de nada. Ocupava muito o professor, fazendo perguntas, buscando ajuda e comportando-se de tal modo que precisava ser repreendido. Embora fosse amigável em relação às outras crianças, seu comportamento estouvado distraía os colegas, e eles estavam começando a vê-lo como um incômodo.

Os procedimentos diagnósticos indicaram que Terry não apresentava incapacidades identificáveis para a aprendizagem e possuía inteligência normal. No entanto, o conselheiro observou que Terry tinha, na sala de aconselhamento, a mesma tendência quanto à atividade física relatada pelo professor. Decidiu ver Terry regularmente e proporcionar-lhe alguma atividade física durante as sessões. Como não havia sala destinada a sessões de aconselhamento na escola, elas aconteciam no almoxarifado, onde havia sido guardada uma grande quantidade de sobras de madeira. O conselheiro forneceu um martelo e pregos, e Terry começou a trabalhar avidamente, construindo objetos com madeira. A cada sessão, entrava na sala e ia direto para o trabalho, concentrando-se em seus projetos, enquanto conversava com o conselheiro. O professor informou que Terry voltava para a classe relaxado e concentrava-se em seu trabalho de modo normal, por algum tempo. Com a seqüência do processo, seus períodos de concentração em sala continuaram a aumentar, e, finalmente, o aconselhamento não foi mais necessário.

O conteúdo das sessões foi em grande parte inconseqüente. Terry parecia não ter outros problemas além das exigências extraordinárias para concentração que a 1.ª série lhe colocava. O conselheiro reforçou verbalmente a idéia de que era importante para ele conseguir terminar seu trabalho, mas a fonte principal de melhora pareceu vir da oportunidade para dispender energia física e mental batendo pregos na madeira. O interesse do orientador também satisfez um pouco da necessidade de atenção por parte dos adultos que Terry sentia, de modo que ele deixou de monopolizar o tempo do professor.

Questões para maior reflexão

1. Você consideraria o problema de Terry de origem emocional ou relativo ao desenvolvimento? Explique por que pensa desse modo.
2. Quais foram os elementos do processo de aconselhamento que contribuíram para a mudança do cliente?
3. Considere em que grau o conselheiro envolveu o professor na solução do problema de Terry. Que envolvimento adicional poderia ter sido útil?

O caso de Stella (Resultados da ação na segunda fase)

Stella era estudante pós-graduanda num programa para formação de conselheiros. Ela decidiu partilhar um problema real com um colega estudante, durante uma sessão de prática de aconselhamento. Stella sentia que seu marido não apoiava muito seu comparecimento à escola e, algumas vezes, não mostrava consideração abertamente. Ele não havia assumido nenhuma responsabilidade em fazer as tarefas domésticas e ainda esperava que Stella lhe entregasse diariamente o almoço no local de trabalho. Na primeira apresentação do problema, Stella disse que pensava que teria que decidir entre seu casamento e sua carreira.

Com a continuação do processo de exploração, tornou-se claro que Stella vinha representando, em casa, o papel de mártir. Corria para fazer tudo, a fim de não ser um peso para o marido. Na verdade, seus padrões de como se deveria manter a casa e cuidar das crianças eram exigentes, e estava convencida de que nenhuma outra pessoa poderia realmente fazer isso da forma que ela desejava. Na segunda fase do processo, Stella foi confrontada com sua afirmação quanto a estar muito irritada com seu marido por ele não ajudá-la, embora ela se antecipasse, fazendo tudo, sem mesmo sugerir-lhe que necessitava ou queria alguma ajuda. Ficou claro que ela entregava o almoço ao marido porque queria estar segura de que ele tivesse uma refeição "fresca". Quando Stella começou a notar a incoerência entre o que estava fazendo e o que dizia querer, percebeu que precisava falar com seu marido sobre sua necessidade de ajuda. Também reconheceu que ele não faria tudo da mesma maneira que ela e começou a reavaliar sua necessidade de ter tudo feito de um certo modo. Stella achou o marido muito receptivo a seu pedido de ajuda, e os dois elaboraram uma nova e mutuamente satisfatória rotina de casa. Stella continuou o curso de pós-graduação e relatou que seu casamento estava melhor do que estivera durante anos.

Questões para maior reflexão

1. Stella apresentava o padrão de comportamento "super-mulher", muitas vezes visto em mulheres que tentam conciliar a carreira e o casamento. Por que esse padrão de comportamento denomina-se "supermulher"? Faça uma lista de todos os conflitos potenciais associados a esse padrão de comportamento.
2. Como você explica a melhora no casamento de Stella?

O caso de Betsy
(Resultados da ação na terceira fase — muitas opções)

Betsy tinha um problema relacionado ao planejamento de carreira. Como muitos estudantes que procuram o orientador educacional, ela possuía muitas capacidades, mas pensara pouco no futuro. Havia cursado um currículo acadêmico, fazendo o mesmo que seus amigos da classe média, mas não tinha nenhum objetivo particular em mente. Apenas escalou os graus escolares e, quando chegou ao topo (no final do 2º grau), não sabia o que fazer em seguida.

A primeira fase do aconselhamento prosseguiu sem dificuldade para se estabelecer a relação. Betsy precisava de algumas respostas. Justamente por isso, o problema não requeria muito desdobramento, nem existiam muitas questões que exigissem exploração em profundidade. O conselheiro soube, de passagem, que os pais de Betsy nunca a tinham impelido a tomar uma decisão, achando que uma mulher não precisa ter uma carreira como objetivo. Entretanto, apoiaram seu desejo de ir para a universidade e não apresentaram barreiras, exceto um nível moderado de complacência quanto a seu plano. Por outro lado, eram pais carinhosos que a ajudariam a fazer o que decidisse.

Evidentemente, esse é um tipo de caso no qual a terceira fase do aconselhamento é enfatizada. As soluções óbvias não emergem da primeira ou segunda fase, e o processo de tomada de decisão deve ser aplicado, para que algumas escolhas-tentativa para ação sejam identificadas, entre um grande número de possibilidades.

Questões para maior reflexão

1. Como você poderia justificar a falta de escolha de uma carreira, por parte de Betsy, uma vez que ela estava terminando o colegial?
2. Que orientação ou procedimentos de aconselhamento poderiam ter aumentado seu nível de prontidão para a tomada de decisão, se tivessem sido empregados antes?
3. Que informação adicional você tentaria obter de Betsy, a fim de ajudá-la a chegar a uma decisão?

O caso de Dolores
(Resultados da ação na terceira fase — ação clara, mas causadora de tensão)

Dolores, uma viúva de 50 anos, procurou o conselheiro para conversar sobre sua frustração em relação a seu filho de 25 anos, que ainda morava em sua casa. O rapaz, o mais jovem de três irmãos, trabalhava em tempo integral, tinha um carro e outros objetos que acompanham adultos jovens, e amigos. Dolores se queixava de que ele não se ocupava dos afazeres domésticos e esperava ser cuidado como se fosse uma criança pequena. Deixava as roupas sujas no chão do quarto, pedia que as refeições fossem servidas de acordo com a sua conveniência e passava todo o tempo que estava em casa mexendo em seu carro ou "atravessando-se no caminho", devagar e indolentemente. Dolores havia lhe pedido, repetidamente, para que se responsabilizasse por suas próprias coisas e arrumasse o próprio quarto. Tinha se recusado a fazer o papel de empregada, mas a desordem acumulada era intolerável para ela, por isso arrumava a casa. Basicamente, Dolores desejava se desembaraçar da tarefa de cuidar de "criança" e sentia que cumprira seu dever para com os três filhos. A solução óbvia era dizer ao filho que ele teria de mudar-se; mas isso causava tensão, porque "uma mãe não expulsa seu filho de casa".

Questões para maior reflexão

1. O que evidencia que Dolores está motivada para fazer mudanças em sua vida?
2. Uma vez que ela parece saber o que quer, o que a impede de agir?
3. Ao trabalhar para atingir a mudança desejada, quais os direitos de Dolores e os de seu filho a serem considerados?

O caso de Tom
(Resultados da ação na terceira fase — cliente descontrolado)

Tom era um estudante da 8.ª série, numa escola secundária suburbana.

séries no tempo certo. Na 8.ª série, Tom estava tendo dificuldades em matemática e se tornando cada vez mais soturno e hostil. Disse que não podia suportar Mrs. Fiori, sua professora de matemática — odiava-a tanto, que não podia concentrar-se em seu trabalho e não se importava absolutamente com o que acontecia. Mais exploração revelou que Mrs. Fiori fizera várias observações sobre ele na frente da classe, das quais a mais mordaz fora: "Thomas, não sei por que esperava alguma coisa de você. Seus pais foram meus alunos e também nunca foram nada bons. Está em seu sangue ser imprestável."

Parecia que Tom realmente nunca tinha tido uma chance na aula de Mrs. Fiori. De fato, ele havia reagido a Mrs. Fiori com raiva e insolência, o que tornou as coisas piores. Entretanto, o conselheiro tinha, na fase de ação, poucas opções desejáveis com as quais poderia esperar que o cliente tivesse sucesso. Poderia ter tentado fazer com que Tom aprendesse a lidar melhor com Mrs. Fiori, conversado com Mrs. Fiori ou conseguido que Tom mudasse de classe. Outros *insights* provavelmente não teriam ajudado Tom. A alternativa de transferi-lo de classe se apresentava com maior potencial para ajudá-lo, sob aquelas circunstâncias.

Questões para maior reflexão

1. Desenvolva algumas hipóteses sobre os motivos de Mrs. Fiori em sua declaração a Tom.
2. Identifique os elementos negativos e tensionantes na experiência de Tom.
3. Supondo que não houvesse outra classe de matemática para a 8.ª série para a qual Tom pudesse ser transferido, que alternativa você teria para ajudá-lo?

Tomada de decisão
— Aplicação de solução científica de problema

Freqüentemente, o aconselhamento chega à terceira fase, sem que um modo de ação claro tenha emergido dos processos de primeira e segunda fases. Quando o conselheiro começa a sentir que a descoberta e a exploração estão chegando ao fim (pouca perspectiva nova está sendo acrescentada), ações possíveis. O método científico de solução de problema é útil para examinar os recursos disponíveis e tomar as decisões para ação.

A fim de estabelecer uma base comum para os leitores usarem no exame do processo de tomada de decisão, os passos no método científico de solução de problema são revistos aqui.

1. Determine o problema claramente.
2. Reúna as informações necessárias.
3. Desenvolva e avalie as alternativas.
4. Escolha e implemente um modo de ação.
5. Avalie os resultados.
6. Esclareça quaisquer problemas que restem e, se necessário, repita o processo.

Determine o problema claramente

Uma expressão comum é: "Se você não sabe para onde está se dirigindo, pode acabar em alguma outra parte." Esse lugar-comum ressalta a importância da definição acurada do problema, mostrando a estupidez de trabalhar para resolver o problema errado e a futilidade de tentar resolver um problema pouco definido.

Através dos processos de descoberta e exploração da primeira e segunda fases, uma exposição dos problemas do cliente com alguma indicação dos resultados desejados já começa a tomar forma. O próximo passo é consolidar o que já foi aprendido.

A fim de que possa haver uma tomada de decisão, os problemas devem ser colocados o mais simples e concretamente possível. As respostas do conselheiro podem ajudar a produzir essa clarificação. Ele pode começar pedindo ao cliente para expor sua visão atual da situação, por exemplo: "Agora que tivemos um pouco de tempo para pensar sobre o que você tem vivenciado, você poderia expor, em poucas palavras, o que acha, nesse momento, que seja o problema." Se o cliente descreveu várias preocupações, o conselheiro pode dizer: "Temos conversado sobre muitas coisas que você gostaria de mudar em sua vida. Você pode me dizer em qual desses problemas, a princípio, mais gostaria de trabalhar?" O orientador pode também tomar a iniciativa de consolidar uma definição concreta de um problema a ser resolvido, com uma declaração do tipo: "Segundo o que posso compreender, o problema é que... Isso abarca todo o problema para você?"Ou, se existem várias dificuldades, pode dizer: "Temos conversado sobre muitas preocupações e provavelmente não podemos tratar tudo de uma vez. Parece-me que você está mais angustiado quanto a...

Você gostaria de trabalhar para lidar melhor com isso?" Quando o cliente e o conselheiro tiverem uma compreensão comum do problema a ser solucionado, e o cliente acreditar que a solução irá reduzir sua tensão ou irá aumentar sua capacidade para se sair bem na vida, estará estabelecida a base para a tomada de decisão.

Reúna informação

Os primeiros elementos de informação necessários para solucionar os problemas do cliente estão embutidos no material discutido durante a descoberta e a exploração. O cliente já descreveu o contexto ambiental onde a decisão será testada e revelou os elementos de sua personalidade, suas habilidades e preferências. Depois de ter sido definido um problema específico, deve haver uma revisão da informação relevante já discutida. No caso de Betsy, apresentado anteriormente, o conselheiro poderia reiterar que Betsy não tinha, na época do aconselhamento, quaisquer planos tangíveis sobre a universidade, e que seus pais eram "neutros" quanto ao que ela fazia. Essa reiteração da informação já discutida dá ao cliente a oportunidade de acrescentar material novo, corrigir a avaliação da situação feita pelo conselheiro, ou simplesmente afirmar a justeza da informação. O caso de Betsy também indica que, muitas vezes, uma grande quantidade de informação adicional é necessária, antes que qualquer tipo de tomada de decisão seja possível.

Para tomar uma decisão, o cliente necessita de mais informação sobre o universo de opções possíveis. O caso de Betsy é um tipo bem comum de dilema para tomada de decisão a nível educacional e vocacional, apesar de ela ter protelado enfrentar decisões inevitáveis e não ter se concentrado em encontrar uma maneira de usar suas habilidades e interesses para abrir espaço no mundo adulto. A função do conselheiro, em parte, é ajudá-la a reunir rapidamente informações necessárias e a examiná-las seriamente. A maioria dos conselheiros, ante essa tarefa, planejaria uma bateria de testes, para dar a Betsy informação sobre suas várias habilidades e capacidades comparadas às de outras pessoas de sua idade, e para determinar se seus interesses focalizam-se em alguma direção vocacionalmente relevante.

A essa altura, o conselheiro deve se basear na teoria sobre desenvolvimento de carreira, a fim de selecionar certas abordagens informativas. Por exemplo, segundo o trabalho de Donald Super (1957), a escolha de uma carreira é tida como expressão do autoconceito e o conselheiro deve ajudar o cliente a desenvolver um quadro do eu que vá além de quaisquer resultados nos testes. A discussão enfocará o estilo de vida que o cliente espera no futuro, o tipo de amigos que espera ter, as expectativas maritais, e outros fatores, além das habilidades e interesses relacionados ao trabalho. O conselheiro poderá usar o estudo de John Holland (1973) para classificar os atributos da personalidade do cliente em relação a ambientes de trabalho. As informações obtidas a respeito do cliente indicam que ocupações devem ser mais exploradas. Finalmente, as prováveis áreas de interesse ocupacional determinam quais faculdades ou campos principais de estudo são significativos. Durante essa fase do aconselhamento, o orientador pode introduzir ativamente informações e encaminhar o cliente a buscar mais informação em material impresso ou com outras pessoas.

Desenvolva e avalie as alternativas

À medida que mais informações sobre as preferências e o potencial do cliente são organizadas em relação ao universo de oportunidades, esse universo começa a estreitar-se e as alternativas de ação razoáveis são identificadas. Juntos, o cliente e o conselheiro começam a levantar hipóteses sobre os resultados prováveis das possíveis escolhas. Essas hipóteses incluem prognósticos sobre o que aconteceria se determinadas escolhas fossem feitas ou certos procedimentos fossem tomados, e sobre o nível de satisfação do cliente com esses resultados potenciais.

Tomando ainda o caso de Betsy como exemplo, o amplo universo de escolhas de carreira e de faculdade começa a se estreitar, quanto mais se conhecem as preferências e capacidades de Betsy. Como ela mesma se considera uma pessoa impaciente e não-envolvida com os outros, as ocupações na área do serviço social parecem ter pouca probabilidade de trazer sucesso ou satisfação. Sempre se saiu muito bem em matemática e afirma que tem prazer em observar como se resolvem problemas, portanto, as carreiras na área de ciências, tecnologia, computação e contabilidade apresentam boas possibilidades. Mais exploração sobre as características da personalidade de Betsy indica que não lhe agrada especialmente investigar coisas por iniciativa própria e que trabalha melhor quando lhe é dada muita estrutura. Essa informação leva o conselheiro a levantar a hipótese de que provavelmente Betsy se ajustará melhor à computação ou à contabilidade, do que às ciências ou tecnologia. À medida que mais fatores da personalidade de Betsy forem vistos no contexto das escolhas possíveis, o campo das alternativas potenciais irá se reduzir e ela estará pronta para considerar a vantagem de cada uma das alternativas possíveis.

Escolha e implemente um modo de ação

Escolher um modo de ação é a culminância do processo de avaliar alternativas. Deve-se selecionar uma alternativa e trabalhar sobre ela. Schuerger e Watterson (1977) apresentam um modelo para avaliar a vantagem de cada um dos vários modos de ação alternativos, dizendo que duas variáveis contribuem para a vantagem: (1) a probabilidade de o modo de ação resultar em sucesso e (2) o valor que o cliente atribui a ter êxito com aquela alternativa. Já que a *vantagem* é vista como produto de *probabilidade* e *valor*, pode-se atribuir um alto grau de vantagem a uma alternativa particular com base numa *probabilidade* muito alta de sucesso, num desejo de obter o resultado, ou em alguma *combinação* de probabilidade e desejo de obter resultados razoáveis. Schuerger e Watterson usam esse modelo para explicar por que uma cliente tomou a decisão muito arriscada de entrar em negócios como autônoma, quando a probabilidade de sucesso era muito baixa. Ela agiu assim porque o alto valor pessoal que colocava em ter seu próprio negócio, multiplicado pela baixa probabilidade de sucesso, ainda levava a um sólido sentimento quanto à vantagem da decisão.

Schuerger e Watterson sugerem que o conselheiro ajude o cliente a escolher entre aquelas alternativas com algum potencial, atribuindo valores numéricos às dimensões de probabilidade e desejo de obter resultados para cada alternativa e comparando os valores da vantagem resultante. Em alguns casos, a probabilidade pode ser relacionada a escores alcançados em testes; em outros, o conselheiro e o cliente juntos podem simplesmente escolher, numa escala de -10 a $+10$, um ponto arbitrário, que pareça estimar melhor a probabilidade de sucesso. Similarmente, na mesma escala, atribui-se um ponto para o desejo de obter resultado. Se a probabilidade de sucesso ou o desejo de obter resultado forem menores que zero, então a alternativa terá naturalmente um escore de vantagem negativo.

Aplicando esse modelo ao caso de Betsy, o conselheiro e a cliente concordaram que, para ela, as chances de sucesso seriam provavelmente muito boas em computação ou contabilidade. Em ambos os casos, atribuiu-se valor 8 à probabilidade. Considerando mais a questão do valor, Betsy achou que ambas as carreiras eram interessantes, mas a computação parecia proporcionar-lhe mais oportunidade para "ver como as coisas são resolvidas". Por essa razão, atribuiu um valor 8 para computação e apenas 5 para contabilidade. Sua escolha-tentativa, baseada na vantagem de cada alternativa, foi a computação. Ela reconheceu que a contabilidade também apresentava vantagem bastante boa e poderia ser reconsiderada mais tarde, se houvesse qualquer insatisfação em relação à computação ao longo do caminho.

Podemos ilustrar o uso desse modelo num problema pessoal, examinando um pouco mais o caso de Dolores, que não queria se encarregar das tarefas domésticas do filho adulto. Foram desenvolvidas três alternativas:

1. Não fazer nada.
2. Tentar persuadir o filho a mudar o comportamento e cuidar de si mesmo.
3. Pedir ao filho para mudar-se.

A primeira alternativa tinha pouca chance de sucesso, pois não havia razão para supor que o filho mudasse espontaneamente seu comportamento. A segunda alternativa prometia um pouco mais; porém, Dolores já havia tentado, sem sucesso, que ele mudasse de comportamento, portanto, a probabilidade era baixa. A terceira alternativa tinha quase 100% de chance de sucesso. A única fonte de fracasso possível seria se seu filho se recusasse a deixar a casa, o que ela considerava improvável. Na dimensão de valor, Dolores teria preferido não arriscar o relacionamento com o filho, ao pedir-lhe para mudar-se. Seu dilema atingiu um ponto crucial, ao considerar-se a vantagem de cada alternativa. A alternativa de não fazer nada produziu uma pontuação de vantagem negativa, porque não continha quase nenhuma probabilidade de sucesso. A segunda alternativa apresentava baixa probabilidade de sucesso, mas permitia-lhe a posição valiosa de manter um bom relacionamento com o filho. A terceira alternativa tinha probabilidade muito alta de sucesso, mas era dificultada pelas dúvidas de Dolores relacionadas a "expulsá-lo". A solução surgiu quando Dolores começou a sentir-se melhor quanto à conveniência de pedir ao filho para partir, acreditando que, após um período inicial de ajustamento, eles teriam novamente um bom relacionamento. Embora suas dúvidas não tivessem sido completamente removidas, ela foi capaz de decidir que a terceira alternativa apresentava a maior vantagem.

Outras técnicas podem ser usadas para facilitar a escolha entre alternativas. Uma prática comum é construir um quadro de todas as alternativas aparentes e fazer uma lista de prós e contras para cada uma delas. A análise desse quadro exige também a consideração da probabilidade de sucesso e da importância que o cliente dá a ser bem-sucedido. Os clientes podem assumir riscos significativos por resultados altamente valorizados, ou podem escolher caminhos seguros quando são muito adversos ao fracasso. Pode-se dizer que uma escolha foi feita quando o cliente a coloca em prática realmente.

Avalie resultados

Na análise final, a qualidade de uma decisão depende da satisfação que sua implementação traz ao cliente. Somente depois de o fato ter se dado é que podemos saber se nossas hipóteses foram válidas e se o processo de atribuir valor, na altura da tomada de decisão, levou em conta todos os fatores importantes. No aconselhamento sobre a condução de assuntos interpessoais, muitas vezes, o orientador tem a oportunidade de ajudar o cliente a avaliar as escolhas, através do exame dos acontecimentos que ocorrem entre as sessões à medida que o cliente implemente suas decisões. Em questões de planejamento a longo prazo, a implementação poderá levar um período de anos e a avaliação será um processo prolongado. Um cliente com experiência de aconselhamento efetivo provavelmente terá recursos para analisar o progresso e, se os novos problemas que enfrentar forem muito complexos, buscará a ajuda de outro conselheiro.

Dolores pediu ao filho para sair. Ele não ficou de maneira alguma contrariado e, de fato, parecia quase estar esperando ser "empurrado para fora do ninho". Sua nova independência lhe agradava e, de vez em quando, procurava saber como sua mãe estava se arranjando. Dolores gozava a liberdade de não entrar em atrito com o filho sobre coisas cotidianas, mas ainda não estava muito satisfeita com sua situação de vida.

Repita o processo

Se, após avaliar os resultados de uma escolha ou de um modo de ação, o cliente ainda experimenta tensão ou insatisfação, o processo todo deve ser repetido. É possível que a falta de sucesso tenha resultado de lapsos em alguma parte ao longo do processo. O problema pode não ter sido definido adequadamente ou a decisão sobre qual problema era o mais importante pode ter sido errada. Talvez tenha sido dada atenção insuficiente à informação sobre as preferências ou habilidades do cliente. Algumas das hipóteses sobre a probabilidade de sucesso ou sobre o valor atribuído a certos sucessos podem ter sido incorretas. A escolha pode ter sido feita impulsivamente ou implementada insuficientemente. É possível que tudo tenha funcionado como era esperado, mas a solução de um problema pode ter produzido outro.

O caso de Dolores nos dá um bom exemplo. Como ela ainda parecia insatisfeita com sua situação de vida, procurou o conselheiro aproximadamente seis semanas após ter pedido ao filho para mudar-se. Uma revisão do processo de decisão mostrou que uma boa decisão havia sido tomada. Ela conseguira o que queria e não tivera que sofrer quaisquer conseqüências negativas que não houvesse previsto. O fato de seu filho ter aceito tão prontamente mudar-se e parecer estar feliz com seu novo estilo de vida confirmou a decisão de Dolores e fez desaparecerem quaisquer preocupações quanto a não ser uma boa mãe. Na verdade, ela teve mais sentimentos de "boa mãe" após ter pedido a ele para mudar-se, do que tivera antes.

Contudo, Dolores não havia previsto que ficaria só, quando o filho partisse. Agora, ela descrevia sua vida como sendo muito triste. Não se importava mais se a casa estava ou não em ordem, porque ninguém nunca vinha vê-la, e estava tão deprimida que não cuidava da própria aparência. Surgia um problema totalmente novo, e uma nova série de passos para ação deveria ser considerada. Pode-se dizer que parte da informação tinha sido negligenciada ao se tomar a decisão inicial, no que se refere ao fato de ela não ter percebido que se tornaria só e deprimida. Por outro lado, as conseqüências favoráveis da decisão confirmaram sua solidez básica. A solução final do novo problema surgiu quando Dolores decidiu dividir a casa com um inquilino e dar maior diversidade a sua vida. Durante o processo de tomada de decisão, foi pedido que ela considerasse as possibilidades de se casar novamente, mudar para algum lugar onde houvesse atividades em grupo ou viver com outros parentes. Ela decidiu que optar pelo inquilino iria lhe proporcionar companhia e exigiria o menor número de mudanças em sua vida, conservando as coisas que ela valorizava.

Apoio para ação

Seria fácil concluir, a partir da discussão anterior, que os clientes, auxiliados pela abordagem sistemática de solução de problema, passam, sem dificuldade, das conclusões a que chegam nas sessões de aconselhamento, para ações na vida real. Infelizmente, o processo de mudança não é tão fácil para muitos clientes.

As pessoas têm dificuldade em assumir um comportamento pelo qual ajudaram a decidir, por duas razões principais:

1. Qualquer novo modo de ação, por ser desconhecido, inclui o risco do fracasso, não importa o quão logicamente tenha se originado.
2. Antigos comportamentos-problema freqüentemente têm suas gratificações próprias, ao lado da angústia que provocam. Ainda que a mudança possa reduzir a angústia, também pode reduzir as gratificações.

O caso de Dolores exemplifica cada um desses pontos. Primeiro, Dolores havia adaptado seu estilo de vida contando com o comportamento do filho. Mesmo que a um nível ela discordasse de cuidar de um filho adulto, sua vida tinha uma qualidade predizível. Dolores tinha uma rotina diária que obviamente mudaria bastante, se ela pedisse ao filho para partir. Existia também a probabilidade de dissabor, quando lhe comunicasse sua decisão de que ele deveria partir: ela não sabia se ele se tornaria irritado e irracional. Tampouco estava segura de que ele partiria *realmente*, se ela pedisse. Havia também a possibilidade de que, se ele se recusasse, a situação se tornasse mais intolerável ainda.

Segundo, um dissuasor importante da ação de Dolores, como já foi dito, era a gratificação secundária advinda do fato de ela se imaginar como sendo uma "boa mãe": uma boa mãe cuida de seu "filho" e adquire uma medida de auto-identidade, através do processo de ser uma boa dona-de-casa. Outra recompensa secundária, que não era clara nem para Dolores, nem para o conselheiro, até ser eliminada, era o fato de que ela apreciava ter a companhia de uma outra pessoa na casa. Não se percebeu que a gratificação secundária levava à necessidade de mais aconselhamentos e provavelmente a alguma demora em estabelecer uma situação de vida satisfatória a longo prazo.

Essa análise pode estender-se também à segunda decisão de Dolores — a de procurar um inquilino. Essa decisão originou a pergunta de como ela se entenderia com um "estranho" vivendo em sua casa. O companheiro poderia ter atributos de personalidade ou hábitos pessoais tão censuráveis quanto os do filho que partira. Além disso, as recompensas de viver sozinha incluíam privacidade e a liberdade de fazer tudo o que quisesse sempre que o desejasse. Essas gratificações secundárias seriam sacrificadas, se alguém fosse viver em sua casa.

Para muitos clientes é difícil assumir comportamentos em direções que, segundo eles, irão melhorar suas vidas, por essa razão, os conselheiros freqüentemente devem dar apoio à decisão do cliente para agir. Isso pode ser feito na sessão de aconselhamento quando se atinge a decisão de agir, e, muitas vezes, deve ser repetido em sessões subseqüentes.

O apoio a uma decisão do cliente para agir, quando se chega a uma, pode tomar várias formas. O conselheiro pode estender-se sobre os benefícios positivos que o cliente obterá com a ação — conseguir os resultados desejados, sentir-se no controle de sua própria vida, ou eliminar uma luta indesejada. O conselheiro também pode trabalhar para reduzir o medo do cliente de agir, revendo os resultados negativos potenciais e ajudando o cliente a perceber que tais resultados podem não ser tão difíceis de lidar.

O conselheiro pode pedir ao cliente para imaginar-se tendo, de fato, algum comportamento novo e descrever a cena. Analisando tais imagens (cenas mentais), o cliente e o conselheiro podem adquirir mais *insights* sobre as necessidades, aspirações e medos do cliente na situação específica. Imaginar os resultados previstos do novo comportamento dá oportunidade para ensaiar o próprio comportamento e os caminhos para lidar com as respostas de pessoas significativas. O conselheiro pode escolher dar vida às cenas através da dramatização e oferecer ao cliente uma prática real com as reações previstas de pessoas significativas.

Em suma, no processo do apoio-para-ação, o conselheiro ajuda o cliente a aumentar ao máximo a consciência e a previsão de resultados positivos, a minimizar o medo de resultados negativos, e a exercitar habilidades concretas para implementar um modo de ação. O processo não é de encorajamento cego, mas de um cuidadoso planejamento das contingências e de uma mobilização da capacidade do cliente para lidar com uma multiplicidade de resultados.

Aplicando esses princípios do apoio-para-ação ao caso de Dolores, o conselheiro validou a vontade de Dolores de ficar livre do papel indesejado de empregada doméstica; também enfatizou o direito de ela defender o controle sobre a própria vida e estabelecer um estilo de vida desejável na própria casa. O conselheiro pediu a Dolores para imaginar o pior resultado que poderia advir de seu pedido ao filho para sair. Ela o viu espreitando irritadamente fora da casa e retornando no outro dia por causa de seus pertences. Após alguma reflexão, passou a achar que o filho não ficaria afastado para sempre e que, apesar da cena indesejável, poderia agüentar, se necessário, sua hostilidade e ausência temporárias. Dolores achava muito pouco provável que ele se recusasse a mudar e sentia que poderia recorrer a outras pessoas, especialmente aos amigos dele, para restabelecer contato, se fosse preciso. Finalmente, o conselheiro "ensaiou" juntamente com Dolores como ela abordaria a conversa, quando pedisse ao filho para deixar a casa. Dolores utilizou-se da abordagem "assertiva enfática" (Lange e Jakubowski, 1976) para a confrontação. Isso significava que ela reafirmaria seu interesse pelo filho e sua compreensão de que o pedido para partir poderia ferir os sentimentos dele. Apesar disso, ela prosseguiria com o pedido, dizendo que necessitava muito de uma mudança em seu modo de vida e que só seria possível consegui-la se ele partisse, pois outras soluções já tinham sido infrutíferas. O conselheiro simulou o papel do filho e eles representaram várias reações possíveis do mesmo, de modo que Dolores estaria preparada para enfrentar cada uma delas.

Armada com o encorajamento dado na sessão em que decidiu pedir ao filho para mudar-se, Dolores pôs em prática sua decisão. O pior resultado possível não ocorreu, e ela e o filho lidaram com o desprazer do confronto sem excessiva tensão. Em geral, com clientes como Dolores, que foram bem-sucedidas em relação às dificuldades da vida, níveis mínimos de encorajamento são suficientes para produzir ação.

Com clientes para os quais a solução de um problema é mais penosa ou que, pela sua história, mostram-se ineficientes sob tensão, o processo de encorajamento pode ser mais longo. Com freqüência, em tais situações o cliente sai da sessão de aconselhamento decidido por um modo de ação, e volta à próxima sessão sem ter conseguido agir. Em alguns casos, por se sentir embaraçado quanto a isso, pode interromper o aconselhamento para não enfrentar o orientador novamente. Em outros casos, o cliente pode chegar a agir e verificar que a tensão ainda está em nível elevado e que o problema se agravou. Podemos pensar, por exemplo, no que teria acontecido no caso de Dolores, se o filho tivesse se recusado a se mudar e aumentado suas exigências por cuidados. Tal comportamento não seria muito raro — muitas vezes, a família de um cliente reage às mudanças em seu comportamento, a fim de manter o *status quo*. O filho de Dolores poderia ter reagido ao pedido da mãe, insistindo em que ela mantivesse seu papel. Se isso tivesse ocorrido, teriam sido necessários mais estratégias e mais encorajamento.

Quando um cliente retorna ao aconselhamento (ou é procurado pelo conselheiro) após ter fracassado em colocar sua decisão em prática, é necessário um reexame do plano. O conselheiro pode pedir ao cliente para considerar o que havia no plano que o fez parecer tão difícil de ser levado a cabo. Às vezes, há necessidade de pequenas mudanças no plano, e, outras, um plano completamente diferente, mais exeqüível, tem que ser projetado. A única posição em relação à qual o conselheiro deve ser firme é quanto à convicção, por parte do cliente, de que a vida pode ser melhor e que alguma ação é necessária para fazer com que ocorra mudança. Um novo processo de elaboração deve acontecer na sessão de acompanhamento (*follow-up*), onde o plano é reexaminado e há uma nova preparação para a ação, através dos processos que acabamos de descrever — reforço positivo, planos para enfrentar possibilidades negativas e "ensaio".

Mesmo no aconselhamento para planejamento de carreira deveria haver sessões de acompanhamento. O fracasso do cliente em dar os primeiros passos para implementar o plano elaborado é sinal de que ele tem algumas reservas quanto ao plano, ou teme de algum modo as conseqüências de sua implementação. Embora a confirmação do sucesso da seqüência total de atividades relevantes para a carreira possa levar vários anos, a imobilidade por parte do cliente indica, em geral, uma necessidade de mais planejamento e encorajamento para implementar o plano.

Ajudando os clientes a adquirirem novas habilidades

Na fase de preparação para a ação, alguns clientes encontram-se deficitários em certas habilidades necessárias à elaboração e execução de planos de ação. Algumas dessas habilidades compõem o conjunto dos conhecimentos do conselheiro, e é parte de suas atribuições ajudar os clientes a desenvolverem as habilidades necessárias.

O aconselhamento efetivo quanto à carreira depende da capacidade do cliente para descobrir e entender fontes de informação sobre carreira e para fazer conexões entre alternativas profissionais e exigências de treinamento. Os orientadores educacionais deveriam realizar programas em grupo para ajudar todos os jovens a desenvolverem uma familiaridade com a literatura educacional e vocacional e outras fontes de informação.

Os clientes que estão começando a procurar emprego devem desenvolver habilidades que aumentem a possibilidade de sucesso, como aprender a preparar um currículo eficaz, vestir-se de modo adequado para uma entrevista, responder convenientemente às questões da entrevista e "começar com o pé direito".

Muitos clientes que têm dificuldades escolares, precisam desenvolver habilidades para estudo ou para responder a testes. Essa preparação deve ser cuidadosamente integrada à avaliação motivacional, visto que não é proveitoso desenvolver habilidades para estudo naqueles que realmente não querem estudar; no entanto, algumas pessoas motivadas nunca aprenderam como usar de modo adequado seu tempo de estudo.

Outros clientes podem precisar adquirir habilidades interpessoais diferentes. Podem necessitar de prática em ser mais assertivos ao lidar com outras pessoas, ou em ouvir atentamente para melhorar suas relações com pessoas estimadas.

Não é possível incluir aqui todos os materiais e procedimentos que podem ser empregados para ajudar os clientes a adquirirem novas habilidades. O papel do conselheiro como instrutor, em geral, está limitado àquelas habilidades de que as pessoas necessitam, a fim de lidarem com decisões vitais e relações interpessoais. Os clientes que precisam desenvolver habilidades no que concerne ao conteúdo de matérias (matemática, linguagem, etc.) devem ser encaminhados aos respectivos professores.

Manipulação do ambiente

Se os níveis de tensão de um cliente são muito altos e uma cuidadosa implementação da descoberta, da exploração e da solução de problemas falha em reduzir-lhe a tensão ou em produzir-lhe qualquer piano de ação promissor, o conselheiro pode decidir tentar mudar alguma condição da vida do cliente. O caso de Tom exemplifica esse conjunto de circunstâncias. A fase da descoberta tornou claro que Tom se sentia desvalorizado, ferido e com raiva, quando Mrs. Fiori o criticava. De fato, desde o comentário dela sobre seus pais, ele tinha esses sentimentos cada vez que a via ou pensava nela. Durante a fase de exploração em profundidade, ficou claro que Tom se sentia inseguro quanto a sua capacidade de realização e que tinha consciência de que nenhum de seus pais era uma pessoa especialmente capaz. Os comentários de Mrs. Fiori estimularam alguns dos piores temores de Tom quanto à possibilidade de, realmente, não valer muito. Tom precisava de ajuda para identificar e aumentar ao máximo suas potencialidades, mas nenhuma estratégia centralizada em rechaçar os ataques de Mrs. Fiori parecia uma solução adequada ao problema. Nem Tom, nem o conselheiro estavam convencidos de que qualquer coisa que Tom fizesse melhoraria notavelmente a situação. Se nada fosse feito, era quase certo que ele seria reprovado em matemática e, o que era ainda pior, por acreditar que deveria defender sua família, provavelmente viria a ser rejeitado pela escola.

O conselheiro sentiu-se obrigado (como conselheiro e educador envolvido) a tentar mudar o ambiente destrutivo (contato com comentários depreciativos de Mrs. Fiori), sobre o qual o cliente não possuía controle. Pensou em conversar com Mrs. Fiori para encorajá-la a ser mais aprobativa, a fim de ajudar a melhorar a aprendizagem de Tom dentro de suas possibilidades. Ponderando um pouco mais, chegou à conclusão de que o relacionamento de Mrs. Fiori e Tom fora danificado, irreparavelmente, pela referência que ela fizera aos pais de Tom. Conseqüentemente, o conselheiro elaborou um estudo conciso do caso, recomendando ao diretor que Tom fosse transferido para um outro professor de matemática.

Existe uma variedade de situações possíveis, onde o conselheiro pode concluir que os recursos atuais do cliente são inadequados a suas circunstâncias e onde a intervenção exige manipulação do ambiente. Chegar a tal conclusão é uma pesada responsabilidade para o orientador, pois provavelmente originará no cliente um sentimento de que necessita ser cuidado e de que outras pessoas sempre entram para "ajeitar" as coisas, quando elas vão mal. Em resumo, um fracasso do conselheiro para ajudar um cliente a esgotar todos os recursos próprios pode levar este último a tornar-se dependente dos outros e a não ser bem-sucedido ao *tentar* arranjar-se quando as condições se tornarem duras.

Contudo, há momentos em que o conselheiro deve intervir para evitar danos desnecessários para o cliente. Situações como a de Tom são encontradas em escolas, com mais freqüência do que muitas pessoas suspeitam. Há também ocasiões em que clientes muito deprimidos podem ser autodestrutivos em seu comportamento e incapazes de julgar por si mesmos o que é melhor para eles. Outros clientes podem estar tão irados e fora de controle, que põem em risco a segurança de outras pessoas, a menos que sejam refreados fisicamente. Esses são exemplos de situação "sem saída", onde o conselheiro tem de optar agir em favor do cliente. Tal intervenção não é apenas lógica, como ética. Infelizmente, não existem normas práticas sobre quando essa interferência é necessária — o conselheiro deve julgar que o cliente é incapaz de ação efetiva e que, se nada for feito, haverá dano significativo para o cliente ou para outras pessoas.

É comum o conselheiro recrutar os pais, cônjuge, professores e outras pessoas significativas para o cliente, para ajudarem e apoiarem o cliente a fazer as mudanças. Tal manipulação do ambiente depende do interesse e da competência das pessoas envolvidas, cujo papel é contribuir para o reforço do processo de mudança, realizando planos desenvolvidos pelo cliente em consulta, com o conselheiro e com as pessoas significativas. Essa técnica é usada freqüentemente com crianças pequenas e é o sustentáculo do trabalho do orientador educacional na escola elementar (v. cap. 10). Todavia, é importante envolver o cliente no planejamento e dar-lhe o máximo de responsabilidade possível pela mudança. Desse modo, o cliente desenvolve habilidades para ser bem-sucedido e ter confiança.

Sumário

Na terceira fase do aconselhamento, o orientador promove a preparação para a ação. Às vezes, o compartilhar de preocupações durante as fases da descoberta e exploração reduz a tensão e indica ações óbvias. Nesses casos, a terceira fase pode ser breve ou nem existir, embora seja raro o cliente solucionar espontaneamente todos os seus problemas durante as etapas anteriores do aconselhamento, sem que um plano de ação seja desenvolvido e reforçado durante a etapa final.

A aplicação científica do método de solução de problema às preocupações do cliente requer a consolidação das afirmações sobre o problema, a seleção dos problemas específicos a serem trabalhados, a compilação de todas as informações relevantes, a elaboração e a avaliação de modos de ação alternativos, a escolha de um deles e sua implementação. Uma vez implementada a ação, os resultados devem ser avaliados para se determinar se o cliente está satisfeito. Se não, o método de solução de problema é aplicado novamente e são planejadas ações suplementares.

Os clientes temem mudança, mesmo as desejadas, e, em geral, necessitam de encorajamento para porem em prática seus planos. O conselheiro apóia a decisão de ação do cliente e o ajuda a "ensaiar" novos comportamentos.

Às vezes, a situação do cliente parece não ter solução, ou, aparentemente, ele é capaz de fazer algumas coisas sozinho, porém faria progresso mais rápido se outras pessoas significativas o ajudassem. Nesses casos, o conselheiro pode manipular o meio, assegurando a intervenção de outras pessoas, buscando colocações diferentes na escola e, quando necessário, refreando fisicamente o cliente a fim de evitar dano para o próprio cliente ou para outras pessoas.

Alguns modos de ação obtêm sucesso relativamente rápido; em outras circunstâncias, os planos de ação precisam ser revistos e aperfeiçoados; em outras ainda, os resultados de certos planos de ação só são conhecidos quando o cliente tiver vivenciado a decisão por um período de anos. Contudo, a mudança no comportamento de um cliente é um objetivo importante do aconselhamento, e a eficácia do cliente em mobilizar recursos para realizar seus objetivos é, para o cliente e para o conselheiro, uma medida tangível de sucesso.

Referências

Holland, J. L. *Making vocational decisions: A theory of careers*. Englewood Cliffs, N. J.: Prentice-Hall, 1973.
Lange, A. J. & Jakubowski, P. *Responsible assertive behavior*. Champaign, Ill.: Research Press, 1976.
Super, D. E. *The psychology of careers*. New York: Harper & Row, 1957.
Schuerger, J., & Watterson, D. *Using tests and other information in counseling*. Champaign, Ill.: Institute for Personality and Ability Testing, 1977.

6. Término

O cliente, geralmente, inicia o aconselhamento com sensações de preocupação, confusão, ansiedade e falta de confiança em si mesmo. Muitas vezes, o que ele espera da experiência é ambíguo e constitui o foco de atenção durante a etapa inicial do processo (v. cap. 3). As mudanças do cliente que aliviariam as preocupações são identificadas como objetivos que podem incluir: desenvolvimento de perspectivas mais claras e mais enaltecedoras sobre o próprio eu, os outros e o ambiente; redução das emoções desagradáveis, como ansiedade, tristeza, raiva e falta de confiança em si; aquisição de novos comportamentos interpessoais e habilidades para lidar com a tensão; e construção de planos de ação para seu futuro pessoal. Nesse ponto do processo, o cliente deve ter mais conhecimento sobre o próprio eu e sentir que ganhou mais maturidade e autoconfiança, passando de uma posição de confusão e conflito para uma de maior clareza, de uma posição de falta de confiança em si para uma de maior autoconfiança, de uma posição de falta de recursos para uma de maior capacidade pessoal.

Prontidão para a etapa final

Quando o cliente tiver alcançado o que esperava da experiência, é tempo de finalizar o aconselhamento. Normalmente, essa é uma decisão mútua que, por si mesma, se torna tema para exploração. Os sinais de prontidão incluem mudanças positivas e definidas no comportamento do cliente, mudanças positivas e penetrantes no ânimo do cliente, relatórios consistentes sobre melhor capacidade para lidar com a tensão, e expressões claras de planos para o futuro. Sinais importantes, porém, menos óbvios, incluem uma sensação de alívio e um aumento de energia. Em geral, o cliente está pronto quando responde consistentemente de forma desejável em várias situações, inclusive a desafios razoáveis.

Não é difícil avaliar se o cliente está pronto para o término do processo. O cliente relata as mudanças que têm ocorrido, demonstra claramente ter adquirido o que desejava da experiência e mostra sinais evidentes de estar pronto para finalizar o aconselhamento. As mudanças relatadas pelo cliente são compatíveis com as observações do conselheiro. Nessas circunstâncias, a sessão final do aconselhamento é destinada a uma revisão dos temas principais, mudanças e momentos críticos que ocorreram durante o processo. O conselheiro deve expressar sinceramente seu apoio ao cliente, a fim de encorajá-lo a manter as mudanças feitas. Dependendo das circunstâncias, o orientador pode sugerir uma sessão de acompanhamento para avaliar se o cliente tem sido, ou não, capaz de implementar seus objetivos com relativa eficácia. O conselheiro deve informar ao cliente que estará à disposição no futuro e, se o relacionamento permitir, pode solicitar-lhe *feedback* sobre o processo do aconselhamento.

Com outros clientes, pode não ser tão fácil determinar a prontidão para o término. O cliente que deseja superar a depressão pode estar deprimido com menos freqüência, mas ocasionalmente ainda pode ficar levemente deprimido. O cliente que deseja comportar-se de modo mais assertivo pode ser capaz de responder assertivamente a algumas situações, mas pode ter dificuldade sob condições mais desafiadoras. O cliente que identificou suas alternativas para uma carreira profissional pode estar adiando marcar hora para entrevista. Se o cliente mostra fortes sinais de insegurança quanto a ser capaz de manter as mudanças desejadas, provavelmente não está pronto para finalizar o aconselhamento. Isso pode sugerir que outros temas devem ser explorados na segunda fase, e que mais prática com *feedback* é necessária na terceira fase.

Resistência à separação

Mesmo quando não está claro que o cliente adquiriu o que desejava do aconselhamento, às vezes o término pode ser uma experiência difícil, especialmente quando o processo se estendeu por um longo período de tempo e se estabeleceu um alto nível de intimidade. Para ambos os participantes, a experiência da separação pode lembrar experiências passadas com perda, isolamento, rejeição, solidão, medo da perda de gratificações importantes e medo da confiança em si próprio (Loewenstein, 1979; Maholic e Turner, 1979; Polster e Polster, 1973; Weiss, 1973). A resistência pode, portanto, vir de ambos os participantes.

A resistência do cliente

Para o cliente, o conselheiro pode ter-se tornado uma âncora — uma fonte de segurança, numa vida de tensão. A experiência de receber atenção e estima do conselheiro, os sentimentos de alívio e restauração da esperança, e a descoberta de novas fontes de potenciais e capacidades pessoais podem criar fortes vínculos de ligação (Loewenstein, 1979; Weiss, 1973). Partir sob essas condições pode levar o cliente a sofrer uma grande perda. A tensão pode ser intensa em especial para clientes solitários que não vivenciaram muitas experiências que envolvessem intimidade, para clientes que no passado haviam perdido a esperança ou duvidado seriamente de sua capacidade para atuar, e para clientes que receberam ajuda em situações de vida particularmente difíceis. Mesmo os clientes que fizeram grande progresso no aconselhamento podem se sentir inseguros em avançar sem o apoio do conselheiro, e podem tentar prolongar o aconselhamento além do tempo em que, racionalmente, o término poderia ocorrer.

A resistência do conselheiro

A resistência à separação também pode vir por parte do conselheiro. Kovacs (1965), Mueller e Kell (1972), e White (1973) sugerem que pessoas que escolhem o aconselhamento como profissão podem ter em grau especialmente alto necessidades insatisfeitas de intimidade, de cuidar de alguém, de obter aceitação e de receber reconhecimento por sua competência. Manter uma relação de aconselhamento dá oportunidade a que essas necessidades sejam satisfeitas. Finalizar uma relação de aconselhamento é arriscar-se à perda dessa satisfação. As mesmas necessidades que motivam as pessoas a se tornarem conselheiros podem criar obstáculos no momento de deixar partir. Goodyear (1981, p. 348) indica oito condições sob as quais deixar partir pode ser especialmente difícil para o conselheiro:

1. Quando o término assinala o fim de uma relação significativa.

2. Quando o término desperta as ansiedades do conselheiro em relação à capacidade do cliente em atuar independentemente.

3. Quando o término desperta culpa no conselheiro por não ter sido mais eficaz com o cliente.

4. Quando o autoconceito do conselheiro como profissional é ameaçado pelo cliente que parte abrupta e irritadamente.

5. Quando o término assinala o fim de uma experiência de aprendizagem para o conselheiro.

6. Quando o término assinala o fim de uma experiência particularmente excitante de viver através das aventuras do cliente.
7. Quando o término se torna uma recapitulação simbólica de outras despedidas (principalmente não-resolvidas) na vida do conselheiro.
8. Quando o término desperta no conselheiro conflitos sobre sua própria individuação.

Em seu trabalho sobre luto e melancolia, Freud (1938) identificou o medo simbólico da perda como fonte significativa inconsciente de resistência a deixar partir. Concluiu que, durante a fase mais prematura do desenvolvimento humano (a fase oral), as necessidades básicas do bebê são receber alimento e receber o cuidado que o acompanha. Se essas necessidades vitais não são satisfeitas em base estável, segura, desenvolve-se o medo de perda. À medida que a criança cresce, esse medo pode ser reprimido, mas continua ativo. Em anos posteriores, as perdas reais e previstas *podem simbolizar as condições da aprendizagem original*. O término do aconselhamento pode simbolizar uma perda prematura para o conselheiro e para o cliente.

Não convém ao conselheiro adiar o término do aconselhamento a fim de continuar tendo suas necessidades satisfeitas, pois estará bloqueando o aumento da autoconfiança do cliente ao invés de estimulá-lo. Para o conselheiro e o cliente, tomar consciência leva ao controle; mas, é muito mais fácil fingir que essas necessidades não existem (a fim de reprimi-las) do que permitir que elas venham à consciência. Um conselheiro que experimenta repetidamente sentimentos intensos de perda, ao terminar o aconselhamento com um cliente, deve buscar aconselhamento para clarificar e resolver sua resistência à separação.

Finalizando de um modo positivo

Num aconselhamento longo e intensivo, a preparação para o término tem início antes da última sessão. À medida que os sinais de mudança do cliente tornam-se mais evidentes, o problema de quantas sessões mais serão necessárias emerge de modo bastante natural. Em relação a esse tema, convém ao conselheiro dizer ao cliente sua avaliação sincera. Em geral, à medida que os sinais de conclusão tornam-se manifestos, é interessante programar uma ou duas sessões a mais que podem ser dedicadas ao trabalho de acompanhamento e ao auxílio ao cliente para aplicar o que aprendeu. Assim, na última sessão, o cliente e o conselheiro já estarão preparados. A expectativa de término tornará a finalização mais fácil e provavelmente levará a um bom encerramento.

Os princípios que desenvolvemos neste capítulo conduzem a algumas diretrizes importantes para finalizar, de um modo positivo, uma experiência intensa de aconselhamento:

1. *Esteja claramente consciente das necessidades e desejos do cliente.* Finalizar o aconselhamento provavelmente afetará, de modo considerável, o cliente. Ele pode precisar conversar sobre o que isso irá significar e trabalhar sentimentos de dependência e necessidade de apoio.

2. *Esteja claramente consciente de suas próprias necessidades e desejos.* O conselheiro deve finalizar a experiência, por ele e por seu cliente. Algumas de suas próprias necessidades podem fazê-lo resistir ao término. Ter consciência dessas necessidades pode ajudá-lo a controlar essa resistência.

3. *Esteja consciente de suas experiências anteriores de separação e de suas reações interiores a essas experiências.* Se a experiência de aconselhamento foi intensa, o conselheiro pode esperar reações similares a separações anteriores. Estar consciente desses sentimentos pode ajudá-lo a lidar melhor com eles.

4. *Peça ao cliente para dizer como se sente quanto ao término da experiência.* Finalizar a experiência é importante para o cliente. Compartilhar experiências interiores relativas à finalização é uma parte essencial do processo de encerramento.

5. *Diga a seu cliente, sinceramente, como você se sente quanto a essa experiência de aconselhamento.* Se o aconselhamento foi intenso, terão existido para o conselheiro momentos de excitação, ansiedade, confusão e tensão. Rever essas experiências ajudará o conselheiro e o cliente no trabalho de encerramento. Ambos devem ter aprendido com essas experiências. Ao compartilhar seu aprendizado, o conselheiro proporciona ao cliente uma experiência reafirmadora.

6. *Faça uma revisão dos acontecimentos principais da experiência de aconselhamento.* Rever com o cliente os temas principais, as mudanças que se efetuaram e os momentos críticos mostra o circuito total da experiência, ajuda o cliente a confirmar que o crescimento e a mudança fazem parte da vida e a desenvolver maior perspectiva sobre suas próprias mudanças. Ver o eu no tempo ajuda a originar o encerramento. Usar mensagens do tipo "eu" ("Eu lembro quando começamos" ou "Alguns momentos que para mim pareceram especialmente importantes foram...") ajuda a personalizar a experiência sumariada.

7. *Reconheça aprobativamente as mudanças que o cliente efetuou.* Nunca é fácil, natural ou automático implementar mudanças ou usar novos comportamentos. Manter as mudanças requer confirmação e encora-

jamento. Fazer com que o cliente saiba que você reconhece as mudanças que ele fez e a tensão envolvida em efetuá-las encoraja-o a mantê-las após o final do processo de aconselhamento.

8. *Diga ao cliente para mantê-lo em dia sobre o que está acontecendo na vida dele.* A experiência formal do aconselhamento pode acabar, mas a necessidade de atenção, não. Uma proposta sincera de acompanhamento é uma expressão importante de atenção, que proporciona apoio e estimula o cliente a continuar seu crescimento.

Encaminhamento

O aconselhamento nem sempre é uma experiência bem-sucedida. O cliente e o conselheiro podem ter personalidades incompatíveis (Goldstein, 1971), as dificuldades do cliente podem estar acima das habilidades do conselheiro ou podem exigir modos especiais de intervenção (por exemplo, em casos de dependência de drogas). Sob essas condições, o encaminhamento é uma alternativa adequada. O encaminhamento requer do conselheiro um reconhecimento sincero de que alguma outra pessoa ou recurso na comunidade pode ser mais útil ao cliente, e uma disposição para ajudá-lo a fazer contato com esses recursos. Para isso, é preciso que o conselheiro tenha informação acurada sobre os recursos existentes na comunidade, inclusive conhecimento sobre a qualidade de seus serviços. Ter contatos pessoais e nomes de pessoas específicas numa agência pode tornar a transição mais fácil para o cliente, pois pode ser difícil relatar a própria história a um estranho cujas qualificações são desconhecidas.

Ajudar os clientes a trabalharem a resistência é, muitas vezes, uma tarefa importante no processo de encaminhamento. A maioria das pessoas não aceita sua necessidade de ajuda especial e, mesmo que concorde com a idéia de tratamento especial, ainda pode resistir. Ao optar pelo encaminhamento, o conselheiro deve contar, pelo menos, com uma sessão inteira, para trabalhar as resistências do cliente. Algumas técnicas úteis de aconselhamento incluem apoio ao cliente, apresentação gradual da idéia de encaminhamento, reconhecimento empático dos temas que emergem em resposta à idéia e disposição para oferecer informações de primeira mão sobre o recurso envolvido, para solicitar os serviços ou ir até ele com o cliente. Dependendo do nível de confiança do relacionamento cliente-conselheiro, pode ser conveniente o conselheiro solicitar ao cliente um *feedback* sobre o acompanhamento. Isso proporciona apoio ao cliente e também oferece ao conselheiro informações nas quais ele pode se basear ao fazer futuros encaminhamentos ao recurso envolvido.

As pessoas viciadas em álcool ou em entorpecentes, segundo os especialistas no campo da dependência a drogas (Wegscheider, 1981), resistem, de modo particular, a reconhecer sua condição e a começar um tratamento. Muitos especialistas nessa área sugerem, geralmente, uma abordagem confrontacional para o encaminhamento. É, então, organizada uma reunião de grupo envolvendo membros da família do cliente e outras pessoas significativas. Trabalhando consistentemente com o conceito de que atenção significa não tolerar o comportamento autodestrutivo do cliente, aqueles que comparecem à reunião confrontam o cliente com suas observações sobre sua ação, as conseqüências dessas ações, seu efeito sobre os outros, e as medidas específicas, para mostrar que não podem tolerar mais o comportamento destrutivo. Ainda é necessário fazer-se uma pesquisa para se saber se essa abordagem controversa melhora, ou não, as chances para superar o vício.

Quando um cliente não está fazendo progressos, o conselheiro deve determinar se o término do processo, ou o encaminhamento, é mais conveniente. Nos casos onde o cliente está vivenciando uma tensão significativa, deve ser tentado o encaminhamento.

Sumário

O término é uma fase integrante do processo de ajuda. O término eficaz proporciona um encerramento positivo para a experiência e encoraja o cliente a continuar usando sua nova aprendizagem. Por ser uma experiência de separação após um relacionamento intenso, os sentimentos de perda podem algumas vezes originar resistências. As diretrizes para o conselheiro incluem a consciência de suas próprias emoções e das do cliente, a comunicação sincera sobre as emoções atuais e o oferecimento de uma revisão personalizada da experiência total do aconselhamento.

Se o aconselhamento não foi bem-sucedido, o encaminhamento pode ser adequado. As diretrizes para ajudar o cliente a trabalhar sua resistência incluem dar apoio, apresentar a idéia no momento oportuno e ter informações fidedignas sobre o recurso envolvido.

Referências

Freud, S. "The psychopathology of everyday life". In *The basic writings of Sigmund Freud*. New York: Random House, 1938.

Goldstein, A. P. *Psychotherapeutic attraction*. New York: Pergamon, 1971.

Goodyear, R. S. "Termination as a loss experience for the counselor". *Personnel and Guidance Journal*, 1981, 59, 347-350.
Kovacs, A. L. "The intimate relationship: A therapeutic paradox". *Psychotherapy: Theory, Research and Practice*, 1965, 2, 97-103.
Loewenstein, S. F. "Helping family members cope with divorce". In S. Eisenberg & L. E. Patterson (Eds.), *Helping clients with special concerns*. Boston: Houghton Mifflin, 1979.
Maholic, L. T., & Turner, D. W. "Termination: That difficult farewell". *American Journal of Psychotherapy*, 1979, 33, 583-591.
Mueller, W. J., & Kell, B. J. *Coping with conflict: Supervising counselors and psychotherapists*. Englewood Cliffs, N. J.: Prentice-Hall, 1972.
Polster, E. W., & Polster, M. *Gestalt therapy integrated: Countours of theory and practice*. New York: Brunner/Mazel, 1973.
Wegscheider, S. *Another chance: Hope and health for the alcoholic family*. Palo Alto, Calif.: Science and Behavior Books, 1981.
Weiss, R. S. (Ed.). *Loneliness*. Cambridge, Mass.: M.I.T. Press, 1973.
White, R. W. "The concept of healthy personality: What do we really mean?" *Counseling Psychologist*, 1973, 4(2), 3-12.

7. Técnicas de estruturação e condução

O processo de aconselhamento foi descrito, nos capítulos anteriores, como uma seqüência de fases, na qual o foco desloca-se da descoberta inicial de preocupações para a exploração mais profunda, e daí para os planos de ação. Todas essas etapas podem ocorrer numa única sessão, porém é mais comum o processo desenvolver-se em duas ou mais sessões. Como já foi dito, o conselheiro deve estabelecer um bom relacionamento com o cliente no início do processo do aconselhamento. Mais tarde, graças à continuidade dessa relação positiva, mantê-la irá requerer menos tempo, e a confiança adquirida pode tornar mais fácil para o cliente examinar temas mais profundos e ameaçadores. A preparação para a ação pode exigir que o conselheiro planeje ativamente com o cliente e reforce seus esforços para mudar.

Neste capítulo, consideraremos as decisões tomadas a cada momento pelo conselheiro, ao responder a um cliente. No instante em que o cliente acaba de se comunicar com o conselheiro (verbalmente ou de outro modo), este tem disponível um universo inteiro de respostas possíveis. Em poucos segundos, seleciona uma resposta que influencia a resposta subseqüente do cliente e, conseqüentemente, a direção tomada pelo aconselhamento. É claro que esse mesmo processo ocorre numa conversa comum; mas, pelo fato de o aconselhamento ser uma conversa com um propósito e o conselheiro ter a responsabilidade de facilitar um avanço positivo, as respostas individuais são mais significativas. Se um profissional deseja melhorar suas habilidades para o aconselhamento, é necessário que estude a sincronização, o conteúdo e a influência de respostas específicas. A prática supervisionada do aconselhamento fornece aos estagiários *feedback* sobre como as respostas específicas promoveram ou interromperam o progresso de um cliente. Este capítulo auxiliará o orientador na formulação de respostas específicas para o aconselhamento e proporcionará certa estrutura para a análise de cada passo do processo.

Estruturação

Estruturação é qualquer afirmação do conselheiro que permite ao cliente saber o que esperar do processo e dos resultados do aconselhamento. A estruturação ajuda a manter a conversa intencional. Muitos clientes chegam ao consultório do orientador sem nenhuma idéia do que esperar do aconselhamento. Outros chegam com expectativas irrazoáveis ou inadequadas. Outros ainda perdem o ímpeto durante o aconselhamento e precisam de ajuda para manter a motivação para trabalhar suas preocupações ou para avançar para uma nova fase. Algumas das primeiras respostas do conselheiro sugerem a maneira como o cliente pode participar e qual a contribuição do conselheiro para a conversa. Pode ser necessário voltar à estruturação em vários momentos durante todo o aconselhamento, para lembrar o cliente das funções de cada participante e para mudar o foco à medida que é feito progresso.

O conselheiro deve decidir a quantidade e o momento oportuno de usar a estruturação. Pouca estruturação dá margem a conversa improdutiva. Estruturação demasiada soa como "pregação" e pode parecer para o cliente uma repreensão por não participar "adequadamente". As afirmações formativas contínuas que reenfocam a agenda de trabalho são mais eficazes do que os discursos prolongados que descrevem o processo de aconselhamento. Essas *afirmações formativas* são sincronizadas para estabelecer a agenda inicial de trabalho ou para manter o impulso de trabalho do cliente em suas preocupações.

Estruturação no início do aconselhamento

A necessidade de estruturação é provavelmente mais óbvia quando um cliente chega ao aconselhamento com expectativas irrazoáveis ou inadequadas. Tais expectativas resultam de informação errônea sobre as funções do conselheiro. Por exemplo, é comum alguns clientes pedirem ao conselheiro para que lhes aplique alguns testes e lhes diga que profissão deveriam escolher. Tais solicitações advêm do desejo de receber ajuda ao se tomar uma decisão importante. Talvez tenham ouvido que os conselheiros aplicam testes que resultam em informações que auxiliam a tomada de decisão; mas podem não compreender a natureza imprecisa dos resultados de testes ou o complexo processo de combinação das partes das informações dos testes com outros tipos de informações, para se chegar a decisões pessoais. O conselheiro que aceita "testar" e "dizer" sem fazer alguma estruturação em torno da natureza do aconselhamento, provavelmente acabará com um cliente insatisfeito. Se os testes forem ministrados e as respostas concretas não emergirem, o cliente sentirá que o conselheiro foi ineficiente. A seguir, apresentamos um exemplo de afirmação estruturadora para um pedido "teste e diga".

"Bem, John, ficarei feliz de conversar com você sobre a decisão que está tentando tomar. Primeiro, seria útil se me falasse mais sobre as alternativas que já está considerando e por que algumas coisas parecem mais atraentes que outras. Então, se alguns resultados de testes parecerem úteis, veremos a quais deles você gostaria de se submeter."

Mais tarde, em seguida a uma discussão que revela a posição atual do cliente em relação ao processo de decisão, certos teste podem ser escolhidos e é conveniente empregar mais estruturação:

"Agora, John, acho bom lhe dizer que os resultados do teste não lhe darão quaisquer respostas definitivas. Os testes vão lhe dar algumas informações sobre como você se compara a outras pessoas em interesses ou capacidades, mas depois teremos de considerar o que essas informações têm a ver com as coisas que você deseja para si."

Com essa estruturação, o cliente está preparado para receber o tipo de ajuda que o conselheiro, servindo-se da psicometria, pode oferecer; porém, a expectativa irrazoável do cliente por respostas instantâneas já foi posta de lado.

Algumas vezes, os clientes enviados ao conselheiro por outras pessoas têm expectativas inadequadas em relação ao aconselhamento. Isso acontece particularmente nas escolas, quando é solicitado aos estudantes que procurem o conselheiro, porque uma outra pessoa (um dos pais, um professor ou administrador) está preocupada com seu comportamento ou desempenho, e no cumprimento da lei, quando se solicita a alguém apresentar-se a um conselheiro, para reabilitação. Sob tais circunstâncias, o cliente geralmente vê o conselheiro como mais um executor da lei tentando conseguir com que ele faça algo que não deseja. O conselheiro deve procurar aliar-se ao cliente. Uma declaração estruturadora adequada pode ser:

"Mary, eu sei que sua mãe lhe disse para vir aqui e que ela está preocupada com suas notas e com o horário em que você volta para casa algumas noites. A partir do que ela disse, suponho que vocês realmente tenham algumas discussões sobre essas questões. Eu gostaria de saber como você se sente em relação ao que está acontecendo e se existe algum caminho que possamos seguir para melhorar a situação."

Se o cliente se sente realmente ofendido por ter de ir à sessão de aconselhamento, muitas mostras de interesse podem ser necessárias para convencê-lo de que o cuidado principal do conselheiro é por ele e não pela pessoa que o encaminhou (v. cap. 9 para uma discussão detalhada do trabalho com clientes relutantes).

Estruturação durante o processo de aconselhamento

Quando a estruturação é usada mais tarde no processo de aconselhamento, seu objetivo é lembrar o cliente das funções de cada um dos participantes ou avançar o aconselhamento para uma nova fase. Exemplos dessa estruturação podem ser encontrados no clássico filme de Carl Rogers, com uma cliente chamada Glória (1965). Glória está tentando decidir se conta, ou não, a sua filha pequena sobre seu comportamento sexual. Será mais prejudicial para o relacionamento contar-lhe sobre suas relações sexuais ou mentir-lhe? Ela pede diretamente a opinião do Dr. Rogers, que responde: "Certamente, eu desejaria poder lhe dar uma resposta, porque isso é o que você quer... Mas não seria nada bom." Ele continua, demonstrando que existem riscos envolvidos nos dois procedimentos e que somente Glória pode decidir quais riscos está mais disposta a correr. Ele pode ajudá-la a esclarecer as conseqüências de cada alternativa, mas ela deve fazer a escolha porque terá de lidar com as conseqüências.

Depois, a sessão de aconselhamento parece atolar-se. Glória, apesar de ter explorado cuidadosamente os dois únicos procedimentos que se apresentavam como disponíveis para ela, parece despreparada para optar por qualquer um deles. O Dr. Rogers pouco a pouco a dirige para a fase de ação, ao sugerir que acredita que ela sabe o que deseja fazer. Sente que ela dá mais valor em ser sincera do que em parecer "pura". Glória confirma essa percepção e começa a pensar sobre como proceder.

Condução

Além das afirmações que visam estruturar o processo de aconselhamento, existe um conjunto mais amplo de respostas que lidam diretamente com o conteúdo e sentimento envolvidos na fala do cliente. O conselheiro tem várias respostas possíveis a qualquer declaração feita: pode parafrasear a declaração do cliente, interpretá-la como tendo um significado psicodinâmico particular ou descartá-la, introduzindo uma nova linha de pensamento. Faz a escolha com base em seu prognóstico de como o cliente reagirá a tudo o que for dito. Se pensa que o cliente irá se beneficiar refletindo mais profundamente sobre o que acabou de falar, então serve-se da paráfrase. Se percebe que o cliente está pronto para ter um novo *insight* a partir de uma interpretação e não será demasiadamente ameaçado pelo conteúdo, pode elaborar uma interpretação. Se acredita que a conversa passou a apresentar um conteúdo de menor importância e que o cliente está disposto a trabalhar sobre material mais significativo, o tema da conversa pode ser mudado.

Robinson (1950) empregou o termo condução (*leading*) para descrever a seleção de um resposta pelo conselheiro, que prevê a prontidão do cliente para beneficiar-se de um tipo particular de resposta. Robinson, a partir de uma analogia com o futebol, descreveu o que entendia por condução. Ao arremessar a bola, o passador (*passer*) prevê onde o receptor (*receiver*) estará quando a bola chegar, e atira a bola à frente dele (conduz o receptor), de tal modo que a bola e o receptor chegam no mesmo lugar ao mesmo tempo. Em sua analogia, Robinson aconselha o orientador a calcular a direção para onde o cliente está indo, e a formular uma resposta que intercepte a trajetória do cliente e promova seu avanço. A analogia pode incluir o conceito de alcance da resposta condutiva (*length of lead*). Se o conselheiro subestima a velocidade de progresso do cliente, força-o a avançar mais lentamente e a reagir a uma declaração que, do ponto de vista do cliente, não precisa mais ser trabalhada, assim como o receptor do passe deve reduzir sua velocidade, para tentar apanhar uma bola arremessada com pouca força. Se o conselheiro superestima a velocidade do cliente, pode fazer uma declaração com a qual o cliente ainda não tem condições de entrar em contato, havendo o risco de o cliente tornar-se confuso e defensivo. O progresso é, então, interrompido como no caso do jogador que não consegue receber a bola justamente porque ela foi arremessada com muita força.

Neste capítulo, usamos a expressão "resposta condutiva" para denominar qualquer resposta que se baseie no cálculo do conselheiro quanto à probabilidade de essa mesma resposta entrar em contato com a próxima tomada de consciência do cliente. Não empregamos essa expressão para sugerir que o conselheiro deva conduzir o cliente como se leva uma criança pequena por uma loja movimentada. Contudo, o conselheiro deve tentar permanecer à frente do cliente para estimulá-lo a continuar avançando. A resposta condutiva do conselheiro baseia-se sempre num juízo sobre as declarações anteriores do cliente e resulta de uma decisão (oculta ou manifesta) sobre o que funcionará melhor. "O termo *lead* significa que há um trabalho conjunto em que, para os clientes, as observações do conselheiro parecem estabelecer o próximo ponto que estão prontos para aceitar" (Shertzer and Stone, 1980, p. 272).

Quadro 7-1 — Escala de respostas condutivas

Resposta menos condutiva

Silêncio	Quando o conselheiro não apresenta respostas verbais, o cliente em geral se sente pressionado a continuar e escolhe como continuar, a partir de um esforço mínimo do conselheiro.
Aceitação	O conselheiro apenas toma conhecimento da declaração do cliente com uma resposta do tipo "Sim" ou "Hm, hm". O cliente é encorajado verbalmente a continuar, mas sem estímulo de conteúdo por parte do conselheiro.
Reafirmação (paráfrase)	O conselheiro reafirma a declaração do cliente, abrangendo conteúdo e sentimento, empregando praticamente a mesma fraseologia. O cliente está pronto para reexaminar o que foi dito.
Clarificação	O conselheiro exprime, em outras palavras, o significado da declaração do cliente, procurando tornar mais claro o que o cliente quis dizer. Às vezes, alguns elementos de várias das declarações do cliente são apresentados em uma única resposta. É importante a capacidade de percepção acurada e de transmissão correta por parte do conselheiro. O cliente deve verificar se a resposta condutiva do conselheiro ajusta-se às suas declarações.
Aprovação (confirmação)	O conselheiro confirma a correção da informação ou encoraja os esforços autodeterminativos do cliente: "Essa nova informação é muito boa" ou "Você parece estar adquirindo maior controle". O cliente prossegue com mais exploração à medida que percebe ajuste.

Quadro 7-1 — Escala de respostas condutivas (continuação)

Respostas condutivas gerais	O conselheiro leva o cliente a falar mais sobre um tema específico, com declarações do tipo: "Explique-me o que você quer dizer" ou "Por favor, diga algo mais sobre isso". Espera-se que o cliente siga a sugestão do conselheiro.
Interpretação	O conselheiro usa os princípios do psicodiagnóstico para sugerir quais são as origens da tensão do cliente ou as explicações para a motivação e o comportamento do cliente. As declarações do conselheiro são apresentadas como hipóteses e o cliente confronta-se com novos modos de se ver.
Rejeição (persuasão)	O conselheiro tenta, ativamente, alterar o comportamento ou as percepções do cliente, aconselhando determinado comportamento ou sugerindo interpretações dos fatos diferentes das apresentadas pelo cliente.
Reasseguramento	O conselheiro afirma que, segundo ele, o problema do cliente não é incomum e que pessoas com problemas similares têm conseguido superá-los. O cliente pode sentir que o reasseguramento é aprobativo, mas também pode sentir que o conselheiro está desconsiderando seu problema.
Introdução de informação ou idéias novas	O conselheiro afasta-se da última afirmação do cliente e o induz a considerar material novo.

Resposta mais condutiva

Escala de respostas condutivas

No processo de aconselhamento, algumas respostas condutivas do conselheiro se mantêm próximas às verbalizações do cliente, enquanto outras vão um pouco além. Para se saber que respostas usar no decorrer do aconselhamento, é importante considerar qual o impacto que determinados tipos de resposta condutiva podem provocar. Robinson sugeriu que todas as respostas poderiam ser dispostas numa escala, da menos para a mais condutiva. As que ficam muito próximas do que o cliente acabou de dizer introduzem pouco dos pensamentos e sentimentos do conselheiro; outras, ao contrário, distanciam-se muito da última declaração do cliente e introduzem uma perspectiva considerável do conselheiro (Hanson, Stevic e Warner, 1977).

Qualquer sistema unidimensional de classificação de todas as respostas apresenta algumas limitações, por isso são necessários parâmetros para se julgar o alcance da resposta condutiva inserido numa resposta particular. Nos últimos anos, têm sido empregados tantos termos para se descreverem os vários tipos de respostas, que não seria possível relacioná-los todos. Para ilustrar a utilidade de se disporem as respostas numa escala que tem por base o alcance da resposta condutiva, apresentamos no Quadro 7-1 uma escala baseada no trabalho inicial de Robinson. Usaremos sua terminologia e ordem técnicas. Shertzer e Stone (1980) apresentam uma escala muito similar baseada no trabalho de Buchheimer e Balogh (1961).

É importante perceber que todas as classes de resposta indicadas na escala de respostas condutivas, no Quadro 7-1, são úteis e apropriadas em algum momento no processo de aconselhamento. Não atribuímos valor especial às respostas condutivas muito próximas das próprias palavras do cliente ou àquelas que incluem muita perspectiva do conselheiro. O grau de resposta condutiva — isto é, a posição que ocupa em relação ao final da escala — depende da prontidão do cliente, de seu tipo de preocupação e da predisposição do conselheiro.

Se o cliente parece particularmente defensivo, como no caso de um estudante encaminhado para um orientador educacional, depois de uma briga no bar, é aconselhável que o orientador procure apreender a visão que o estudante tem do problema. Por outro lado, um estudante que está buscando informação e orientação sobre a escolha de uma faculdade pode se servir muito bem das idéias ou informações dadas pelo conselheiro.

Alguns conselheiros procuram ouvir bastante e são muito cautelosos antes de chegar a *quaisquer* conclusões rápidas acerca de outra pessoa. Esse tipo de profissional conduz o trabalho com os clientes usando respostas de reafirmação e de clarificação e, ocasionalmente, permanecendo em silêncio. Outros acreditam que podem avaliar os clientes mais rapidamente e ficam impacientes ao ouvirem reiterações sobre um mesmo problema. Dizem, mais cedo, quais são suas percepções aos clientes e, com isso, mantêm um maior grau de condução. Esses profissionais fazem progresso rápido com clientes moderadamente defensivos e que possuem boas habilidades cognitivas, mas esse procedimento pode ser ameaçador ou mesmo confundidor para os clientes a quem faltam força de ego ou habilidades cognitivas. De certo modo, a escolha de procedimento é influenciada pelo preparo teórico que o conselheiro teve (v. cap. 12).

A decisão do conselheiro sobre qual alcance deva ter a resposta condutiva deve basear-se na sua efetividade ou eficiência. Por um lado, é importante que ele seja modesto o bastante para que o contato com o cliente não se perca; por outro, quanto mais alcance a resposta condutiva puder obter, sem abalar o contato com o cliente, mais rápido é o progresso. As respostas condutivas de alcance mínimo são menos ameaçadoras para o cliente, porque não o tiram de seu nível presente de compreensão em relação a algumas hipóteses surpreendentes sobre si mesmo; entretanto, é muito eficiente impelir o cliente em direção a uma nova perspectiva, se suas defesas permitirem a assimilação da nova informação.

Modos de condução e fases do aconselhamento

De modo geral, as respostas do conselheiro tornam-se cada vez mais condutivas à medida que o aconselhamento prossegue através das três fases. Na primeira fase, quando a construção do relacionamento é de importância primordial, as respostas do conselheiro tendem a ser de nível de condução mais baixo. A exploração em profundidade é induzida por respostas de grau de condução médio. A preparação para a ação requer, muitas vezes, iniciativas de reforço por parte do conselheiro, juntamente com as informações que dá ao cliente. Ambos os procedimentos são exemplos de resposta com alto grau de condutividade.

Uma revisão do material do capítulo 3 sugere que o conselheiro usa, principalmente, respostas de baixo grau de condutividade na fase de descoberta inicial do aconselhamento. As reafirmações ou paráfrases são comumente usadas para transmitir empatia de nível primário. O exemplo abaixo envolve uma menina de 8 anos que está muito preocupada.

Cliente: Não sei o que vou fazer. Minha mãe não mora mais aqui e minha avó diz que não vai ser minha mãe.

Conselheiro: Você se assusta ao pensar que não haverá mais ninguém para cuidar de você e é muito pequena para cuidar de si mesma.

O conselheiro percebeu a emoção e a base dessa emoção. Diz-se que tal declaração é *permutável* com a do cliente (Carkhuff, 1973).

Ao reafirmar o material para a cliente, o conselheiro demonstrou compreensão e a encorajou a continuar seu processo de descoberta. A cliente disse que sua mãe havia abandonado a cidade com um amigo, deixando-a com a avó. Embora a avó estivesse cuidando dela, tinha demonstrado à neta que não estava muito interessada em voltar a educar uma criança. Com reafirmação, aceitação e silêncio, o conselheiro foi capaz de elaborar um quadro bastante completo do problema do ponto de vista da criança.

Visto que não se poderia esperar que a menina chegasse a uma solução para a questão de quem iria cuidar dela, o aconselhamento não prosseguiu para as segunda e terceira fases. Ao invés disso, o conselheiro solicitou à avó que comparecesse ao consultório e, na entrevista, disse-lhe que a menina sentia suas declarações em relação a não querer ter outra criança para cuidar como uma ameaça de que também a avó a abandonaria. Felizmente, a avó comprometeu-se a cuidar da neta, dando-lhe maior apoio, enquanto sua filha estivesse fora, poupando a criança da raiva que deveria ser expressa à filha, quando fosse possível.

A segunda fase do aconselhamento, como foi descrito no capítulo 4, promove a exploração em profundidade pelo cliente. Um exame da escala de respostas condutivas, no Quadro 7-1, indica que as respostas de grau médio de condutividade são, provavelmente, mais úteis nessa fase.

A empatia em alto grau pode ser expressa pelo que Robinson denominou respostas de clarificação. Nessas condições, o conselheiro usa técnicas de psicodiagnóstico para compreender o significado das declarações do cliente e sua resposta deve esclarecer mais aquilo que foi exposto pelo cliente. No exemplo a seguir, a cliente tem 27 anos.

Cliente: Cansei-me de ficar à toa, por isso fui ao bar ver se Frank estava lá. Tinha quase certeza de que não, mas precisava sair.

Conselheiro: Parece que você não queria ficar em casa sozinha e nem desejava ver Frank. Você estava desesperada para ter algum contato humano.

Cliente: Sim. Quando fico à toa e sozinha, por algum tempo, começo a querer saber se estou bem. Parece que não sei o que quero. Frank é um imprestável, mas pelo menos quando está por perto não me sinto tão perdida.

Conselheiro: Quando Frank está por perto, você não se sente tão incompleta como quando sozinha, e isso é menos assustador.

Nesse diálogo, o conselheiro acrescentou, em cada resposta, mais perspectiva e clareza à declaração da cliente. No primeiro momento, salientou o conteúdo emocional da declaração, respondendo à sensação de desespero. No segundo momento, atribuiu um nome à sensação de estar incompleta que se encontrava na origem do sentimento de desespero. Isso conduziu a mais exploração em profundidade, e a cliente afirmou que os seus sentimentos quando estava sozinha a induziam a aceitar a companhia de qualquer pessoa que despendesse algum tempo com ela — o que a levou a uma série de relacionamentos insatisfatórios e abusivos com homens que encontrara em bares. As declarações do conselheiro, nesse exemplo, são chamadas respostas *aditivas*, porque adicionam maior perspectiva proveniente de sua avaliação do problema do cliente (Carkhuff, 1973). O processo de aconselhamento necessário para que essa cliente começasse a ter um senso de integridade e valor pessoal, de modo que pudesse escolher companhia mais satisfatória ou que se sentisse satisfeita quando sozinha, foi bastante longo.

A interpretação também é intensamente usada para promover a exploração em profundidade. A interpretação abrange, na escala de respostas condutivas, desde a clarificação até a posição em que o conselheiro adiciona ainda mais conteúdo diagnóstico à sua resposta. Não é possível estabelecer-se uma linha sólida e fixa que diferencie as declarações fortemente aditivas das interpretações moderadas. Segue-se um exemplo de resposta interpretativa. O cliente é um rapaz de 15 anos.

Cliente: Não sei por que todos ficam me amolando para eu conseguir entrar na universidade. Posso trabalhar como frentista num posto de gasolina. (O cliente ri, enquanto faz a última afirmação, e finge pegar o terminal de uma bomba de gasolina.)

Conselheiro: Sim, desperdiçando seu tempo na escola, você realmente pode igualar-se a seu pai.

Como é característico das respostas interpretativas, essa resposta pode parecer dura e mesmo um pouco irrelevante se o *background* do cliente não for conhecido. Seu pai, um *self-made man*, possuía e dirigia quatro postos de gasolina. Pressionava o filho para que se tornasse "alguém", ou seja, que tivesse estudo para não ter que exercer funções que ele, o pai, considerava humilhantes. O filho ressentia-se da pressão exercida pelo pai e não via nada de humilhante em ser frentista de posto de gasolina. Por outro lado, tinha pouca consciência de que sua motivação para trabalhar no negócio familiar provinha mais da rejeição dos desejos de seu pai, que de qualquer interesse real no negócio. O conselheiro, ao dar essa resposta, tentou fazer com que o cliente considerasse quais eram suas motivações.

A interpretação, conforme foi visto no capítulo 4, é um tipo de confrontação construtiva. Por definição, a interpretação vai além da presente conceituação de um problema pelo cliente e, portanto, sempre faz com que o cliente se confronte com uma nova idéia (porém, nem todas as confrontações são interpretações).

As técnicas mais condutivas da escala aqui apresentada são usadas com maior freqüência na terceira fase do aconselhamento — a preparação para a ação. Nessa etapa, o conselheiro compreende a natureza dos problemas do cliente e conhece os objetivos do mesmo. A partir dessas informações, é necessário encorajar o cliente, através da persuasão e do reasseguramento, a fim de que ele possa escolher os modos de ação ou possa realizar o que diz desejar. Nessa fase, o conselheiro pode introduzir novas idéias — muitas vezes, informações sobre alternativas que ajudarão o cliente, aumentando o número de opções disponíveis. No sistema de Carkhuff (1973), essas declarações são chamadas respostas *iniciadoras*.

Para relacionar o grau de condutividade à fase do aconselhamento, aplicam-se os seguintes princípios:

1. As respostas de grau mínimo de condutividade são excelentes para construção do relacionamento.
2. As respostas de grau mínimo de condutividade apresentam baixo risco, porque não assustam o cliente com perspectivas novas e surpreendentes.
3. As respostas de grau médio de condutividade incrementam a exploração em profundidade pelo cliente.
4. As respostas situadas no centro da escala são mais ameaçadoras e, se usadas prematuramente, podem produzir reações defensivas.
5. As respostas de grau máximo de condutividade são muito diretivas e reforçam os comportamentos específicos relacionados aos objetivos do cliente.
6. As respostas de grau máximo de condutividade parecem irrelevantes para o cliente, a menos que o conselheiro tenha tido tempo para conhecer muito bem o cliente e seus objetivos.

Sumário

Consideramos as técnicas de aconselhamento como declarações específicas usadas com um cliente. As declarações estruturadoras destinam-se a ajudar o cliente a aprender a usar o aconselhamento e a identificar a função e as responsabilidades do conselheiro e dele mesmo. As respostas condutivas são aquelas declarações que induzem o cliente a examinar suas próprias declarações. O conselheiro tenta julgar para que nível de condução o cliente está pronto e procura responder à mais recente declaração do cliente com uma resposta que fará o processo avançar. Normalmente, nas etapas iniciais do aconselhamento, são empregadas as respostas de baixo grau de condutividade; a exploração em profundidade é melhor induzida por respostas de grau médio de condutividade; e a preparação para a ação pode envolver respostas de alto grau de condutividade ou o uso adequado de informações novas e reforço dos comportamentos escolhidos.

Referências

Buchheimer, A., & Balogh, S. C. *The counseling relationship: A corebook.* Chicago: Service Research Associates, 1961.

Carkhuff, R. R. *The art of helping.* Amherst, Mass.: Human Resources Development Press, 1973.

Hansen, J. C., Stevic, R. R., & Warner, R. W. Jr. *Counseling theory and process* (2.ª ed.) Boston: Allyn and Bacon, 1977.

Robinson, F. P. *Principles and procedures of student counseling.* New York: Harper & Brothers, 1950.

Rogers, C. R. "Client-centered therapy". In E. Shostrom (Ed.), *Three approaches to psychotherapy* (Filme). Santa Ana, Calif.: Psychological Films, 1965.

Shertzer, B., & Stone, S. C. *Fundamentals of counseling* (3.ª ed.). Boston: Houghton Mifflin, 1980.

8. Diagnose no aconselhamento

No capítulo 2, mostramos que o objetivo básico do aconselhamento é ajudar o cliente a trabalhar em direção a níveis mais altos de autoconfiança responsável. Objetivos como resolução de conflitos, desenvolvimento de planos para o futuro, aquisição de modos mais eficientes de lidar com as tensões do meio e trabalho dos bloqueios pessoais podem contribuir para o crescimento do cliente.

A diagnose é parte inerente e significativa do processo de aconselhamento. Neste capítulo, enfocaremos esse aspecto do trabalho, apresentando a definição de diagnose, a discussão do processo de diagnóstico e a aplicação dos princípios diagnósticos no aconselhamento.

O modelo diagnóstico na medicina

Para o médico, a diagnose refere-se ao trabalho envolvido na identificação de uma enfermidade do paciente, para planejamento do tratamento. Inclui reunião de informações sobre os sintomas e queixas atuais do cliente, realização de testes que permitam informação adicional sobre ocorrências e condições do organismo do cliente, sintetização da informação para identificação de causas possíveis, realização de testes adicionais para rejeição de algumas hipóteses e sustentação de outras, identificação da enfermidade do cliente e elaboração de um plano de tratamento. O modelo genérico usado em medicina parte dos seguintes pressupostos:

— As doenças enquadram-se em padrões recorrentes que podem ser reconhecidos e rotulados.
— Esses padrões podem ser classificados e dispostos em categorias ("Manual de Diagnóstico e Estatística dos Distúrbios Mentais", 1980).
— Os sintomas da doença têm causas identificáveis.

— As causas desses sintomas podem ser identificadas através de uma combinação de testes e de outros procedimentos que possibilitam informação.

— Os testes e outros procedimentos para coletar informação podem ser desenvolvidos para diferenciar acuradamente uma enfermidade de outra.

— A identificação das causas da doença de um paciente aumenta as chances de um tratamento bem-sucedido.

— O enquadramento das enfermidades em categorias ajuda a organizar os esforços de pesquisa básica e aplicada.

Com base nesses pressupostos, tem-se dedicado um esforço considerável para classificar as enfermidades, pesquisar suas causas e desenvolver testes para identificá-las. Em medicina, esse conjunto de procedimentos é denominado *diagnose*.

Como profissional originalmente preparado para ser médico, Freud (1949) acreditava que o modelo diagnóstico usado em medicina também poderia ser utilizado no trabalho de saúde mental. Ele e autores subseqüentes tentaram distribuir as formas de doenças mentais em categorias (Kraeplin, 1909) e desenvolver procedimentos de teste que discriminassem uma enfermidade de outra (Dahlstrom e Welsch, 1960). Nos trabalhos iniciais sobre saúde mental, *diagnose* passou a significar o uso de um sistema de classificação para nomear a enfermidade de um paciente. Uma vez que os nomes estavam originalmente associados às causas, atribuir um nome a uma forma de doença mental significava também dar a ela uma explicação causal. Como o médico, o profissional de saúde mental acreditava que ajudar o doente requeria tratar a causa, não simplesmente os sintomas, e que a dignose consistia em nomear a enfermidade e sua causa.

Brammer e Shostrom (1977, pp. 135-146) são responsáveis por muitas das razões pelas quais o modelo diagnóstico médico parece ter funcionado melhor em medicina que em saúde mental. Uma razão significativa é que sentimentos humanos como a raiva, a tristeza e a confusão não podem ser descritos como enfermidades como o são a apendicite ou a úlcera. Tanto é verdade que os modelos de diagnose médica parecem não se aplicar bem ao trabalho de saúde mental, que o significado de *diagnose* nessa área tornou-se ambíguo e confuso. À medida que novas escolas de aconselhamento emergiram (v. cap. 11), o termo *diagnose* abrangia desde a orientação clássica da medicina de descrição dos processos internos do cliente até a descrição das condições significativas existentes no meio ambiente de um cliente que o levam a manter os atuais padrões de comportamento.

Diagnose no aconselhamento

Apresentamos duas definições de *diagnose*, compatíveis com a orientação deste texto, de modo que se possa ver o processo de perspectivas ligeiramente diferentes.

Definição 1: *Diagnose é o comportamento do conselheiro que visa descrever as características de um cliente, relacionadas com os objetivos e processos da experiência de aconselhamento.*

Definição 2: *Diagnose é o processo de desenvolvimento de um quadro claro sobre o cliente e da utilização desse quadro para a decisão de como ajudar o cliente.*

É particularmente útil considerar a diagnose como o desenvolvimento de um quadro. Um quadro é uma imagem visual que contém vários elementos, incluindo formas, formatos, estilos, cores, texturas e dimensões. Num bom quadro, esses elementos combinam-se para formar uma imagem harmoniosa que excita o observador. No aconselhamento, o quadro pode incluir imagens das características físicas, padrões de comportamento e experiência interna do cliente. Dependendo do que o cliente espera da experiência, o quadro pode conter: imagens de suas potencialidades, talentos e interesses; atitudes e comportamentos para com figuras de autoridade; atitudes e comportamentos para com iguais; modos de lidar com a tensão; modos de defesa e proteção; história do desenvolvimento; percepções do eu; modos de interpretação de desapontamento e crítica; necessidades e desejos motivadores do comportamento; e pressupostos racionais e irracionais.

A diagnose é parte inevitável da experiência de aconselhamento e ocorre durante todo o processo, estejam, ou não, os participantes conscientes disso. É parte da primeira fase, a partir do momento em que o cliente se descreve como estando numa situação difícil. Torna-se parte ativa do processo quando a comunicação com empatia do conselheiro focaliza a autopercepção do cliente. É parte ativa da segunda fase quando o conselheiro decide confrontar ou não o cliente, ou explorar a desconfiança deste em relação às figuras de autoridade. Passa a ser parte ativa da terceira fase quando o cliente e o conselheiro conversam sobre o que acontece quando o primeiro tenta comportamentos novos.

O aconselhamento responsável requer o desenvolvimento de habilidades para diagnóstico. O conselheiro que está iniciando seu treinamento pode achar o âmbito da diagnose tão vasto que a tarefa parece ser incontrolável. Se o conselheiro está aberto, tem boa vontade e energia necessária, a tarefa é controlável. O desenvolvimento de habilidades para diagnóstico é um processo contínuo. Procuraremos, a seguir, apresentar uma certa estrutura a partir da qual cada um possa organizar e tornar mais claro seu próprio conceito de diagnose.

Os componentes de diagnose no aconselhamento

Embora o foco seja diferente, os componentes do trabalho diagnóstico são os mesmos no aconselhamento e na medicina. O conselheiro obtém informações sobre o cliente e absorve essas informações através de um ou mais receptores sensoriais, principalmente ouvidos e olhos. A informação é então transmitida desses receptores, através de caminhos de transmissão neurais, para o cérebro, onde é relacionada a construtos, esquemas ou mapas cognitivos existentes sobre o comportamento humano. A conexão entre a informação nova e os esquemas existentes origina um quadro para o conselheiro que pode permanecer no plano profundo ou passar ao primeiro plano de sua atenção. O conselheiro pode então relacionar o quadro a outros já existentes, atuar sobre o mesmo ou retê-lo para relacionar a quadros futuros. Analisaremos mais detidamente dois componentes significativos desse processo: a informação sobre o cliente e os mapas cognitivos do conselheiro. A informação sobre o cliente chega ao conselheiro através de observações em interações face a face, de respostas a testes e a outros instrumentos para coletar dados e de relatórios de outros. Descreveremos e avaliaremos brevemente cada fonte.

Informação sobre o cliente através de interações face a face

Desde o início do aconselhamento, o cliente oferece ao conselheiro informações sobre si. Grande parte dessas informações provém do que o cliente fala, sendo absorvido pelo conselheiro principalmente através dos ouvidos. Outras informações significativas são provenientes do comportamento não-verbal do cliente, as quais são absorvidas pelo conselheiro principalmente através dos olhos.

Esse conteúdo verbal auxilia o conselheiro a formar um quadro das preocupações do cliente, de seus pensamentos sobre o próprio eu e os outros, de suas circunstâncias atuais de vida, dos acontecimentos passados que foram significativos para seu desenvolvimento, e do que ele espera das sessões.

Sob a superfície da informação verbal, repousam indícios de temas importantes a serem explorados na segunda fase. Apresentamos a seguir o caso de um cliente adulto que, na primeira fase do aconselhamento, descreve como os processos de comunicação em seu casamento estão bloqueados. A conselheira percebe agitação na voz do cliente. Mais tarde, ainda nessa fase, o cliente fala sobre o que aconteceu no casamento de seus pais, quando era uma criança. Descreve o lar da infância como cheio de tumulto e altercações. Relata que, quando seus pais começavam a gritar muito, ele se refugiava em seu quarto, e acrescenta mais informações a respeito do que acontecia quando seu pai gritava com ele. Num nível de empatia primária, a conselheira diz: "Você devia se sentir ameaçado e talvez com raiva, quando seu pai estava gritando com você." A conselheira ouve e absorve a seguinte informação: "Sim, eu me sentia. Eu permanecia ali, desviando o olhar, contendo minhas lágrimas e com medo de dizer qualquer coisa."

À medida que ouve, a conselheira relaciona essa informação aos esquemas que possui sobre como as pessoas são, como se comportam, e quais são as conseqüências dos gritos sobre o desenvolvimento. A conselheira percebe que o cliente desvia o olhar enquanto conta a história, que seus braços permanecem cruzados e que seu corpo parece enrijecido, quase enregelado. Os dados adquiridos pela visão sustentam a impressão diagnóstica de que o cliente tem tendência a enrijecer-se e retrair-se sob tensão interpessoal. Desenvolve um quadro de que o cliente pode ter medo de discussões e ter adquirido um padrão comportamental de refrear a raiva profundamente em seu interior e não a deixar vir à consciência. Mais tarde, na mesma sessão, a conselheira pergunta se o cliente se lembra de como é a sensação de ficar com raiva de alguém. A resposta "Sim, mas eu nunca demonstro isso" reforça o quadro estabelecido.

A conselheira desenvolve um quadro de um cliente que tem medo de ouvir alguém expressar raiva como também de expressá-la. Além disso, levanta a hipótese de que esse medo pode estar relacionado aos bloqueios da comunicação no casamento. As posturas de defesa do cliente sugerem que essa área é demasiado "pesada" para ser explorada no momento, sendo conveniente esperar a segunda fase, quando o cliente se sente muito mais seguro para prosseguir. A partir do construto de que medo, raiva e tristeza estão freqüentemente relacionados um ao outro e de que a repressão é uma forma de defesa, a conselheira também desenvolve um quadro experimental do cliente como sendo uma pessoa que carrega muita tristeza profundamente reprimida através da vida.

Como esse exemplo sugere, o quadro do conselheiro, para cada cliente, é um amálgama de informação obtida através dos olhos, ouvidos e construtos pessoais. Temos relacionado os tipos de informação obtida pelo conselheiro aos receptores particulares envolvidos em adquiri-la. Geralmente as pessoas têm dificuldade em usar os ouvidos e olhos ao mesmo tempo com igual concentração de energia. Com um cliente verbal, os ouvidos do conselheiro têm maior energia e as informações obtidas através dos olhos ficam em segundo plano. Quando isso acontece, o conselheiro perde a maior parte da informação visualmente disponível.

Segundo Perls (1969), toda pessoa que está se preparando para tornar-se um conselheiro deve aprender a usar seus olhos mais ativamente. Para ele, a informação transmitida verbalmente possibilita ao cliente mais facilidade de dissimulação, distorção e controle. O corpo do cliente "conta uma história" muito mais acurada sobre suas energias e defesas. Como trabalhar com clientes que apresentam dificuldades pessoais e interpessoais requer um reconhecimento de defesas e resistências, o que é visto pelo conselheiro também é informação diagnóstica significativa. Para verificar essa tese, procure, ao conversar com alguém, usar seus olhos e ouvidos. Ao perceber que seus ouvidos estão fazendo a maior parte do trabalho, experimente usar seus olhos em primeiro plano e seus ouvidos em segundo, isto é, deixe o material verbal da outra pessoa passar gradualmente ao segundo plano e focalize com seus olhos a expressão facial, a postura do corpo e a respiração do outro. Observe se a outra pessoa está encarando você diretamente ou está numa postura lateral. À medida que faz isso, note como o quadro se altera.

**Informações sobre o cliente através de testes
e de instrumentos estruturados para coleta de dados**

Uma rápida leitura de uma fonte como o *Eighth Mental Measurements Yearbook* (*Oitavo Livro Anual de Medidas Mentais*) (1978), de Buros, sugere que existem milhares de instrumentos disponíveis para se medir o comportamento humano. Alguns fornecem resultados numéricos sobre dimensões tais como padrões de inteligência e de interesse. Dentre esses instrumentos, muitos têm sido cuidadosamente pesquisados de modo que a *performance* de um indivíduo possa ser comparada à de outros da mesma idade (como em testes de inteligência) ou à de pessoas que são felizes e bem-sucedidas em determinados campos profissionais (como em perfis de interesse). Alguns são projetados para aplicação individual; outros podem ser aplicados a grupos de pessoas.

Não é possível analisar aqui todos os instrumentos específicos disponíveis. Todo instrumento para obtenção de informação sobre um cliente pode ser um recurso potencial para auxiliar o conselheiro a expandir e clarificar seu quadro do cliente. Ao mesmo tempo, também podem vir a produzir dados que poderão desorientar o profissional.

Os procedimentos formais para coleta de dados, escolhidos por um conselheiro, são determinados por três variáveis: o que o cliente espera do aconselhamento, a idade e as habilidades cognitivas do cliente e a competência do profissional. Ao trabalhar com uma adolescente que deseja planejar seu futuro, o conselheiro pode achar útil empregar medidas padronizadas de capacidade e interesse, as quais auxiliam o cliente e o conselheiro a desenvolver um quadro não apenas daquilo que o cliente é hábil em fazer, mas também do que ele aprecia (ou não aprecia) fazer. Embora essas informações não ofereçam garantias, podem fazer com que o cliente estime de modo mais acurado quais são suas chances de entusiasmo e sucesso em determinados campos profissionais.

Um outro conselheiro, ao trabalhar com um cliente da escola elementar que se mostra triste, retraído e só no ambiente escolar, pode empregar instrumentos e procedimentos tais como sentenças incompletas com espaço em branco, peça estruturada com fantoches ou uso de gravuras para construir uma história, os quais proporcionam informação diagnóstica útil. Com um adulto deprimido, uma medida de personalidade como o *Minnesota Multiphasic Personality Instrument* pode produzir indícios úteis sobre as características da personalidade do cliente.

Os procedimentos adotados acima em relação à criança pequena são exemplos de *técnicas projetivas*, as quais se baseiam na idéia de que cada indivíduo traz para seu meio um passado, um conjunto de atitudes e crenças e uma personalidade. A combinação desses fatores determina como o indivíduo responde a situações desafiadoras ou ambíguas. Os dispositivos projetivos são delineados de modo que o indivíduo, ao responder a eles, *projeta* (ou põe para fora) algum aspecto do eu interior. Por sua natureza, os dispositivos projetivos contêm sempre algum elemento de ambigüidade e requerem que o indivíduo dê a sua própria resposta. Não existem respostas certas ou erradas. Alguns dispositivos têm alguma estrutura (como sentenças incompletas com espaço em branco, com itens como "O que meus professores deveriam saber sobre mim é ..."). Outros requerem que o cliente dê a sua própria estrutura (como uma técnica autobiográfica para adultos, na qual a tarefa é descrever e ajudar o conselheiro a compreender os acontecimentos principais de suas vidas).

Os dispositivos projetivos podem ser desafiadores e estressantes para o cliente, mas podem oferecer um suprimento rico de informações não-acessíveis facilmente através de abordagens de aconselhamento face a face. Depois que o cliente respondeu, o conselheiro deve reexaminar a declaração a partir de padrões e temas significativos. É importante que o profissional seja muito cuidadoso nessa etapa, para que suas interpretações do material do cliente não sejam meras projeções de sua própria personalidade.

Com a utilização desses dispositivos projetivos, sem se esquecerem dos riscos, os estagiários têm sido capazes de reconhecer temas como: sentimento de raiva, de ter sido enganado, de ser vítima, de solidão, desamparo e desejo suicida e de visão do mundo como um lugar medonho e perigoso — os quais não poderiam ser apreendidos através de interações face a face típicas.

Informação sobre o cliente através de declarações de uma terceira pessoa

Os conselheiros tendem, principalmente em ambientes escolares, a obter informações sobre os clientes a partir de uma terceira pessoa. Um professor de inglês lê as redações de um aluno e percebe temas como raiva e destruição. Outros alunos sabem de uma criança que está suspensa das aulas. Um pai procura o orientador dizendo não saber o que fazer com sua filha.

O conselheiro tem acesso aos dados através dessas fontes de referência, mas as informações também são filtradas pelas experiências e pelo relacionamento entre o cliente e essas pessoas. Entretanto, a fonte pode oferecer informações que o conselheiro talvez não obtivesse de outro modo; por isso, às vezes, é difícil atribuir-se o grau de confiabilidade de uma informação.

As informações de terceiros podem ser úteis se o conselheiro for cuidadoso na maneira de obtê-las e de empregá-las. Apresentamos, a seguir, procedimentos de condução de entrevista, com uma pessoa que constitui uma fonte de referência, que aumentarão as chances de obtenção de informações utilizáveis.

Primeiro: Deixe-a falar. Muitas pessoas parecem sentir um misto de preocupação e raiva em relação ao cliente. Talvez precisem de uma oportunidade para conseguir controlar suas emoções, para depois darem informações claras. Encorajá-la a manter bom contato a nível do olhar pode ajudar o processo catártico.

Segundo: Ajude-a a descrever como se sente como professor, pai/mãe, amigo ou cônjuge do cliente. As emoções de uma outra pessoa muitas vezes ajudam o conselheiro a compreender o cliente. Sentimentos de raiva, advindos de uma pessoa que é fonte de referência, podem indicar problemas de controle. A tristeza pode indicar uma percepção de desamparo por parte do cliente. O apego pode indicar um sentimento de dependência do cliente. A cautela pode sugerir fragilidade do cliente, etc. Embora os sentimentos dessa pessoa também possam ser reações de transferência, auxiliam potencialmente o conselheiro a compreender o cliente.

Terceiro: Ajude-a a descrever padrões específicos de comportamento do cliente e quando ocorrem. Enfocar o que o cliente faz em determinadas situações ajuda o conselheiro e a pessoa que é fonte de referência a desenvolver um quadro mais claro do cliente. A descrição de ocorrências específicas reduz (mas nem sempre elimina) a filtragem, de modo que o conselheiro pode ver mais claramente o que o cliente faz para conseguir atenção, desafiar figuras de autoridade, causar irritação ou exasperar iguais.

Algumas vezes, o pedido de clarificação também ajuda a pessoa que é fonte de referência a atuar mais efetivamente. Como exemplo, podemos citar o caso de um estagiário que estava desenvolvendo um trabalho com a mãe (solteira) de um menino. Ela se queixava de que a criança era rebelde e difícil de controlar. Depois de ter adotado os procedimentos expostos acima (o que tomou cerca de 20 minutos), o conselheiro pediu à mãe para descrever o que a criança fazia que tornava difícil controlá-la. Ela descreveu um ritual de resistência em ir para a cama. A indagação sobre outras ocasiões em que o problema ocorria resultou numa importante descoberta para a mãe: ela percebeu que estava generalizando — a resistência em ir para a cama parecia apagar todo o resto de sua experiência com a criança. A partir daí, o conselheiro e a mãe foram capazes de pensar no que ela poderia fazer para reduzir a resistência da criança em ir para a cama, por exemplo, ler junto com ela, ao invés de assistir à televisão, e conversar sobre o dia, ao ajudá-lo a colocar o pijama. Embora existissem algumas dificuldades de transição, após duas semanas a mãe relatou uma redução significativa nos padrões que descrevera anteriormente como rebeldes, e um aumento da cooperação e afeição. A princípio, a mãe desejava que o conselheiro trabalhasse com a criança, mas a clarificação colaborou para que ela atuasse de maneira mais efetiva na situação, de modo que o trabalho com a criança não foi necessário.

A experiência interior do conselheiro como fonte de informação diagnóstica

Durante a comunicação do cliente, o conselheiro pode ter reações corporais como inclinar-se para a frente, pelo entusiasmo em relação às observações de crescimento do cliente, encostar-se na cadeira, por se sentir aborrecido e consciente de que sua respiração se tornou muito superficial, que os músculos de seu braço se entesaram e que a voz do cliente tornou-se longínqua, ou notar que sua respiração está se tornando difícil, que seu corpo está se curvando, como se estivesse querendo se proteger.

Embora as reações defensivas do conselheiro, como nos últimos dois exemplos, possam indicar que seus próprios temas tenham se misturado à experiência do aconselhamento, às vezes podem ajudá-lo a compreender o cliente. Usar essa fonte de informação requer que o conselheiro preste muita atenção a experiências interiores durante a sessão de aconselhamento e traga à tona suas próprias reações interiores. Por exemplo, ele pode ter consciência de que se sente aborrecido e que sua própria atenção se desviou da imediação da experiência do aconselhamento. Ao mesmo tempo que essas reações indicam que o material do cliente conectou-se com um tema de desconforto pessoal para o conselheiro, também sugerem que o cliente está "contando história" a fim de defender-se de algum material pessoal importante. O impulso para confortar ou reassegurar o cliente sugere que, a algum nível da consciência, o conselheiro pode estar percebendo-o como vulnerável. Nesse caso, esse impulso indica que o cliente está se sentindo vulnerável e desamparado. O impulso para controlar o cliente pode levar o conselheiro a ver mais claramente algumas coisas sutis que o cliente faz para manipular e controlar os outros. Uma parada de respiração pode indicar que o conselheiro está percebendo que algo muito sério vai acontecer; talvez o cliente vá revelar uma emoção profundamente oculta.

A fim de utilizar a própria experiência interior como um procedimento diagnóstico, o conselheiro deve estar muito consciente de si. Isso envolve ser capaz de observar e reconhecer alterações de energia, respiração e atividade muscular e ser capaz também de reconhecer seus próprios temas e problemas pessoais. O conselheiro que ainda lamenta a perda de um dos pais pode ter dificuldade em ajudar um cliente que está se ressentindo de uma perda. O conselheiro que se ressente de ser manipulado e gosta de estar no controle pode ter dificuldade ao constatar as manipulações de um cliente. O conselheiro cujo senso de aceitação pessoal se relaciona à aceitação ou rejeição pelos outros, pode ter dificuldade ao reconhecer os medos de rejeição num cliente. Nesses casos, os temas do cliente e do conselheiro confundiram-se, e este pode não conseguir usar sua experiência interior para compreender o cliente. O conselheiro que foi um cliente, antes, terá melhores condições para utilizar essa fonte no trabalho de diagnóstico.

Os mapas cognitivos do conselheiro

No início deste capítulo, descrevemos diagnose como um processo no qual a informação obtida pelo conselheiro é conectada a seus construtos, esquemas ou mapas cognitivos sobre o comportamento humano. Esses esquemas constituem-se de modos de compreensão que se desenvolvem no decorrer do tempo e, em geral, apresentam-se como sentenças descritivas que expressam algum tipo de princípio. Apresentamos, a seguir, alguns exemplos:

— "As pessoas sentem entusiasmo quando alcançam sucesso após trabalho árduo."
— "Quando a capacidade de uma pessoa para satisfazer um desejo importante é frustrada, ela fica com raiva."
— "O pesar e a tristeza são reações importantes a uma experiência de perda."
— "A confusão pode ser uma forma de defesa."
— "Defesas protegem uma pessoa, assim como causam distorções."
— "O alcoolismo em pessoas do sexo masculino pode ser um sintoma de um senso de insuficiência pessoal ou de raiva reprimida."
— "As pessoas muitas vezes estão inconscientes de padrões interpessoais significativos que outros vêem claramente."

Esses mapas cognitivos desenvolvem-se como resultado de experiências diretas ou indiretas e de estudo formal planejado. Alguns estão ativos na consciência; outros, por estarem num nível mais profundo da consciência, são mais difíceis de serem verbalizados.

Os mapas cognitivos têm quatro funções significativas para o conselheiro: organizam, dão significado, filtram e distorcem informações. Para usar efetivamente os próprios mapas cognitivos, é preciso compreender bem essas funções.

Quando qualquer informação é absorvida através dos receptores, entra como energia — na maior parte, como onda luminosa ou onda sonora. Através do receptor (olhos ou ouvidos) a energia é convertida num feixe de energia elétrica e é transmitida por caminhos neurais ao cérebro. Em algum ponto, essa energia elétrica é minuciosamente confrontada com a experiência armazenada e converte-se em algum tipo de imagem. A essa altura, deixa de ser apenas um feixe de energia, organizando-se de modo a adquirir significado. Por exemplo, você entra numa sala de aula e vê alguém que conhece. A pessoa que você vê não é simplesmente um aglomerado de energia, mas uma entidade distinta à qual estão ligados alguns significados. Você dá a essa visão um rótulo — Sally, Joe ou Marta — e a esse rótulo soma algumas associações: amigável—não-amigável, maternal—não-maternal, bem-humorada—mal-humorada. Seus mapas cognitivos existentes ajudam-no a formar um quadro dessa pessoa.

Os mapas cognitivos também filtram e distorcem a informação. Provavelmente não podemos absorver toda a energia que impressiona nossos receptores. Parte dela é filtrada. Essa seleção é, na maioria das vezes, inconsciente. A informação que penetra tende a ser compatível com os mapas cognitivos existentes. De fato, a informação que não se ajusta causa mal-estar: ou a rejeitamos ou tentamos assimilá-la. Por existir filtração, há também distorção. Os mapas cognitivos ajudam a integrar e organizar a informação, mas podem resultar em certa visão seletiva. Por exemplo: um conselheiro percebe tristeza no material de um cliente; um outro identifica um comportamento de obstinação que resulta em isolamento; um terceiro vê um conflito na atividade do cliente — estabelecer e evitar contato. Todos esses padrões de comportamento podem estar no material, mas cada um dos conselheiros apreende alguns e perde outros.

Não é viável descrever aqui todos os mapas cognitivos possíveis de que um conselheiro necessita. Procuraremos tornar mais claros os mapas cognitivos que o leitor utiliza atualmente para desenvolver seus quadros de pessoas. Alguns de seus mapas cognitivos advêm de experiências diretas, outros, de experiências indiretas.

Experiências com pessoas

Sem dúvida, o número de situações em que o leitor esteve envolvido em interações com pessoas é muito grande. Muitas foram esquecidas; outras permanecem gravadas vivamente em sua memória, embora tenham acontecido rapidamente; outras, ainda, podem ser lembradas a partir de alguma indicação (por exemplo, lembre-se de um momento em que um membro de sua família o ajudou e de como você se sentiu). Essas experiências de vida foram acumuladas, mas nem tudo o que acrescentaram em aprendizado estão a nível consciente. Procure, à medida que lhe sugerimos, relembrar o acontecimento, como se sentiu e o que pode ter aprendido quanto a experiências humanas a partir desse evento. Se alguns dos exemplos forem "pesados" demais para você, omita-os simplesmente.

— Relembre um momento em sua vida em que alguém precisou de apoio e você o deu. Como a outra pessoa se sentiu? Como você se sentiu? O que você aprendeu sobre as pessoas?

— Relembre um momento em que você necessitou de apoio e alguém lhe deu. Como você se sentiu? O que você aprendeu sobre as pessoas?

— Relembre um momento em que você precisou de apoio, mas não o recebeu. Como se sentiu? O que você aprendeu sobre as pessoas?

— Relembre um momento em que teve um objetivo importante e

desafiador e conseguiu alcançá-lo. Quais foram seus sentimentos? O que aprendeu?
— Relembre um momento em que teve um objetivo importante e sentiu-se bloqueado por fatores externos. Quais foram seus sentimentos? O que aprendeu?
— Relembre um momento em que lhe pareceu estar evitando alcançar um objetivo. Quais foram seus sentimentos? O que aprendeu?
— Relembre um momento em que houve uma transição significativa em seu relacionamento com uma pessoa importante em sua vida. Quais foram seus sentimentos? O que você pôde compreender?
— Relembre um momento em que você e uma outra pessoa significativa chegaram a um acordo a respeito de uma divergência após muita discussão. Quais foram seus sentimentos? O que você pôde compreender?
— Relembre um momento em que você e uma outra pessoa significativa não conseguiram chegar a um acordo em relação a uma divergência. Quais foram seus sentimentos? O que você pôde compreender?
— Relembre um momento em que acreditou estar sendo tratado injustamente por alguém que tinha poder sobre você. Quais foram seus sentimentos? O que você pôde compreender?

Descrevemos dez ocorrências, algumas como experiências contrastantes. Há centenas de outras: momentos em que se sentiu imobilizado, em que acreditou ter caído numa armadilha, em que se sentiu com o pensamento claro ou confuso, em que se sentiu equilibrado ou desequilibrado, acreditado ou traído, em que fez ou disse alguma coisa de que se arrependeu mais tarde, ou em que pessoas lhe disseram alguma coisa de que mais tarde se arrependeram. Partilhe algumas dessas experiências com um colega. Descrevam o que aconteceu. Depois enfoquem seus sentimentos e conversem sobre o que cada um de vocês aprendeu a partir de uma experiência similar.

Algumas das "lições de vida" pessoais que você desenvolveu são válidas como generalizações (por exemplo, quando as pessoas percebem que foram tratadas injustamente, sentem raiva). Outras lições pessoais aplicam-se a alguns indivíduos, mas não a outros (por exemplo, algumas pessoas guardam raiva dentro de si, algumas expressam-na sob formas dissimuladas, outras gritam quando estão com raiva). Outras lições necessitam de clarificação, modificação ou aperfeiçoamento (por exemplo, a auto-imagem de cada pessoa está baseada em como seus corpos se desenvolvem). Você pode desenvolver mais habilidades diagnósticas partilhando algumas dessas lições com outra pessoa e testando sua validade, ao verificar se parecem verdadeiras para a outra pessoa. Você e ela podem ser parceiros nesse processo de aprendizagem. (A partir dessa atividade, você poderá confirmar alguns princípios adicionais, como: "Expor as próprias percepções pode ser um risco" e "Receber apoio pode ajudar uma pessoa a sentir-se segura para assumir um risco".)

Aprendizagem indireta

Você tem participado da vida de outras pessoas como também tem observado o comportamento delas. Tem observado o comportamento dos membros de sua família, visto o comportamento das pessoas em reuniões, assistido a filmes e produções teatrais, etc. Suas experiências indiretas (as adquiridas através da observação) também têm deixado marcas. Você tem mais consciência de umas que de outras. No filme *Ordinary People* (Gente como a Gente), vemos e confirmamos que uma pessoa pode obter poder por guardar um segredo. Na peça *Rei Lear* de Shakespeare, vemos que a impostura pode originar mais desolação do que a honestidade e que não checar os pressupostos de uma pessoa pode resultar em conseqüências terríveis.

Você tem aprendido muito a partir de outras fontes como essas, sem estar plenamente consciente do que aprendeu. Para tornar mais claro o que você aprendeu dessas experiências, discuta uma experiência mútua de aprendizagem indireta, com um outro colega. Descreva o que aprendeu da experiência e ouça atentamente o que seu parceiro aprendeu da mesma experiência. Veja se chegam a mensagens iguais ou diferentes, explorem como chegaram a conclusões diferentes e vejam como suas conclusões se ajustam a outras experiências de vida.

O estudo formal do comportamento humano

Como foi visto, há momentos em que os mapas cognitivos são muito úteis, outros em que falham e outros em que podem provocar distorções. O profissional de aconselhamento, para desenvolver um trabalho efetivo, deve ser um permanente observador e estudioso do comportamento humano. Você pode ser um, cumprindo seu programa de preparação, participando dos *workshops* e fazendo sua própria leitura autodirigida. Numerosas escolas de aconselhamento contribuem para a compreensão do comportamento humano, enfocando algum aspecto que pode expandir seus mapas cognitivos. Como numa loja, cada uma delas oferece algo que desperta sua atenção e interesse. Na loja, há bens, pessoas, sons, etc., e, às vezes, por um momento, isso pode ser um pouco atordoante.

Seja sensato e aberto. Na obra de Freud, por exemplo, dê especial atenção aos mecanismos de defesa e às fases psicossexuais do desenvolvimento. Na obra de Maslow, às suas idéias relativas às necessidades não-atendidas. Na teoria de Ellis, detenha-se na tese de como o pensamento irracional afeta as emoções e o comportamento autodestrutivo. Em Perls, verifique de que modo a projeção é tida como resistência. No capítulo 11, são apresentadas várias escolas de aconselhamento.

Prosseguindo com o exemplo da loja, você pode comprar alguma mercadoria e depois devolvê-la, se descobrir que suas calças azuis não combinam com suas meias verdes ou não conseguir encontrar nenhuma camisa para combinar com seu casaco vermelho. Mas, se se detiver o suficiente e procurar bastante, poderá conseguir um traje combinado. Ao comprar uma peça, lembre-se de que não é possível afirmar se ela serve ou não, até experimentá-la. Lembre-se também de que a peça tem que servir em você, não em outra pessoa; se não servir, você não a usará, mesmo que a tiver comprado.

Sumário

A diagnose pode ser compreendida como o trabalho do conselheiro para descrever as características de um cliente que se relacionam aos objetivos e processos da experiência de aconselhamento. Pode-se também ver o trabalho como o desenvolvimento de um quadro sobre o cliente, que serve como base para a escolha de procedimentos. Esse quadro é constituído pelas capacidades, interesses, padrões de relacionamento interpessoais e características significativas da personalidade do cliente.

O quadro desenvolvido pelo conselheiro baseia-se em informações do e sobre o cliente. Na interação face a face com o conselheiro, a fala e a postura corporal são fontes importantes de informação e de construção do quadro. As respostas a testes (estruturados ou ambíguos) e as informações obtidas através de terceiros apresentam riscos potenciais, mas podem acrescentar dimensões significativas ao quadro elaborado pelo conselheiro, que pode enriquecê-lo a partir de sua própria experiência interior.

As informações são absorvidas pelos receptores sob a forma de um feixe de energia. Através dos neurônios são transmitidas ao cérebro, onde são relacionadas aos construtos pessoais existentes sobre o comportamento humano. Esses mapas cognitivos ajudam a organizar e dar significado às informações, mas também filtram-nas e distorcem-nas.

Adquirir habilidades diagnósticas requer um contínuo desenvolvimento dos próprios mapas cognitivos. Esse trabalho se faz relembrando-se experiências pessoais de vida significativas, dando-se atenção a experiências indiretas importantes e estudando-se o comportamento humano.

Referências

Brammer, L. M., & Shostrom, E. L. *Therapeutic psychology* (3.ª ed.). Englewood Cliffs, N. J.: Prentice-Hall, 1977.

Buros, O. K. *The Eighth Mental Measurements Yearbook*. Highland Park, N. J.: Gryphon Press, 1978.

Dahlstrom, W. G., & Welsh, G. *An MMPI handbook: A guide to use in clinical practice and research*. Minneapolis: University of Minnesota Press, 1960.

Diagnostic and statistical manual of mental disorders (3.ª ed.). Washington, D. C.: American Psychiatric Association, 1980.

Freud, S. *A general introduction to psychoanalysis*. New York: Garden City Publishing Co., 1949.

Kraeplin, E. *Psychiatry*. Leipzig: Barth, 1909.

Perls, F. *Gestalt therapy verbatim*. Moab, Utah: Real People Press, 1969.

9. Trabalho com clientes relutantes

O que foi dito nos capítulos precedentes aplica-se melhor a clientes voluntários ou auto-encaminhados, que estão dispostos a discutir determinado problema que os preocupa. Com tais clientes, é relativamente fácil fazer com que o processo de aconselhamento se desenvolva. O conselheiro simplesmente começa com uma frase que oferece oportunidade ao cliente para dar informações sobre si mesmo. "Como posso ajudar?" é um exemplo. Respostas como sumários, reflexões sobre sentimentos e opiniões, respostas condutivas como "Conte-me mais sobre..." e mensagens do tipo "eu" facilitam a ocorrência de mais exploração.

Quem é o cliente relutante?

Nem todos os clientes são auto-encaminhados. Muitas vezes, os conselheiros trabalham com clientes que prefeririam não fazer aconselhamento. O cliente relutante é aquele que, se tivesse escolha, preferiria não estar na presença de um conselheiro e falar sobre si. No ambiente escolar, geralmente são alunos que o orientador identificou com dificuldade atual nos estudos ou alunos encaminhados por um professor ou funcionário da escola. Em situações de aconselhamento familiar, muitas vezes, um dos membros é relutante, no início, porque está sendo pressionado. Do mesmo modo, há pais que insistem que os filhos que não estão dispostos ao aconselhamento falem com um conselheiro e esperam que este "endireite o pensamento tolo da criança e mostre-lhe a linha de conduta adequada". Finalmente, existe toda uma classe de clientes relutantes que são encaminhados para aconselhamento pelo sistema judicial; alguns deles estão encarcerados e outros vivem em suas casas, mas a maior parte não procuraria aconselhamento por sua própria vontade.

Visto que esses clientes iniciam o aconselhamento sob pressão de outra pessoa, suas perspectivas provavelmente interferirão nas possibilidades de haver aconselhamento efetivo. Alguns podem não estar seguros em relação à razão de terem de ver o conselheiro. Como freqüentemente o conselheiro é identificado com a estrutura de poder de uma instituição, muitos clientes podem levantar a hipótese de que fizeram algo errado e serão punidos, por isso assumem uma postura de autoproteção, atribuindo sempre a culpa a algo fora de si. Outros podem, no início, ficar ressentidos com a pessoa que os pressionou e, depois, com o conselheiro. Muitas vezes, tais clientes não chegam a perceber sua necessidade de ajuda e, dessa forma, não estão preparados para engajar-se num trabalho introspectivo. Não vêem o conselheiro como uma pessoa que pode ajudá-los, por isso relutam em se empenhar numa autodescoberta e numa comunicação autêntica.

Compreensão da relutância de um cliente

Quando o conselheiro encontra um cliente relutante pela primeira vez, o que ocorre com freqüência parece-lhe irracional como pareceria a um observador imparcial examinando a sessão. O conselheiro pode ter o procedimento mais tradicional ao tentar estabelecer as bases do relacionamento, expressando um interesse verdadeiro pelo cliente e pelas dificuldades que está vivenciando e, em contrapartida, o cliente permanecer carrancudo, rude, calado, beligerante ou excessivamente complacente ("Diga-me apenas o que espera de mim"). Muitas vezes, o conselheiro é muito rejeitado e maltratado pelo cliente, a quem ainda não conhece e para quem não fez nada ofensivo. A resposta humana natural a tal ataque é o sentimento de raiva, e o conselheiro pode, realmente, sentir um lampejo de raiva em relação a clientes com esse comportamento.

    O fenômeno da transferência ocorre na maioria dos casos de relutância inicial do cliente. Ao procurar compreender por que o conselheiro é tratado como um inimigo quando age como um amigo, observamos que o cliente reage ao que pensava que o conselheiro fosse, não ao que ele é na realidade. Qual é a fonte dessa expectativa negativa?

    A transferência (Brammer e Shostrom, 1977) é a projeção das atitudes não-resolvidas do cliente — passadas ou presentes — para com figuras de autoridade e objetos de afeto, em figuras de autoridade recentemente identificadas; no caso, o conselheiro. De acordo com a teoria da transferência, uma pessoa pode desenvolver um padrão de resposta negativa e autodestrutiva em relação à autoridade por um extenso período de tempo. Em geral, esse processo tem início no relacionamento com os pais, quando a criança percebe que eles fazem exigências excessivas e condicionam seu amor ao cumprimento de suas ordens. Se ela é incapaz de satisfazer as exigências dos pais e não recebe suficiente demonstração de que é amada, fica magoada, frustrada e eventualmente com raiva. À medida que a criança expande seus contatos sociais, os professores são as próximas figuras de autoridade com influência direta sobre sua vida. Se o relacionamento com os pais não se tornou satisfatório e a criança continua insegura em relação à sua capacidade e ao fato de ser ou não amada, qualquer exigência feita pelo professor parece-lhe mais uma ameaça, e parte do ressentimento originalmente voltado para os pais é transferido para o professor. Mesmo as expectativas razoáveis por parte do professor podem produzir essa transferência, se a situação com os pais for fortemente negativa. E, se as exigências do professor foram irracionais ou se ele reagir de maneira hostil ao ressentimento da criança, a situação pode tornar-se ainda pior. Às vezes, essa seqüência se repete à medida que o jovem se depara com novas figuras de autoridade, de modo que, na adolescência, passa a sentir todos os adultos como controladores e desinteressados. Um padrão profético de auto-satisfação se desenvolve: esperando respostas negativas do adulto, o jovem comporta-se de modo a provocar respostas negativas. Embora o conselheiro possa não se ver como figura de autoridade, para o jovem ele é apenas mais um adulto tentando impor sua vontade. Se essas dificuldades em relação a figuras de autoridade não são resolvidas, provavelmente irão se manifestar durante a vida adulta, em situações que envolvam a vida familiar, o emprego ou problemas ocasionais com a lei.

Quando uma pessoa percebe as figuras de autoridade como desinteressadas e exigentes, há dois tipos de reação usuais. O primeiro e mais comum é uma atitude hostil que testa cada nova figura de autoridade e a coloca à distância. O outro é a condescendência excessiva, na esperança de, ao fazer exatamente o que as figuras de autoridade desejam, ser aceito. Qualquer das respostas é prejudicial para o aconselhamento, porque a primeira impede o estabelecimento rápido de uma relação de confiança e a última conduz a uma relação de dependência, na qual o cliente procura o conselheiro para obter respostas e não trabalha produtivamente suas preocupações pessoais.

É importante reconhecer que podem existir outras razões para relutância, além do fenômeno da transferência. Ocasionalmente, pode ser encaminhado para aconselhamento um cliente que não apresenta nenhuma história de dificuldade em relações com figuras de autoridade mas que está se comportando de modo insatisfatório em relação a uma atual figura de autoridade. Como exemplo podemos citar o caso de um professor que tem grandes expectativas em relação a um aluno, por erro de avaliação da capacidade do mesmo. É compreensível que, sob tais circunstâncias, o cliente não veja necessidade de ser encaminhado para aconselhamento em razão do seu desempenho.

Alguns adultos, particularmente os do sexo masculino, consideram a necessidade de ajuda para a resolução de seus problemas como sendo um sinal de fraqueza (Scher, 1981). Essas pessoas, se forem forçadas ao aconselhamento, podem ressentir-se.

Por fim, pode ser que o cliente e o conselheiro tenham personalidades incompatíveis e que, por essa razão, o cliente prefira não cooperar com o processo. Essas circunstâncias são raras e talvez contenham um elemento de prevenção da parte do cliente ou do conselheiro, porém não indicam problemas de relacionamento por um período longo, como nas relações de transferência.

As emoções do conselheiro em relação ao cliente relutante

Como Dyer e Vriend (1975) descrevem, muitas vezes os conselheiros experimentam emoções bloqueadoras do relacionamento, ao se defrontarem com um cliente relutante. Por um lado, estão a preocupação (com base na realidade) sobre se o aconselhamento será, ou não, bem-sucedido, e a experiência nociva de sentir-se rejeitado por uma outra pessoa. Por outro, o conselheiro pode experimentar reações de contratransferência em relação ao cliente, que provocam sua tendência a responder de modo autoritário (pais controladores) ou que desenvolvem dependência (pais solícitos); tais reações de contratransferência baseiam-se nos sentimentos não-resolvidos do processo de educação que, como na transferência, são na maior parte inconscientes. As origens das emoções do conselheiro ao trabalhar com clientes relutantes e algumas estratégias para lidar com essas emoções serão desenvolvidas mais adiante.

É natural que o conselheiro sinta ansiedade ao se defrontar com um cliente relutante. Este é uma ameaça a seu senso de competência profissional e é potencialmente capaz de bloquear seu objetivo de ser um conselheiro bem-sucedido. A comunicação efetiva, o desenvolvimento de confiança, o estímulo da exploração, o desenvolvimento de *insights* e a mudança de comportamento são objetivos importantes que estão sendo bloqueados. Se a ansiedade quanto ao fracasso do processo de aconselhamento não for bem manipulada, pode prejudicar significativamente a capacidade do conselheiro para responder de modo sensível e criterioso. Sua ansiedade e frustração podem também provocar raiva em relação ao cliente por ter malogrado seus objetivos, responsabilizando-o pelo fracasso. Ironicamente, isso equivale a culpar o cliente por sua resistência, sendo que o objetivo do conselheiro é ajudá-lo a lidar com seus problemas em função dos propósitos pessoais do cliente e não para assegurar o seu próprio sucesso profissional.

Diversos recursos podem auxiliar no controle da ansiedade, da frustração, da raiva e da acusação que freqüentemente resultam do confronto do conselheiro com a resistência de um cliente relutante. A aplicação cuidadosa dos princípios apresentados na parte que trata do trabalho com clientes relutantes pode aumentar a probabilidade de contato efetivo.

Ao se deparar com um cliente relutante, é importante que o conselheiro não duvide de sua própria capacidade para manejar a situação. Ao invés de pensar: "Provavelmente, não vou conseguir ser bem-sucedido com este cliente", um raciocínio mais eficiente seria: "Este cliente está criando barreiras de resistências que podem ser muito fortes. Terei de trabalhar arduamente, para ganhar sua confiança. Posso ser bem-sucedido ou não. Na primeira hipótese, posso sentir-me muito bem pelos meus esforços. Se não tiver sucesso, isso pode significar que terei de continuar trabalhando para desenvolver minhas habilidades para estabelecer contato. De qualquer modo, é irracional considerar *minha pessoa* como um fracasso."

Pode ser mais difícil lidar com a tensão relacionada a sentimentos de rejeição. As pessoas procuram o aconselhamento como profissão porque gostam do contato com outros. Desejar ser apreciado e aceito é muitas vezes uma razão inconsciente da escolha profissional. Para enfrentar a ansiedade resultante de "rejeição personalizada", o conselheiro pode, uma vez mais, achar útil a "auto-reflexão" (v. "Aconselhamento racional-emotivo" — cap. 11). Uma pessoa, normalmente bem-sucedida nas relações interpessoais a nível profissional e pessoal, não irá se sentir mal por que um cliente, em particular, parece não gostar dela; ao contrário, irá procurar compreender por que o cliente se comporta de forma tão negativa. Desse modo, poderá repudiar a projeção do cliente, baseado num forte conhecimento da própria aceitabilidade pela *maioria* das pessoas.

Os sentimentos interferentes, que são respostas de contratransferência, são os mais difíceis de controlar, porque provêm das predisposições inconscientes do próprio conselheiro a relacionamentos autoritários. Fundamentalmente, o problema começa quando o conselheiro, a algum nível, decide que o cliente é incapaz de lidar ou aprender a lidar com sua própria situação de vida, assumindo, desse modo, um papel autoritário em relação a ele. A partir dessa idéia, responde como um pai controlador faria, dizendo ao cliente o que este deveria fazer; ou, no caso de um cliente dependente, pode tentar fazer tudo *pelo* mesmo, ao invés de instigar sua ação autônoma. Mesmo conselheiros bem preparados às vezes são subjugados por suas necessidades de serem paternais especialmente em interações com crianças e jovens.

As conseqüências desses comportamentos paternais podem ser devastadoras para o progresso do aconselhamento: se o cliente responde de maneira hostil a tentativas de ser controlado em situações da vida real, o mesmo acontecerá no aconselhamento; sua relutância irá simplesmente aumentar.

Se o cliente tiver tendências a ser dependente de figuras de autoridade, o conselheiro — como "pai solícito" — poderá contribuir para aumentar essa propensão a evitar responsabilidade. Existem muitos casos de clientes que procuram o conselheiro para obter sua opinião sobre o menor movimento a ser feito na vida cotidiana, que ficam rondando o consultório para se sentirem próximos do conselheiro, ou que telefonam para a casa do conselheiro por motivos inconseqüentes. Todas essas atitudes são resultantes do procedimento do conselheiro de alimentar a necessidade de dependência do cliente, com a finalidade de satisfazer suas próprias necessidades.

Provavelmente, o modo mais efetivo de lidar com situações sérias de contratransferência é através de consulta a, ou supervisão de, um outro profissional. Como regra simples e prática, toda vez que você como conselheiro pensar: "Se ao menos eu pudesse controlar fulano" ou "Se ao menos eu pudesse levar o coitadinho para casa" — é hora de procurar um colega. Ao discutir seus sentimentos com um outro conselheiro, você pode compreender melhor suas próprias necessidades e atuar na situação de aconselhamento, procurando libertar-se de sua contratransferência. Então, você estará livre para ajudar o cliente a buscar suas próprias soluções. Naturalmente, alguns conselheiros em treinamento podem achar que sua necessidade de assumir responsabilidades por muitos clientes é forte e, nesse caso, devem procurar psicoterapia para resolver o problema da contratransferência.

Os clientes relutantes causam tensão a *qualquer* conselheiro. O modo de o conselheiro responder a essa tensão é afetado pela intensidade com que é sentida e possivelmente influenciado por projeções de contratransferência baseadas em suas necessidades não-resolvidas. Em muitos casos, é possível melhorar o trabalho com clientes relutantes, através do desenvolvimento de habilidade ou de conversa auto-reforçadora. Em outros casos, a consulta com uma terceira parte mais objetiva, assim como outro conselheiro, é necessária.

Por que trabalhar com clientes relutantes?

Os conselheiros devem, ou não, trabalhar com clientes relutantes? Essa é uma questão importante. Alguns acreditam que se deve trabalhar apenas com aqueles que desejam receber a ajuda de um conselheiro. Outros defendem a idéia de que, principalmente em ambientes escolares, o conselheiro, como profissional, trabalhe com estudantes que apresentam dificuldades acadêmicas ou problemas de comportamento. Em alguns casos, isso significa que o conselheiro se torna responsável pelo cumprimento das regras escolares e pela aplicação de punição a comportamento inconveniente ou inaceitável.

Existe uma diferença real entre trabalhar com alunos com problemas de comportamento e aplicar punição. Obviamente, é irrazoável esperar que o estudante perceba a pessoa que pune como alguém em quem se possa confiar ou a quem se possa pedir ajuda. Convém que o orientador educacional trabalhe com alunos cujo desempenho acadêmico está bem abaixo do esperado, tomando por base seus escores em testes padronizados. Também é correto o trabalho com alunos que são socialmente isolados, que não apresentam bom relacionamento com os colegas, que demonstram níveis altos de hostilidade generalizada a figuras de autoridade, que vêm freqüentemente para a escola sob efeito de drogas, ou que mostram, por seu comportamento, não ter senso de direção pessoal ou planos para o futuro.

Esses padrões de comportamento, em geral, são sintomas de problemas subjacentes. Muitas vezes, os adolescentes que apresentam tal comportamento não se sentem aceitos por seu grupo ou por adultos significativos em sua vida. Seu comportamento é um esforço ineficaz para conseguir reconhecimento e atenção. Para outros adolescentes, esse tipo de comportamento reflete sentimentos subjacentes de ressentimento e hostilidade, devido à percepção de um tratamento injusto. Para outros, ainda, reflete uma perda de identidade, uma sensação de insegurança pessoal básica e uma auto-imagem desfavorável. Os padrões de comportamento contraprodutivo e autodestrutivo são importantes indicadores e refletem a perda da auto-estima e do respeito próprio.

Assim, no aconselhamento, os objetivos de longo alcance não deveriam ser punir o comportamento inaceitável, mas ajudar o cliente a compreender as razões e motivações subjacentes de seu comportamento. Feito isso, deve-se ajudar o cliente a encontrar modos mais efetivos de lidar com os problemas e satisfazer as necessidades subjacentes. Como em todas as situações de aconselhamento, a comunicação aberta nas fases iniciais do processo é a chave para intervenção efetiva de longo alcance. A punição do comportamento indesejável pode suprimi-lo temporariamente, mas não provocará uma mudança duradoura.

Existem algumas observações e pressupostos importantes envolvidos na decisão de se trabalhar com um cliente relutante que precisam ser examinados. A primeira observação é que o conselheiro julga a aceitabilidade e a adequação do comportamento do cliente a partir de seus critérios, os quais se baseiam na sua concepção acerca das características que compõem um indivíduo saudável. Esse modelo de indivíduo saudável constitui, então, um critério para avaliar os padrões de comportamento do cliente e compreende os padrões aparentemente doentios ou indesejáveis. Mas o que, à primeira vista, pode parecer doentio, depois de uma análise mais profunda do cliente e de sua situação passa a ser entendido como uma forma razoável de enfrentar o problema. No entanto, há conselheiros que, impropriamente, emitem tais juízos. O uso de droga, a discrepância extrema entre potencial e desempenho, solidão e episódios constantes de briga são comportamentos preocupantes, sob quaisquer critérios de saúde emocional.

Muitos clientes são agressivos e desafiadores, exatamente porque outras pessoas significativas julgam seu comportamento. Para eles a questão é: "Quem está no controle de minha vida: eu ou outra pessoa?" Freqüentemente, a relutância observada em clientes é uma forma de resistência a serem controlados. Emitir julgamentos sobre a adequação do comportamento do cliente pode colocar o conselheiro na mesma categoria de outras figuras de autoridade na vida do cliente — pessoas para se temer e desconfiar. O que diferencia o conselheiro das outras pessoas que julgam é o que é feito a partir desses julgamentos. Freqüentemente, as pessoas tentam coagir e pressionar. A eficácia do conselheiro apóia-se em sua capacidade de transmitir interesse e confiança, de evitar uma postura moralizadora ou o uso de táticas coercitivas a fim de conseguir que o cliente se submeta às normas de uma outra pessoa.

Outra observação é que a intervenção na vida de um cliente relutante baseia-se numa abordagem preventiva ao aconselhamento. Ao observar padrões indesejáveis e, então, intervir, o conselheiro está expressando que, se esses padrões perturbadores continuarem, haverá algumas conseqüências sérias no futuro do cliente. O objetivo da intervenção é provocar mudanças de comportamento de modo a evitar tais conseqüências potencialmente nocivas. Sem dúvida, é presunção alguém supor saber os resultados futuros do comportamento de outra pessoa; contudo, existem alguns padrões de comportamento, como os descritos anteriormente, para os quais tais conjeturas podem ser apropriadas.

Trabalho com a relutância do cliente

Exploramos os sentimentos do cliente relutante e do conselheiro no primeiro encontro. O tom inicial do cliente provavelmente é de resistência, igualmente hostil e desafiador. As reações do conselheiro podem incluir frustração e raiva. Porém, ele é obrigado a controlar suas próprias emoções e a estender a mão ao cliente, oferecendo, talvez, a única relação potencialmente estimuladora disponível nas circunstâncias atuais do cliente. Quais as chaves para o estabelecimento de contatos positivos?

De modo geral, trabalhar com o cliente relutante requer especial persistência nas habilidades e métodos importantes para ajudar qualquer cliente. O primeiro princípio é partir de onde o cliente está. Se ele deu indícios de que não deseja envolver-se com o aconselhamento, é porque provavelmente está sendo pressionado a vir, e não porque queira ser desrespeitoso ou não goste do conselheiro. Note que a primeira observação demonstra uma preocupação em compreender a tensão do cliente; mas as outras duas observações enfocam pensamentos e sentimentos do conselheiro. A declaração — "Ajude-me a compreender o que está acontecendo com você" — relaciona-se à primeira observação. Por outro lado, o conselheiro que responde — "Não sei por que você está se descarregando em mim. Não lhe fiz nada" — está preocupado consigo mesmo. Essa afirmação pode ser verdadeira, mas não ajuda a estabelecer interação positiva.

Aceitar um cliente relutante implica aceitar sua relutância como parte do processo de aconselhamento. Permitir que a relutância se torne parte do conteúdo da interação inicial origina um tom de interesse e autenticidade que pode criar condições para a participação voluntária do cliente posteriormente. Se a relutância é transitória e específica a um incidente particular na vida do cliente, é provável que ele descreva o incidente em resposta a uma proposta interessada como a sugerida no parágrafo anterior. Se, por outro lado, é parte de um padrão de transferência e, portanto, uma resposta mais generalizada a novas figuras de autoridade, o progresso é mais lento, mas o relacionamento ainda é autêntico. O conselheiro deve ter a perspectiva de que aceitar o cliente no momento inclui aceitar que ele não quer falar e continuar demonstrando interesse, através de respostas condutivas. O cliente passa a observar que o conselheiro não está se comportando como as figuras de autoridade, quando ele resiste. Então, tem que encontrar modos alternativos de interação, e esses novos comportamentos, em geral, marcam o começo do desenvolvimento da confiança.

A primeira fase do processo tem início no momento em que a atitude do cliente em relação ao aconselhamento deixa de ser o centro de atenção, e qualquer conteúdo relacionado a outros acontecimentos em sua vida, fora do processo, passa a ocupar o primeiro plano; porém, a relação exigirá mais atenção desse tipo de cliente do que de um outro que se autoencaminhou ao aconselhamento. Se a relutância do cliente é parte de um ciclo de rejeição mútua entre ele e figuras de autoridade, o relacionamento exige atenção especial por muitas sessões. A série total de técnicas de aconselhamento descritas na escala de respostas condutivas (no cap. 7) estão à disposição do conselheiro; entretanto, quanto mais o processo estiver centrado no cliente, menos respostas condutivas confrontantes devem ser usadas por um período de tempo mais longo, antes que se estabeleça a confiança.

Para um cliente que apresenta dificuldades em relação a figuras de autoridade, podem ser necessárias várias sessões até que chegue a compreender de quem é que ele tem raiva e do que é capaz de fazer a esse respeito. Também é preciso torná-lo consciente de que está projetando sua raiva no conselheiro e em outras pessoas que podem não merecer. A partir disso, é possível que o cliente comece a discriminar as pessoas que talvez tenham praticado injustiças contra ele e aquelas que acreditou serem "maus sujeitos", através da projeção. Talvez possa ser capaz de eliminar a maioria das projeções e começar a relacionar-se com novas pessoas em posições de autoridade com base em suas qualidades pessoais, não na posição ou função.

Todo cliente relutante é um desafio para o conselheiro e as chances de sucesso são menores do que com clientes voluntários. Em clientes cuja resistência está ligada a relações familiares longas, a mudança é lenta, e o cliente precisa de muito apoio antes de ter novos comportamentos. Esse tipo de cliente sente intensamente quaisquer falhas com seus novos comportamentos, e é necessário um certo tempo até que adquira segurança. Um conselheiro que assuma trabalhar com clientes relutantes deve ter o compromisso de inserir-se no processo. Desistir é mais uma rejeição que reforça a desconfiança que o cliente nutre em relação às figuras de autoridade. Por outro lado, muitos clientes relutantes deixam o aconselhamento por sua própria vontade, antes que o processo possibilite qualquer resultado. É importante que o conselheiro admita essa probabilidade e aceite esses fracassos como um risco inevitável. Quando o processo não é bem-sucedido, o profissional deve dar-se crédito por ter tentado e não se punir pelo fracasso.

Trabalho com pessoas que são fontes de referência

Ao aceitar um encaminhamento, o conselheiro pode desenvolver algum trabalho com essa pessoa que é fonte de referência. Muitas vezes, elas são vagas quanto à razão pela qual desejam que um indivíduo se submeta ao aconselhamento. Assim como é importante para o conselheiro ajudar o cliente a clarificar seus problemas, também é importante ajudar as pessoas que encaminham o cliente a exporem suas observações em termos claros e específicos. É importante ajudá-las a distinguir entre suas observações e suas inferências. Não é suficiente que um professor diga: "Katherine mudou muito durante o último período. Ela costumava ser alegre, mas agora parece estar muito preocupada com alguma coisa. Acho que você deveria vê-la." O conselheiro deve fazer com que o professor descreva os comportamentos que levaram à inferência de que Katherine parece estar preocupada. "Você poderia me contar algumas de suas observações sobre o comportamento de Katherine, que lhe têm dado a impressão de que ela está preocupada?" é um exemplo de resposta que pode facilitar a clarificação.

O conselheiro tem muitas opções em situações de encaminhamento. Às vezes, pode decidir não aceitar o cliente. Em outros casos, como o de estudantes com mau comportamento em sala de aula, pode tentar ajudar o encaminhador a solucionar ele mesmo o problema. Se, após ouvir a descrição de um caso, decidir aceitar o encaminhamento, vários temas têm de ser discutidos com a pessoa que é a fonte de referência, o que, às vezes, implica uma certa negociação. Em quase todos os casos, ao encontrar o cliente, o conselheiro tem de contar-lhe quem fez o encaminhamento. Durante a discussão de encaminhamento, isso deve ser dito ao encaminhador. Algumas pessoas sentem-se muito desconfortáveis frente a essa possibilidade, sendo necessário que o conselheiro explique cuidadosamente por que essa identificação é importante. Na discussão de encaminhamento, o conselheiro e o encaminhador devem também entrar em acordo sobre que informações podem ser partilhadas com o cliente. O conselheiro pode utilizar-se da técnica de dramatização visando declarações para a estruturação inicial, a fim de ajudar o encaminhador a clarificar que informações admite que sejam compartilhadas com o cliente. Muitas vezes, como vantagem adicional da dramatização, a pessoa que é fonte de referência pode dar *feedback* útil sobre modos efetivos para estruturação e armadilhas a evitar.

As duas partes também devem concordar com antecedência sobre que tipo de *feedback* o conselheiro irá oferecer após a sessão, o que pode constituir um dilema difícil para este. Geralmente, o encaminhador deseja receber algum *feedback*, embora o conselheiro queira oferecer ao cliente uma oportunidade de comunicação privada. Alguns conselheiros resolvem esse problema simplesmente dizendo ao encaminhador: "Posso compreender bem seu desejo de ter *feedback*. Preocupa-se com Katherine e quer saber se algo está sendo feito para ajudá-la. Mas também é importante, para mim, ajudar Katherine a desenvolver um senso de confiança. Preciso que ela saiba que tudo o que disser tem caráter confidencial. Espero que você compreenda a importância de não trair a confiança de Katherine. Por isso, não posso lhe dar muito *feedback*." Com freqüência, o encaminhador está particularmente preocupado com o que o cliente pode dizer a seu respeito ("O aluno pensa que sou injusto? Um professor fraco?"). O conselheiro deve mostrar-lhe que ele pode vir a ser o foco de discussão numa sessão de aconselhamento, a fim de clarificar seus sentimentos em relação a essa possibilidade. É importante para a pessoa que é fonte de referência saber que o cliente pode escolher o que compartilhar com o conselheiro durante todo o processo.

O caso de Eddie

Eddie Daily, 12 anos, cursando a sétima série, foi encaminhado ao conselheiro por seu professor (numa escola elementar de oito séries com salas de aula independentes). Eddie conseguia ser aprovado, mas seu comportamento indicava que havia algo errado. Raramente falava com outros alunos na classe e passava seu tempo livre pensando sozinho. Às vezes, demonstrava uma raiva contida, respondendo violentamente a uma pequena provocação, atacava fisicamente as pessoas e objetos próximos. Esses "acessos de fúria" foram considerados um tanto perigosos pela professora que fez o encaminhamento. Além disso, quando ocorriam, pareciam aumentar ainda mais o isolamento de Eddie. Ele responderia a perguntas verbais feitas pela professora, na classe, se soubesse as respostas; porém, ela não chegara a estabelecer qualquer conversa informal com Eddie, fora da sala de aula.

Mr. Marino, o conselheiro, era um homem de mais ou menos 25 anos que demonstrava interesse ao trabalhar com jovens. Vestia-se informalmente e comportava-se de modo que a maior parte dos alunos da sétima série o visse como um modelo de pessoa amigável, e não como uma figura de autoridade.

Sessão inicial do aconselhamento

Mr. Marino: Oi, Eddie. Como vai?
Eddie: Bem.
Mr. Marino: Imagino que está desejando saber por que eu queria vê-lo. Ms. Whitcomb pediu-me para conversar com você. Ela acha que você tem algumas coisas em sua mente sobre as quais gostaria de falar com alguém.
Eddie: Bem, eu não tenho.
Mr. Marino: Então, tudo está bem com você.
Eddie: Sim. (Mr. Marino permitiu um silêncio bastante longo, antes de continuar.)
Mr. Marino: Ms. Whitcomb diz que dificilmente você fala com alguém e que parece triste, preocupado ou algo assim. Acha que isso descreve como você é na aula dela?
Eddie: Não tenho nada para dizer.
Mr. Marino: Então é verdade que você não anda muito com seus colegas de classe.
Eddie: Sim.
Mr. Marino: Você deve ficar muito só por não ter alguém com quem conversar ou fazer coisas.
Eddie: (Silêncio — mas visível emoção na forma de lágrimas brotando em seus olhos.)
Mr. Marino: Bem, talvez você gostasse de pensar se pode contar-me, mais tarde, como isso é para você. Gostaria de jogar basquete comigo, durante o tempo que nos resta hoje?

Mr. Marino e Eddie passaram ao "playground", onde ficaram jogando basquete por algum tempo. Por um acordo mútuo, a conversa restringiu-se a curtos comentários sobre o jogo.

Acontecimentos subseqüentes

Dois dias após o encontro inicial de Mr. Marino com Eddie, o menino envolveu-se num outro incidente na sala de aula, que resultou numa conversa entre a professora, o diretor da escola, Mr. Marino e a mãe de Eddie. Mrs. Daily expôs como lhe era difícil "controlar" Eddie sozinha. Disse que, em sua opinião, um menino precisava de um pai que o controlasse e que não sabia o que fazer com Eddie.

Uma vez que o problema parecia indicar dificuldades de ajustamento pessoal e de desenvolvimento, o diretor e a professora deixaram Mr.

Marino e Mrs. Daily a sós para discutirem o que poderia ser feito. Mrs. Daily revelou que o pai de Eddie estava na prisão, condenado por homicídio. Havia uma longa história de violência na família e Mrs. Daily e Eddie tinham sofrido abuso físico. Quando a detenção e a condenação de Mr. Daily foram noticiadas, ela se mudou com o filho para uma outra cidade, onde eles e sua história não eram conhecidos. Os incidentes de comportamento violento de Eddie, na escola, ocorriam quando os outros alunos tentavam se aproximar, procuravam saber mais sobre ele e sua família, ou faziam qualquer comentário que pudesse ser interpretado como referindo-se a seus pais.

Mr. Marino continuou a encontrar-se com Eddie, e a mãe disse-lhe que o conselheiro conhecia a história de seu pai. A princípio as sessões ainda foram bastante difíceis, pois Eddie falava muito pouco sobre seus pensamentos ou sentimentos. Eventualmente, demonstrava gostar da atenção de Mr. Marino e apreciava algumas das atividades que realizavam juntos. A primeira indicação de que o aconselhamento estava tendo efeito ocorreu cerca de um mês depois, quando Mrs. Daily telefonou ao conselheiro para dizer como Eddie havia se tornado cooperativo em casa e que, na noite anterior, a beijara pela primeira vez desde que o pai fora preso. Através de sua relação com Mr. Marino, Eddie recobrou lentamente sua capacidade de confiar e amar outras pessoas, sua interação com os outros alunos melhorou e ele passou a ter um estilo de vida mais satisfatório. Nunca discutiu com Mr. Marino seus sentimentos em relação ao pai, o que poderia criar maiores dificuldades mais tarde. Eddie tirou proveito do aconselhamento, apesar de sempre ter persistido certa relutância durante o período de seis meses em que trabalhou com Mr. Marino.

Análise

A relutância de Eddie em trabalhar com o conselheiro era uma extensão de sua relutância em interagir com outras pessoas. Ele tinha uma história que desejava manter em segredo. Mais do que isso: era uma história muito dolorosa até para discutir com Mr. Marino, mesmo depois de este ter sido informado a respeito por Mrs. Daily. Eddie optou por não revelar seus sentimentos sobre o pai, apesar do contato intenso com o conselheiro. Contudo, houve ação terapêutica, presumivelmente como resultado de um relacionamento interessado e respeitoso com o conselheiro (figura masculina), que lhe servia como modelo. O fato de Mr. Marino aceitá-lo e preocupar-se com ele, apesar de conhecer o crime de seu pai, serviu, por si mesmo, como apoio. As conversas do aconselhamento eventualmente incluíram temas como os relacionamentos do dia-a-dia (assim que estes começaram a se desenvolver), e, mais orientados para o futuro, temas como educação e planejamento de carreira.

É fácil compreender a relutância de Eddie em dividir seu mundo com os outros. É claro que teria sido inadequado e contraprodutivo para Mr. Marino responder com raiva ou frustração ao comportamento inicial de rejeição apresentado por Eddie. Ele não poderia ter sido forçado a comportar-se de modo diferente. Com paciência, persistência e compreensão, Mr. Marino finalmente pôde ajudar Eddie a levar uma vida mais plena e satisfatória.

Perguntas para maior reflexão

1. Em que medida você acredita que a transferência pode ter sido um fator na relutância de Eddie para envolver-se com o conselheiro?
2. Você julga ter sido importante Eddie e Mr. Marino nunca terem discutido abertamente os sentimentos do menino em relação ao pai?
3. Você pode explicar a reação de Eddie, quando Mr. Marino disse-lhe que ele parecia ser solitário? Quão solitário ele era? Que você acha da decisão de Mr. Marino de terminar a sessão de aconselhamento nesse ponto?
4. Na apresentação do estudo de caso, afirmou-se que Mr. Marino tinha um carisma pessoal que o tornava popular entre os jovens. As suas características pessoais são de algum modo diferentes das de Marino? Se você fosse o conselheiro de Eddie, como faria a abordagem, a fim de tirar vantagens de seus próprios atributos pessoais ao estabelecer o relacionamento?

Sumário

Parte dos clientes de qualquer conselheiro são relutantes, isto é, se tivessem escolha, não procurariam aconselhamento. São obrigadas a ver um conselheiro pelo cônjuge, família, sistema legal ou professor. Expressam sua relutância, não participando inteiramente do processo de aconselhamento. Algumas vezes são hostis ou desagradáveis em relação ao conselheiro.

O cliente reluta em participar do aconselhamento porque sente que não há muito lucro em contar seus pensamentos secretos a uma outra pessoa. Geralmente, é uma maneira de o cliente se defender e, na maioria das vezes, a defesa centra-se em torno de relacionamentos com figuras de autoridade. Os sentimentos de raiva, frustração e alheamento vivenciados pelo cliente em relações com figuras de autoridade — na maioria das vezes, os pais — são transferidos para o conselheiro que, apesar de oferecer ajuda e afabilidade, provavelmente será rejeitado pelo cliente relutante. Além disso, pode se sentir ansioso quanto à possibilidade de que o aconselhamento falhe. Todavia, a disposição para trabalhar com clientes relutantes é significativa, porque é um esforço de ajuda a um indivíduo que tem dificuldades para relacionar-se e que necessita dessa ajuda para estabelecer melhor contato com os outros.

O conselheiro pode controlar seus próprios sentimentos relacionados à rejeição, centrando-se no cliente. Ao invés de personalizar a rejeição, deve vê-la como uma necessidade atual do cliente e começar seu trabalho a partir do ponto onde o cliente se encontra — ou seja, tornar-se envolvido com a relutância. Partindo dessa abordagem inicial, deve ser especialmente habilidoso ao estabelecer o relacionamento na primeira fase. Muitos clientes, a princípio relutantes, eventualmente respondem ao interesse e à autenticidade do conselheiro e passam a confiar nele. Depois disso, o aconselhamento provavelmente resulta em mudança no cliente. Porém, a probabilidade de êxito com clientes relutantes é menor do que com clientes auto-encaminhados.

Trabalhar com o encaminhador é um outro aspecto delicado do trabalho com clientes relutantes. Essa pessoa, que demonstra preocupação ao fazer o encaminhamento, é fonte importante de informação e, possivelmente, é um apoio para o cliente fora da sala do aconselhamento, também podendo ser vista pelo cliente como parte do problema. O conselheiro deve ajudar o encaminhador a compreender a natureza confidencial do processo de aconselhamento. O grau de envolvimento do encaminhador, uma vez iniciado o aconselhamento, depende do desejo do cliente e da capacidade do encaminhador para ser útil.

Referências

Brammer, L. M., & Shostrom, E. L., *Therapeutic psychology* (3.ª ed.) Englewood Cliffs, N. J.: Prentice-Hall, 1977.

Dyer, W. V., & Vriend, J. *Counseling techniques that work*. Washington, D. C.: American Personnel and Guidance Association Press, 1975.

Scher, M. "Men in hiding: A challenge for the counselor". *Personnel and Guidance Journal*, 1981, 60(4), 199-202.

10. Trabalho com crianças pequenas e seus pais

No sentido mais amplo, o aconselhamento com crianças pequenas envolve o mesmo processo de aconselhamento com outras pessoas: uma relação interessada, com compreensão empática autêntica, estimula a descoberta; a empatia de nível mais profundo e a confrontação com o próprio eu desenvolve *insight*; e o planejamento da ação produz melhores estratégias para lidar com os problemas. Apesar disso, o conselheiro que tem trabalhado apenas com adolescentes e adultos provavelmente pode pensar que os encontros iniciais com crianças exigem habilidades e conhecimentos que ele talvez não possua. A maioria dos livros sobre o processo de aconselhamento, e até recentemente os programas mais genéricos de formação de conselheiros, têm ignorado as qualidades especiais que uma criança traz para o aconselhamento.

Neste capítulo, apresentaremos uma introdução ao aconselhamento de crianças reconhecendo explicitamente que os profissionais que desejem especializar-se no trabalho com crianças pequenas necessitam ampliar seu estudo bem além do escopo apresentado aqui. Nosso propósito é auxiliar o leitor a aplicar os princípios gerais de aconselhamento a seu trabalho ocasional com crianças e sugerir alguns dos temas que constituem a especialização em aconselhamento infantil. Como todos os conselheiros trabalham com crianças ou com os pais e crianças mais velhas da família, acreditamos que seja necessária uma compreensão básica do processo de ajuda aplicado a crianças.

Para fins de definição, nos referiremos a crianças como pessoas que ainda não atingiram a puberdade. Quanto mais próximo o cliente estiver da adolescência, é mais provável que tire proveito de uma abordagem genérica de aconselhamento, a qual faz grande uso da comunicação verbal, como também alguns adolescentes e adultos beneficiam-se das técnicas usadas mais comumente com crianças.

Como as crianças diferem dos adultos

A primeira característica que diferencia uma criança é a limitação da habilidade verbal. A criança pequena geralmente tem um vocabulário que permite nomear pessoas e objetos e descrever acontecimentos simples. Mas, de acordo com Nelson (1966, p. 24): "Em contraste com crianças mais velhas que podem *verbalizar* frustrações, amor, raiva e aceitação, a criança mais nova representa seus sentimentos. Faz os carrinhos de brinquedo colidirem, abraça a mamãe, atira no inimigo e pega um brinquedo de outra criança." Pode não ser capaz de verbalizar suas emoções. Qualquer exposição de um problema será colocada provavelmente em termos simples, com pouco indício da causa ou das circunstâncias. Novamente citando Nelson (p. 25): "Em geral, é tão inapropriado esperar que uma criança pequena fale de seus sentimentos, como seria esperar que um adulto usasse uma caixa de areia ou fantoches para trabalhar com seus sentimentos."

A habilidade verbal relaciona-se intimamente com o funcionamento cognitivo, e, se o conselheiro for capaz de permanecer com um jovem cliente tempo bastante para encorajar a descoberta, os processos cognitivos imaturos irão se evidenciar. De acordo com Piaget e Inhelder (1969), as crianças somente alcançam a fase das operações formais — na qual os problemas são solucionados objetivamente pelo processo de testar hipóteses — com a idade de 11 anos ou mais. Antes desse momento, a criança desenvolve-se através de várias fases mais primitivas, caracterizadas por aquisição inicial da linguagem, egocentrismo e solução de problema centrada em objetos concretos. A compreensão de problemas abstratos de interação humana, com claros componentes de causa e efeito para o conselheiro, pode estar além de seu entendimento. A parte do processo de aconselhamento que depende de "operações formais", com o cliente adolescente ou adulto, é seriamente limitada no trabalho com crianças.

Dois elementos do desenvolvimento cognitivo que muitas vezes confundem o conselheiro acostumado a trabalhar com adolescentes ou adultos que passa a trabalhar com crianças são a perspectiva limitada de tempo e os modos de entender o certo e o errado característicos das crianças. Para perceber o problema da perspectiva de tempo basta relembrar a última vez em que se fez uma longa viagem de automóvel com uma criança ou se prometeu que sua festa de aniversário seria em uma semana. Nos dois casos, a criança provavelmente perguntou quase imediatamente: "Quando chegaremos lá?" ou "Meu aniversário será amanhã?" Nenhuma explicação mostra exatamente que "estaremos na casa da vovó em três horas" ou que "o sol deve aparecer mais sete vezes antes de seu aniversário". Para uma criança, o mundo é eterno e ela é seu centro. Para o conselheiro, o tempo é finito e uma das suas funções é ajudar o cliente a encontrar um lugar significativo no mundo, que, caso contrário, pode não tomar conhecimento dele. O cliente está intensamente centrado no aqui e agora, mas o conselheiro está tentando promover um planejamento para o futuro.

A concepção inicial da criança sobre certo e errado, segundo Kohlberg (1964), visa evitar punição e satisfazer suas necessidades imediatas. O pressuposto (possivelmente correto para crianças muito pequenas) é que "os outros estão no controle e eu não sou realmente responsável". A criança cede às exigências razoáveis dos pais e professores ou encontra modos de manipulá-las para satisfazer seus desejos egocêntricos. O aconselhamento com adolescentes e adultos enfatiza a importância da tomada de decisões com um controle interno baseado na valorização pessoal. Para Kohlberg, Blatt e Kohlberg, 1973, o raciocínio moral que esteja além do nível presente de desenvolvimento moral do cliente não pode ser internalizado e não conduz ao crescimento. O conselheiro que não tem consciência da capacidade limitada da criança para fazer julgamentos morais pode passar muito tempo tentando desenvolver conceitos que não estão ao alcance do cliente.

Além da capacidade cognitiva limitada da criança para tomar decisões quanto a valor, existem limitações reais de sua liberdade de tomar decisões. Ela não é uma pessoa independente que se auto-sustenta. Como Nelson (1979, p. 289) observa: "Seus desejos, comportamentos e sentimentos são regulados por outros." As crianças não podem escolher viver com pais diferentes, freqüentar uma outra escola ou mudar muitas das influências ambientais que resultam de terem nascido numa família e subcultura particulares. A liberdade de fazer escolhas aumentará gradualmente, mas, freqüentemente, as crianças devem aprender a viver com as coisas como elas são.

A capacidade de uma criança para desenvolver modos alternativos para lidar com coisas que estão sob seu alcance é limitada pela experiência. Como a criança tem pouca experiência de vida, seu repertório de estratégias é pequeno e suas habilidades, limitadas. Nelson (1979, p. 298) observou: "Existe um grande número de procedimentos dos quais as crianças pequenas são incapazes e sentem essa incapacidade. Há coisas que não podem alcançar, palavras que não podem ler, tarefas que não podem realizar."

Em resumo, é importante perceber que as crianças não são simplesmente adultos em miniatura. Seus comportamentos não são mediatizados por processos de pensamento, do mesmo modo, são menos capazes de atuar em benefício próprio por causa dos limites de habilidade física e de experiência, e não gozam a mesma liberdade de escolha dos adultos. Contudo, as crianças pequenas sentem angústia, inadequação, perigo, frustração e muitos outros problemas semelhantes aos dos adultos. Trataremos, agora, dos modos como o conselheiro pode ajudar uma criança, ainda que esta não possua todas as capacidades do cliente adulto.

Comunicação

Como para qualquer cliente, o primeiro objetivo do aconselhamento é estabelecer comunicação. É importante para o conselheiro perceber como os clientes vêem e interagem com outras pessoas significativas em seu mundo. É importante verificar se o cliente acredita, ou não, que é amado, competente e atraente. E mais, as crianças pequenas não podem se aproximar do conselheiro com declarações como: "Este é meu problema" ou "Estas são algumas das coisas que têm acontecido comigo." O conselheiro é um adulto estranho e muitas crianças não estão acostumadas a conversar com outros adultos além dos familiares, amigos próximos ou professores. Algumas nunca falaram com adultos que realmente as ouvissem e que procurassem compreender seus sentimentos.

Por outro lado, o conselheiro pode não estar acostumado a falar com crianças pequenas e pode tentar relacionar-se com elas como um "adulto em miniatura". Muitos adultos estão acostumados a falar *para*, e não *com* crianças, e, mesmo quando tentam expressar preocupação e interesse, estão, na verdade, sendo sutilmente condescendentes. Recordamos uma cena criada pelo humorista Jean Kerr, na qual um parente extremoso entra na sala e exclama: "Nossa, olhe só quem está no chiqueirinho!" A criança está pensando: "E quem você *queria* que estivesse no chiqueirinho?" Muitas vezes os adultos parecem não ficar à vontade na presença de uma criança, não sabem o que dizer, por isso comentam sobre como a criança cresceu ou mudou.

Ao começar uma sessão de aconselhamento com uma criança pequena, o conselheiro deve recordar as características de crianças pequenas: capacidade verbal e cognitiva limitadas, perspectiva limitada de tempo, necessidade de brincar, capacidade física limitada, dependência de adultos e poder limitado para tomar decisões. Também é importante lembrar que uma criança merece o mesmo tipo de respeito dado aos adultos: autenticidade e interesse, mas não condescendência. Nelson (1979) declara que as crianças se beneficiam ao ouvir seus sentimentos serem reafirmados pelo conselheiro e que, mais que os adultos, precisam de ajuda para nomeá-los. A fim de proporcionar essas condições básicas para o aconselhamento, é necessário que o conselheiro dê atenção total ao cliente e considere seriamente suas preocupações, não as rejeitando como preocupações infantis que passarão com o tempo. Nelson também adverte que parte da penetração no mundo da criança se faz medindo a realização por padrões da mesma (como fazemos automaticamente com clientes mais velhos). Se Timmy está alegre porque conseguiu soletrar corretamente três entre dez palavras, ao invés de errar todas, o conselheiro não deve dizer que ele tem que soletrar sete para passar, ainda que isso possa ser um objetivo básico. Finalmente, se o cliente não está acostumado a conversar com um adulto, poucas frases podem parecer-lhe muitas, ainda que o conselheiro possa estar descontente pelo pouco realizado.

O uso de materiais gráficos e jogos numa sessão de aconselhamento geralmente auxilia o processo de comunicação. Uma menina pequena, que está com raiva de seu professor, pode usar lápis de cor e papel para desenhar seu rosto enraivecido. Um menino pequeno, que está percebendo desorganização e abuso em sua família, pode usar uma casa de boneca e figuras humanas para representar a vida familiar como a vê. Uma criança, que está nervosa, pode descarregar energia esmurrando um saco de boxe. Ao se darem alguns objetos a uma criança para brincar, não é preciso dizer-lhe como fazê-lo. O conselheiro deve saber apenas como observar e estimular uma brincadeira significativa.

A introdução de brinquedos nas sessões de aconselhamento com crianças pequenas proporciona um meio para comunicação que é natural para a criança. Enquanto brinca, acontece a catarse, como no exemplo do saco de boxe; as emoções da criança são expressas, como no caso do desenho, ou as dinâmicas da família da criança tornam-se claras, como no exemplo da casa de boneca. Esses são os mesmos tipos de expressões que os adultos comunicam verbalmente na fase da descoberta. Trabalhando com a criança, o conselheiro deve observar a brincadeira e refletir sobre as emoções e os significados que ela revela. Depois disso, pode estimular o cliente a acrescentar alguma expressão verbal ao processo; porém, o brinquedo oferece a base do emprego do tempo e uma atmosfera descontraída, em que não é necessário haver conversa constante. A criança tem a atenção total de um adulto e a liberdade para expressar pensamentos e sentimentos significativos.

No processo de comunicação através de um brinquedo, existe certa segurança, proporcionada pelo fato de que a criança está a um passo da vida real. Quando ela representa um conflito familiar, usando fantoches ou bonecas, pode não descrever as personagens diretamente como sendo sua própria família; pode ainda explorar como cada membro da família de brincadeira se sente, e encontrar soluções para situações similares em sua família. Se faz relação com seu mundo real, o conselheiro pode segui-la. Se, por outro lado, prefere falar sobre o menino na família fictícia, ao invés de si mesma, também pode haver aprendizagem e distensão emocional. A exploração em profundidade e a eventual solução do problema podem acontecer através de uma discussão hábil da vida da família simulada.

Em geral, as crianças não alcançam níveis sofisticados de *insight* sobre seus problemas pessoais através desse tipo de interação. Como foi apontado anteriormente, suas habilidades cognitivas, julgamento moral e experiências não lhe proporcionam maturidade para lidar com situações da vida. Não obstante, a catarse, combinada com a exploração e a solução de problema através de brinquedos, origina mudanças de percepção e de comportamento, e a experiência de ser realmente valorizado e ouvido por alguém ajuda a desenvolver um sentimento de valor próprio.

Alguns materiais para brincar favorecem mais do que outros a expressão afetiva. Os materiais não-estruturados permitem ao cliente colocar seus próprios significados no brinquedo e são, portanto, muito melhores que os jogos estruturados. As bonecas e os fantoches devem ser simples o bastante para que a criança possa usar sua imaginação ao brincar com eles. Entre as bonecas e os fantoches, deve haver homens e mulheres, adultos e crianças. A criança pode usá-los para construir o drama. Telefones e máquinas de escrever de brinquedo são úteis como forma de estimular a produção verbal. Argila, limpadores de cachimbo, papel e lápis de cor podem ser utilizados para criar qualquer coisa. O conselheiro pode participar do jogo com seu cliente e depois fazer observações e ajudá-lo a pensar sobre o que esteve acontecendo.

Não recomendamos a utilização de jogos estruturados no aconselhamento com crianças pequenas. Em primeiro lugar, eles requerem que o conselheiro entre em competição com o cliente, onde deve haver um ganhador e um perdedor. Na maioria dos casos, se o conselheiro empregar seu nível de habilidade, ganhará o jogo, originando uma experiência de fracasso para o cliente; se faz com que o cliente ganhe, há o risco de que este perceba a manipulação, e a autenticidade do relacionamento estará perdida. Em segundo lugar, como as regras do jogo dizem aos jogadores o que fazer, existe pouca oportunidade para o cliente infundir a interação com material de sua própria vida. Embora os jogos estruturados possam ter a vantagem inicial de dar as instruções de como principiar e embora forneçam um meio de se permanecer confortavelmente no mesmo lugar com a criança, a estrutura impõe muitas limitações à comunicação.

É conveniente que o conselheiro também converse diretamente sobre os acontecimentos diários na vida da criança. O cliente ficará mais à vontade com a conversa direta, à medida que os dois passam mais tempo juntos, podendo ser entremeada por comentários sobre o jogo que está acontecendo. Esses materiais são úteis para desenvolver a comunicação com clientes de qualquer idade. À medida que as crianças amadurecem e aumentam sua capacidade verbal e cognitiva, maior quantidade de conversa direta passa a compor o aconselhamento. Entretanto, mesmo com adultos, algumas vezes é útil sugerir que tentem desenhar como se sentem em relação a uma situação que estão tendo dificuldade de verbalizar. À medida que as crianças se aproximam da puberdade e começam a se desinteressar pelos brinquedos, os fantoches e as bonecas deixam de fazer parte das sessões, mas almofadas ainda podem ser socadas para expressar raiva e desenhar ou modelar pode ser uma atividade muito útil. A dramatização verbal substitui gradualmente as atividades com boneca e fantoche, como um meio de trazer situações interpessoais para a sala de aconselhamento.

Enfocamos, até aqui, como o conselheiro pode estimular a comunicação com uma criança sobre as coisas importantes que ela introduz na sessão. Obviamente, o conselheiro desempenha um papel na avaliação e na socialização das crianças. Trataremos agora dos programas, de iniciativa do adulto, usados no aconselhamento infantil.

Avaliação

A questão básica na avaliação, ao se trabalhar com uma criança, é a mesma que com qualquer outro cliente: "Como a pessoa está agindo para enfrentar os desafios de sua vida?" Mas o processo da avaliação no aconselhamento de crianças requer conhecimento e habilidades especiais, uma vez que as capacidades da criança mudam marcadamente de ano para ano e os desafios da vida dependem, em larga medida, dos adultos significativos na vida da criança. Assim, a questão básica da avaliação passa a ser: "Como esta pessoa, em sua idade, está agindo para enfrentar os desafios, comparado ao que os adultos de seu meio esperam?" Podem ocorrer problemas se a criança for, de algum modo, deficiente para enfrentar os desafios adequados a sua idade (como assumir responsabilidade crescente por vestir-se) ou se os adultos fizerem exigências irrazoáveis (como exigir períodos de concentração além do tempo de atenção relacionado ao desenvolvimento da criança).

O objetivo da avaliação — que deverá ser estabelecido por referência

— é começar a fixar os objetivos e a planejar os procedimentos de aconselhamento. Do mesmo modo que com adolescentes e adultos, o conselheiro deve tentar identificar quais são as áreas em que o cliente não apresenta uma atuação efetiva e determinar que fatores podem estar contribuindo para a dificuldade. No caso de uma criança, freqüentemente é um adulto significativo que aponta a existência do problema, e a criança pode, ou não, perceber que *existe* o problema. Ao trabalhar com crianças, o conselheiro deve assumir mais responsabilidade para avaliar a natureza e origem da disfunção, do que com clientes mais velhos. Procura, então, estabelecer objetivos com o cliente ou com pessoas significativas que afetam a vida deste.

O processo da avaliação deve se centrar na atuação da criança em cada um dos setores importantes de sua vida, tendo como padrão de eficácia o desempenho típico de crianças da mesma idade. Há publicações de muitos procedimentos para a avaliação diagnóstica completa de crianças, mas a revisão de tais métodos ultrapassa os objetivos deste texto. Para exemplificar o tipo de abordagem que pode ser usado, sugerimos quatro categorias de informação, elaboradas por Van Hoose, Peters e Leonard (1970): (1) física, (2) social, (3) emocional e (4) intelectual. Na categoria física, são explorados os fatores relacionados ao índice de crescimento, saúde, nutrição e domínio físico. A interação social com os pais, crianças da família, colegas e professores forma o contexto da vida de uma criança e, se houver disfunção nessa área, podem vir a ocorrer problemas sérios. A sensação de bem-estar emocional de uma criança é obviamente importante para o progresso com as tarefas vitais e pode ser afetada, de modo positivo ou negativo, pelas condições das outras categorias. Por fim, a criança que apresenta deficiência de aprendizado no ritmo esperado para sua idade não realiza as tarefas que levam a gratificação presente e a oportunidades futuras. Van Hoose, Peters e Leonard fornecem uma lista detalhada de controle para explorar cada uma das quatro categorias de crescimento e desenvolvimento.

Para completar um perfil dos setores a serem avaliados, é útil ter uma fonte adequada de normas relevantes para crianças de várias idades. Esse conjunto de normas (embora subjetivo e descritivo) foi desenvolvido por Muro e Dinkmeyer (1977). A apresentação inclui descrições, de duas ou três páginas, de cada grupo de idade, dos 5 aos 12 anos, complementadas por algumas implicações para aconselhamento conforme o nível de desenvolvimento das crianças. O conteúdo abrange desde o reconhecimento de que crianças de 5 anos se sentem à vontade e são estimuladas por estruturação, mas, têm um tempo de atenção de cerca de vinte minutos apenas, até o de que crianças com 12 anos estão se desenvolvendo sexualmente e necessitam de compreensão e informação que o aconselhamento em grupo pode oferecer. Obviamente, o profissional que pretenda trabalhar regularmente com crianças deve estudar a psicologia do desenvolvimento infantil.

O caso de Ryan

Ryan Reed, de 7 anos, foi encaminhado a um conselheiro na universidade porque seu comportamento na escola era perturbador, não fazia a tarefa escolar e era desobediente em casa. Foi trazido pela mãe, de 27 anos, sozinha, pessoa eloqüente e preocupada, que trabalhava muitas horas. Os pais de Ryan estavam separados e o menino e a mãe constituíam a família. O pai permanecera em casa até cerca de um ano antes do encaminhamento, mas depois da separação Ryan via-o apenas raramente.

A entrevista inicial revelou que a Sra. Reed tinha expectativas muito altas em relação ao filho. Diariamente, quando terminavam as aulas, Ryan era obrigado a tomar dois ônibus públicos desde a escola paroquial que freqüentava até sua casa. Ele tinha sua própria chave e ficava sozinho por três ou quatro horas antes que sua mãe chegasse. Ela esperava que, nesse tempo, ele fizesse a lição de casa, limpasse a casa (inclusive tirasse o pó e passasse o aspirador) e iniciasse o preparo do jantar. Após o jantar, ajudava a lavar a louça e, muitas vezes, ficava sozinho novamente, enquanto a mãe recebia o namorado.

A Sra. Reed sentia que estava cumprindo suas obrigações para com Ryan da melhor maneira possível, dentro de sua capacidade. Trabalhava muitas horas para poder oferecer-lhe conforto e pagar o ensino numa boa escola. Não podia compreender por que ele resistia tanto a fazer o que ela esperava dele e quase entrou em pânico quando Ryan começou a ter um comportamento inadequado na escola e a recusar-se a fazer seu trabalho. O procedimento do orientador escolar, isolando Ryan quando se comportava mal, pareceu resultar em mais rebeldia. A mãe demonstrava preocupação pelo filho ao procurar ajuda na universidade, ainda que isso acrescentasse, semanalmente, uma atividade adicional ao seu horário bastante comprometido.

Numa sessão com a mãe e o filho, o conselheiro observou que a maioria das vezes que a Sra. Reed se dirigia a Ryan era para criticar e desaprovar, atendo-se a problemas de pouca importância. Ela o castigava por ficar irrequieto durante a sessão, ainda que ele estivesse atento e seu comportamento fosse razoável para um menino de 7 anos de idade. Corrigia repetidamente seu modo de falar, usando de maneira excessiva uma linguagem precisa e formal. A discussão revelou que os Reeds não tinham momentos de "qualidade" juntos: não conversavam entre si exceto acerca de atividades para manutenção vital, não liam juntos e nem iam a nenhum lugar como lazer. Além disso, a Sra. Reed não permitia que Ryan trouxesse amigos em casa, quando ela não estivesse. Como ela só estava em casa quando já era muito tarde, ele raramente brincava com crianças de sua idade — isto é, de qualquer modo, ele raramente brincava.

Ryan, numa sessão individual, estava, no início, relutante para falar muito, mas era bastante condescendente para com as instruções do conselheiro. Parecia gostar de receber a atenção total de um adulto. Com o passar do tempo, o conselheiro deu a Ryan lápis de cor e papel e pediu-lhe para desenhar algumas cenas de acontecimentos de sua vida. Ele se retratou como uma criança muito solitária rodeada apenas de adultos exigentes. Relutou muito em expressar sentimentos negativos sobre esses adultos, mas finalmente começou a contar quão desprezível era James, o namorado de sua mãe. James não o maltratava fisicamente, mas era muito rígido ao exigir certo comportamento e não era "legal" como seu pai. Passado mais tempo, todos os adultos da vida de Ryan foram finalmente descritos como exigentes, rejeitadores e não muito afetuosos. Ryan teve a possibilidade de expressar a raiva que sentia em relação à maneira como era tratado.

À medida que o menino passou a falar mais ao conselheiro sobre seus sentimentos de raiva, seu comportamento inadequado na escola foi melhorando, o professor foi persuadido a usar alguns reforços positivos, ao invés de isolamento, e, em dois meses, Ryan voltou a ter um bom aproveitamento na escola.

A solução do problema em casa foi mais difícil. A Sra. Reed resistiu um pouco para aceitar a sugestão de que deveria despender mais tempo para o lazer com Ryan. Era uma mulher atarefada e acreditava que estava fazendo tudo o que podia por ele. Deu-se conta de que talvez fosse muito exigente em suas expectativas em relação ao trabalho doméstico a ser desempenhado por um menino tão pequeno, e diminuiu um pouco as exigências. Ryan começou a aprender como negociar com a mãe de modo a que pudesse fazer seu trabalho quando quisesse, a fim de poder ter um período de tempo para si mesmo toda tarde. Ela permitiu que ele visitasse os amigos depois que ela chegasse em casa à tarde e o menino começou a ter algum tempo para brincar.

O aconselhamento terminou nesse ponto, porque a Sra. Reed havia alcançado o que esperava do mesmo. Seu filho estava indo bem na escola e apresentava um comportamento mais controlável em casa. O conselheiro fez todo esforço para continuar o relacionamento com os Reeds a fim de que se estabelecesse uma relação mãe-filho mais positiva, porém a Sra. Reed recusou mais aconselhamento.

Análise

Nesse caso, várias técnicas de comunicação foram usadas para estabelecer contato com o mundo de Ryan. O conselheiro dedicou-lhe total atenção e respeito, o que contrastava de modo marcante com o estilo de comunicação de sua mãe, a pessoa mais significativa na vida de Ryan. O desenho proporcionou uma atividade relaxante, dando também origem a um material para a compreensão projetiva das interações de Ryan com sua mãe, o namorado dela, seu professor e outras crianças. A atividade física possibilitou a vazão de energia. E, finalmente, a comunicação verbal sem tensão foi aumentando à medida que o conselheiro e o cliente passaram a se conhecer um ao outro e estabeleceram uma relação de confiança.

O processo de avaliação revelou que Ryan não podia satisfazer as exigências físicas que lhe eram feitas. Socialmente, todas as suas interações eram com adultos controladores, sendo que a pessoa mais importante dentre eles (a Sra. Reed) tinha pouca idéia do que esperar de uma criança de 7 anos. Não lhe era permitido expressar sua opinião sobre nada: a submissão era o comportamento esperado de um "bom" menino. A nível emocional, Ryan sentia raiva e solidão, mas felizmente ainda não era amargurado. Com algum apoio, foi capaz de expressar seus sentimentos de raiva e buscar modos de amenizar sua solidão. Sua aprendizagem sofrera uma ruptura devido à sobrecarga física e emocional, mas ele era uma criança brilhante que se reajustou facilmente à escola quando os outros fatores se estabilizaram.

Observe-se que os objetivos primários do aconselhamento foram conseguir que Ryan expressasse e descarregasse seus sentimentos negativos e procurasse maneiras de acrescentar companhia e diversão à sua vida. Ao mesmo tempo, o trabalho com a Sra. Reed deu-se no sentido de encorajá-la a expressar amor, reduzir as exigências em relação a Ryan e tentar compreender como era a vida dele. Esses objetivos emergiram diretamente da utilização do processo de avaliação descrito anteriormente.

Questões para maior reflexão

1. Que fatores contribuíram para que Ryan sentisse raiva?

2. Que elementos da personalidade da Sra. Reed formavam o contexto de uma rotina de vida negativa para Ryan? Quais atributos de sua personalidade ajudavam Ryan?
3. Você acredita que o aconselhamento produziu resultados satisfatórios para o cliente? Que mais poderia ter sido tentado? Na sua opinião, quão factíveis poderiam ter sido esses objetivos adicionais?

Socialização

Muitas das dificuldades das crianças resultam de falta de experiência. Se pensarmos que uma criança nasce como um ser absolutamente não-socializado, sendo necessários aproximadamente cinco anos até que entre na escola, nos daremos conta de quanto crescimento e aprendizagem ocorre num período de tempo muito curto. Também fica mais claro por que é provável que algumas aprendizagens valiosas possam ter sido omitidas na vida de uma determinada criança.

Uma criança como Ryan, no estudo de caso anterior, teve muito pouca oportunidade para adquirir habilidades sociais envolvidas na interação com pessoas de sua idade. Outras crianças, cujos pais exigem muito pouco delas, podem desenvolver deficiências em comportamentos básicos como cuidado pessoal e higiene, sem falar de tarefas mais complexas. Geralmente, as crianças que pertencem à classe social mais baixa estabelecem contato com um contexto restrito que não ultrapassa o raio de quatro ou cinco quadras de suas casas, o qual, via de regra, também é pobre e monótono. Dessa forma, lhes são apresentados modelos muito limitados e, com freqüência, negativos.

Uma vantagem do trabalho de aconselhamento com crianças pequenas é que é razoavelmente fácil minimizar essas deficiências, se identificadas cedo. Algumas vezes, pequenas intervenções, como ajudar uma criança a adquirir o hábito de ir limpa para a escola, produzem bons resultados em suas relações com os outros e no desenvolvimento da auto-estima. O conselheiro pode também auxiliar pais e professores que estão procurando meios de tornar a vida das crianças mais rica.

O caso de Robina

Robina era uma adolescente negra de 11 anos que freqüentava uma escola secundária suburbana cuja clientela era predominantemente branca. Apesar de ser uma aluna média, era tida como uma "curiosidade" pelos estudantes e também pelo corpo docente. Usava palavras obscenas, linguagem abertamente sexual com todas as pessoas que contatava e sua aparência era em geral bizarra. Usava roupas que não combinavam entre si e eram inadequadas para a escola, e sua maquilagem fazia parecer que estivesse com uma máscara.

A conselheira da escola decidiu tentar ajudar Robina. Logo descobriu uma grande deficiência nos processos de socialização da menina. Desde seu nascimento vivia com o pai num pequeno barraco de periferia. Ele tinha quase 70 anos e aparentemente não possuía meios de sustento. Parecia cuidar de Robina e de suas necessidades da melhor forma possível. Entretanto, obviamente, não estava apto a orientar uma menina na puberdade. (É difícil dizer por que as escolas nunca haviam fornecido quaisquer serviços especiais a Robina, apesar de ela ser uma estudante média que não causava problema até que começou a amadurecer fisicamente.)

Rapidamente Robina começou a relacionar-se de modo positivo com a conselheira (mulher atraente e bem-vestida) e seu desejo de obter informação era espantoso. Uma de suas primeiras perguntas foi "o que é beleza?". Praticamente não desenvolvera seu senso estético em relação ao vestir-se e à maquilagem. Também estava confusa por causa de sua pele morena, que as outras meninas não tinham. A conselheira, durante várias sessões, levou revistas orientadas para os negros, a fim de ajudar Robina a estabelecer algum critério de como poderia trajar-se. Sua aparência mudou praticamente de um dia para o outro. Ela estava bastante motivada a ter uma boa aparência e, a partir de alguma informação e de roupas doadas, tornou-se mais atraente.

Como era de se esperar, sua linguagem também refletia falta de conhecimento. Não tinha idéia de qual fosse o significado de algumas palavras que usava e, aparentemente, não desejava envolver-se sexualmente com pessoas do seu meio escolar. Ao tomar conhecimento, através da conselheira, dos significados que os outros ligavam ao que ela dizia, passou a evitar os comentários impudicos que a transformavam em motivo de riso na escola.

Felizmente, Robina recebeu ajuda num momento crucial e foi capaz de continuar a escola secundária e desenvolver um grau de aceitação entre seus colegas, mesmo num meio racialmente diferente do seu. Ao deixar a escola, ela possuía os elementos para ter uma vida produtiva.

Questões para mais reflexão

1. As razões da desinformação de Robina eram conseqüência da incapacidade de seu pai para dar informações. Você acha que isso é um problema comum? Até que ponto esse fato se restringe a pais que sofreram os efeitos da pobreza?
2. Que potenciais você observa em Robina, a partir da informação apresentada?
3. Coloque-se no lugar da conselheira. O que você sentiria ao tentar se relacionar com o comportamento não-socializado e aparentemente grosseiro de Robina? De que conhecimento você poderia ter necessitado que ainda não possui?
4. Além das revistas utilizadas para se falar sobre elegância e moda, que outros materiais você poderia ter usado com Robina?

Trabalhando com pais

Como já foi dito anteriormente, a vida das crianças é profundamente afetada pelos adultos, particularmente pelos pais. Em muitos casos é difícil ou mesmo impossível ajudar uma criança a mudar, sem o apoio e a cooperação dos pais.

O contato inicial com pais pode ocorrer de várias formas. Às vezes, os próprios pais reconhecem essa necessidade e consultam o conselheiro, prontos a considerar certas mudanças em seu comportamento em relação à criança. Outras vezes, solicitam ao conselheiro que faça com que a criança mude de algum modo, mas não assumem qualquer responsabilidade pelos problemas dela. Também há casos em que o conselheiro tem contato primeiro com a criança e somente decide envolver os pais depois de saber quais são as perspectivas da criança em relação a suas interações familiares.

Independente da atitude dos pais ao comparecerem pela primeira vez ao consultório do conselheiro, é bom lembrar que eles precisam ser respeitados e receber atenção, tanto quanto a criança. Com raras exceções, os pais preocupam-se com seus filhos e estão tentando ser bons pais.

Todavia, educar e cuidar de um filho é um processo complexo, e o fato de se ser adulto não assegura competência. Poucos pais têm experiência nessa área e a maioria adota os mesmos padrões de interação de seus próprios pais. (Tem-se verificado que pais que maltratam seus filhos quase sempre sofreram maltratos quando crianças.) Certos pais, que poderiam proporcionar condições favoráveis a seus filhos estão sob *stress* por causa do trabalho, de problemas financeiros ou de saúde, ou estão passando por dificuldades conjugais. Nesses casos, as necessidades das crianças, muitas vezes, são negligenciadas e a frustração é descarregada nos filhos. Quando o *stress* é excessivo, o distúrbio emocional pode comprometer significativamente a atuação dos pais e as crianças passam a fazer parte do estilo de vida neurótico ou psicótico de seus pais.

Existem inúmeros procedimentos disponíveis para ajudar os pais a melhorar sua atuação em relação aos filhos. A intervenção mais simples pode ser feita através de consultas ocasionais a fim de se encorajar os esforços aprobativos e se inteirar sobre o progresso que uma família possa estar fazendo, visando um relacionamento positivo. Há também a possibilidade de se formarem grupos de pais para que recebam orientação e tenham oportunidade de discutir, entre si, suas preocupações e soluções. Os programas de treinamento, como o *Systematic Training for Effective Parenting* (Dinkmeyer e McKay, 1976); são recursos excelentes para os profissionais que desejam desenvolver habilidades para o trabalho com pais, o qual tem por objetivo melhorar o relacionamento entre pais, filhos e crianças da família.

O trabalho com os pais pode constituir-se de aconselhamento sobre *stress* situacional, aconselhamento conjugal, e psicoterapia. Freqüentemente, a resolução de problemas debilitadores de outros setores da vida dos pais passa a ser o foco de atenção em lugar da própria criança. Focalizaremos agora as contribuições que o trabalho desenvolvido com os pais pode dar ao processo de aconselhamento de crianças. Os profissionais que têm o objetivo de trabalhar com crianças regularmente podem estender sua leitura a outras fontes (Dinkmeyer e McKay, 1973; Dreikurs e Soltz, 1964; Ginott, 1965, 1969; Luthman e Kirschenbaum, 1974; Satir, 1972).

Como já foi dito, para se trabalhar efetivamente com pais é preciso aceitá-los como pessoas que têm necessidade de algum tipo de assistência, e não considerá-los "maus" pais. Também é importante lembrar que todas as crianças têm inicialmente pai e mãe e muitas ainda os têm, mesmo que tenha havido divórcio ou separação. Muitas vezes, pais que passaram por algum tipo de tensão tornam-se negligentes quanto a expressar afeição para com seus filhos. E, finalmente, há pais que necessitam de ajuda para compreender qual o objetivo do comportamento da criança, a fim de que possam ajudá-la a conseguir o que deseja de forma mais aceitável.

Na maior parte das vezes, o primeiro contato, se voluntário, ocorre com um dos pais apenas, em geral a mãe. Se a criança tem contato significativo com o pai e com a mãe, é desejável solicitar que ambos participem do processo. Comumente, pai e mãe têm percepções diferentes a respeito de seu filho. A mãe pode considerar o comportamento da criança turbulento e agressivo, enquanto o pai pode achar que o filho está "agindo justamente como um menino"; a mãe pode ser mais tolerante, enquanto o pai, mais controlador; um ou outro pode simplesmente não prestar muita atenção ao que a criança faz. Algumas vezes, a criança torna-se "especialista" em colocar um dos pais contra o outro. É preciso trabalhar com o pai e a mãe para se determinar quanto apoio cada um deles está proporcionando atualmente à criança e quais são suas potencialidades individuais. O conselheiro estará sendo parcial se aceitar as opiniões de um dos pais apenas. Muitas vezes, os pais precisam do apoio recíproco para que haja mudança na família, e as chances de sucesso ficam diminuídas se apenas um deles está envolvido no processo.

Muitos pais cometem um sério erro ao procurar fazer com que seus filhos se comportem de determinado modo, recusando-se a expressar seu amor pelo filho. A criança, sentindo-se ferida pela aparente falta de atenção, torna-se resistente aos desejos dos pais, o que resulta em mais recusa de expressões de interesse. Em muitas famílias, as pessoas não conseguem se lembrar da última vez que uma disse algo atencioso a outra. Ironicamente, essas rupturas na comunicação afetiva são baseadas na atenção, isto é, interessa aos pais o que a criança faz, interessa à criança o que os pais acham. Freqüentemente, é importante mostrar aos pais que alguém tem de romper o afastamento. Podem ser feitos planos para garantir que ambos os pais passem a reassegurar a criança de seu amor.

Finalmente, deve-se ajudar os pais a compreender que o comportamento da criança tem um objetivo. Não existe criança que seja "má". Dinkmeyer e McKay (1973) sugerem que o mau comportamento da criança visa a um dos quatros objetivos: obter atenção, controlar um outro (poder), igualar-se (vingança) ou isentar-se de responsabilidade. O conselheiro deve auxiliar os pais a determinarem o que a criança deseja e qual a maneira de ajudá-la a conseguir, de modo positivo, um lugar para si. Através dessa intervenção, muitas vezes combinada ao aconselhamento contínuo, cujo cliente central é a criança, os elementos significativos do sistema familiar podem ser manipulados para servirem de apoio à criança.

Nesse processo de consulta, o conselheiro parte do pressuposto de que os pais desejam melhorar o ambiente familiar e que têm capacidade para fazê-lo (se não parecerem capazes, talvez o aconselhamento de pais ou aconselhamento conjugal e familiar sejam recomendados). O foco do processo de consulta normalmente recai sobre o relacionamento entre pais, filhos e crianças da família. O processo auxilia os pais a expressar efetivamente seu interesse e a compreender as motivações dos filhos, para que possam ajudá-los a suprir suas necessidades de modo positivo. Os comportamentos inconsistentes e ineficazes dos pais são identificados e outras alternativas são planejadas, ensaiadas e reforçadas.

Sumário

O aconselhamento com crianças baseia-se nas três fases descritas nos capítulos iniciais deste texto. Entretanto, a criança não é livre para agir por si própria como o cliente adolescente ou adulto. O conselheiro deve estabelecer comunicação de acordo com a criança e penetrar em seu mundo de experiência. Isso pode ser feito através de jogos e brinquedos. Para avaliar a origem e a extensão do problema da criança, é preciso ter-se uma compreensão do desenvolvimento infantil. Muitas vezes, a disfunção da criança é causada, em parte, por falta de experiência e deficiência em habilidades só adquiridas com a maturidade. Algumas vezes, as deficiências podem ser reduzidas, através de experiências socializadoras planejadas como parte do aconselhamento. Em muitos casos, a ajuda dos pais pode ser solicitada, e freqüentemente eles necessitam de orientação sobre como dar mais apoio à criança.

Referências

Blatt, M., & Kohlberg, L. "The effects of classroom discussion on the development of moral judgment". In L. Kohlberg & E. Turiel (Eds.), *Recent research in moral development*. New York: Holt, Rinehart and Winston, 1973.
Dinkmeyer, D. C., & McKay, G. D. *Raising a responsible child: Practical steps to successful family relationships*. New York: Simon and Schuster, 1973.
Dinkmeyer, D. C., & McKay, G. D. *Systematic training for effective parenting*. Circle Pines, Minn.: American Guidance Service, 1976.
Dreikurs, R., & Soltz, V. *Children: The challenge*. New York: Duell, Sloan, and Pearce, 1964.
Ginott, H. G. *Between parent and child*. New York: Macmillan, 1965.
Ginott, H. G. *Between parent and teenager*. New York: Macmillan, 1969.
Kohlberg, L. "Development of moral character and moral ideology". In. M. Hoff & W. Hoffman (Eds.), *Review of child development research* (Vol. 1). New York: Russell Sage Foundation, 1964.
Luthman, S. G., & Kirschenbaum, M. *The dynamic family*. Palo Alto, Calif.: Science and Behavior Books, 1974.
Muro, J. J., & Dinkmeyer, D. C. *Counseling in the elementary and middle schools*. Dubuque, Iowa: Wm. C. Brown, 1977.
Nelson, R. "Elementary school counseling with unstructured play media". *Personnel and Guidance Journal*, 1966, 45 (1), 24-27.
Nelson, R. "Effective helping with young children". In S. Eisenberg & L. Patterson (Eds.), *Helping clients with special concerns*. Boston: Houghton Mifflin, 1979.

Piaget, J., & Inhelder, B. *The psychology of the child*. New York: Basic Books, 1969.
Satir, V. *Peoplemaking*. Palo Alto, Calif.: Science and Behavior Books, 1972.
Van Hoose, W., Peters, M., & Leonard, G. *The elementary school counselor*. Detroit: Wayne State University Press, 1970.

11. Aconselhamento: ênfases teóricas

Nos primeiros capítulos deste livro, apresentamos um modelo genérico de aconselhamento. Esse modelo traça o processo como geralmente ocorre, ou seja, construção do relacionamento, descoberta inicial, exploração em profundidade e planejamento da ação. Salientamos elementos do processo aceitos pela maioria dos profissionais.

Agora, examinaremos algumas das *diferenças* no processo de aconselhamento, originadas por ênfases teóricas diversas. Diferentes escolas de aconselhamento têm sido estabelecidas por profissionais que optaram por sublinhar certos elementos do processo e têm transmitido suas preferências através de conferências, demonstrações e literatura especializada. Embora ultrapasse o objetivo deste livro incluir apresentações detalhadas sobre cada uma das teorias contemporâneas de aconselhamento, apresentaremos uma introdução a algumas das mais importantes teorias e uma estrutura de comparação. O profissional interessado nas técnicas de aconselhamento poderá examinar um livro sobre teorias comparadas (Corey, 1982; Corsini, 1979; Patterson, 1980; Hansen, Stevic e Warner, 1977) e trabalhos originais dos principais autores de cada uma das abordagens teóricas.

Estrutura para comparação de teorias de aconselhamento

O aconselhamento teve sua origem no trabalho de Frank Parsons (1909), que tinha a preocupação de ajudar pessoas jovens a fazer escolhas profissionais efetivas num mundo onde o trabalho se tornara muito diversificado em conseqüência da Revolução Industrial. Ele considerava a tomada de decisão de carreira como um processo racional de auto-avaliação dirigida, análise das oportunidades de trabalho e combinação da personalidade com as oportunidades. De 1909 à década de 1940, a maior parte do progresso feito pela técnica de aconselhamento foi o desenvolvimento de melhores meios de avaliação de atitudes e interesses das pessoas através de testes, e a compilação e publicação de informações sobre profissões. Sob muitos aspectos, o aconselhamento tornou-se mais "racional" e mais "científico" durante esse período. E. G. Williamson (1939) e outros descreveram o processo da tomada de decisão como a aplicação do método científico. O conselheiro, que deveria ser apto a medir habilidades e capacidades e em dar informações sobre profissões, tinha a função de orientar os clientes para as carreiras nas quais melhor se adaptariam. Essa abordagem racional veio a ser conhecida como aconselhamento "dirigido", devido ao papel do orientador de aconselhar o cliente em relação à escolha profissional. Foi também chamada de aconselhamento baseado em traços e fatores, visto que os traços pessoais deveriam ser combinados aos fatores necessários para o sucesso em ocupações diferentes. Embora não fossem totalmente ignorados, os sentimentos do cliente a seu próprio respeito tinham importância secundária para suas considerações e os sentimentos "irracionais" deveriam ser controlados, ao invés de explorados.

Em 1942, foi publicado um livro de Carl Rogers, intitulado *Counseling and Psychotherapy*, que iria mudar profundamente a concepção de aconselhamento. Rogers apresentava uma abordagem sobre o aconselhamento em que o cliente possuía dentro de si capacidades para conduzir seus próprios assuntos. O papel do conselheiro era facilitar o processo de auto-exploração e crescimento pessoal do cliente, proporcionando um relacionamento estimulador no qual o cliente poderia expressar-se livremente e desenvolver novas percepções. Essa abordagem veio a chamar-se aconselhamento "não-diretivo", pois o cliente deveria ser autodirigido sem interferência de "conselhos" do profissional. Os sentimentos do cliente sobre si mesmo passaram a ser considerados a preocupação central do aconselhamento, porque constituíam os elementos de autoconceito. De acordo com Rogers, o autoconceito de uma pessoa tem grande influência no seu modo de responder aos desafios da vida.

Após a publicação do trabalho inicial de Rogers, estabeleceu-se, por vinte anos, uma disputa, no campo do aconselhamento, em relação a qual abordagem — diretiva ou não-diretiva — seria "correta". Aos poucos, muitos profissionais começaram a perceber que existiam elementos válidos em cada uma das posturas, que alguns clientes poderiam ser mais beneficiados por uma das abordagens e outros clientes, pela outra, e que vários conselheiros eram mais adeptos de uma posição que de outra. Além disso, desde que a abordagem de Rogers abrira o caminho para a inclusão da extensão total dos problemas humanos como material adequado para aconselhamento, os conselheiros passaram a considerar teorias que anteriormente se restringiam à psicoterapia. O trabalho de Sigmund Freud e seus adeptos foi incorporado à literatura do aconselhamento, ocupando uma posição entre os pontos de vista racional e afetivo. Subseqüentemente, foram desenvolvidas outras teorias, que se situam numa escala cujos extremos são definidos pelas posturas iniciais de aconselhamento diretivo e não-diretivo.

C. H. Patterson (1980), após examinar uma série de sistemas de classificação das teorias de aconselhamento, concluiu que as abordagens contemporâneas poderiam ser dispostas numa escala cujos extremos seriam o processo cognitivo e a preocupação afetiva. (Ver quadro 11-1.)

Preferimos apresentar, de forma resumida, as seis posições teóricas mais freqüentemente citadas como pensamento germinal em que se baseia a prática de aconselhamento, as quais dão origem a outras variações teóricas. A posição de cada uma delas na escala não é precisa, mas intencional. O aconselhamento gestáltico foi colocado à direita do aconselhamento centrado no cliente, porque o conselheiro tem maior tendência a manipular condições a fim de possibilitar a exploração pelo cliente. As três abordagens racionais encontram-se à direita porque se baseiam consideravelmente no processo cognitivo, para provocar mudança no cliente: o aconselhamento racional-emotivo reconhece a importância da emoção, ainda que o pensamento racional seja enfatizado no tratamento; o aconselhamento baseado em traços e fatores trabalha esporadicamente com a emoção, dando maior ênfase à cognição; a corrente behaviorista mais rígida considera a emoção irrelevante, uma vez que não é um comportamento diretamente observável. Ainda assim, as três posições podem ser consideradas diretivas, cognitivas, intelectuais e controladas pelo conselheiro, quando comparadas a outras abordagens da escala.

Aconselhamento centrado no cliente[*]

Carl Rogers (1942, 1951, 1961; Meador & Rogers, 1979) é conhecido como o fundador do aconselhamento centrado no cliente. Formou-se em psicologia, e sua abordagem ao processo de ajuda foi apresentada como alternativa à psicoterapia tradicional orientada psicanaliticamente. Pelo fato de sua concepção da natureza humana atrair os educadores e seu mé-

---

[*] Em seus mais recentes escritos, Rogers deu novo nome a seu sistema: "terapia centrada na pessoa". Preferimos continuar usando a antiga denominação encontrada na maior parte da literatura sobre o assunto.

Não-diretivo
Afetivo
Emocional
Controlado pelo Cliente

Diretivo
Cognitivo
Intelectual
Controlado pelo Conselheiro

Aconselhamento Centrado no Cliente	Aconselhamento Gestáltico	Aconselhamento Psicanalítico ou do Ego	Aconselhamento Racional-Emotivo Aconselhamento Baseado em Traços e Fatores Aconselhamento Behaviorista

Quadro 11-1 — Escala de teorias do aconselhamento

todo de aconselhamento não exigir um vasto conhecimento de psicologia, a terapia centrada no cliente foi rapidamente adotada por muitos conselheiros. Com o tempo, o aconselhamento centrado no cliente passou a influenciar o trabalho da maioria dos conselheiros.

A natureza dos seres humanos

No aconselhamento centrado no cliente, considera-se que os seres humanos têm valor positivo e o desejo de vir a "atuar integralmente", isto é, viver o mais efetivamente possível. Essa visão da natureza humana opõe-se à concepção freudiana de que as pessoas possuem impulsos negativos que, se não forem socializados adequadamente, dão origem a comportamento destrutivo para o próprio eu e para os outros. De acordo com Rogers, se se permitir a uma pessoa desenvolver-se livremente, ela prosperará e irá se tornar um indivíduo positivo, realizador. De acordo com a posição freudiana, o impulso negativo irá se manifestar, a menos que se exerçam certos controles.

O aconselhamento centrado no cliente baseia-se numa teoria da personalidade chamada teoria do eu (*self theory*). A visão que a pessoa tem do próprio eu no contexto de seu meio determina seu comportamento e sua satisfação pessoal. Se for oferecido um ambiente estimulador, o indivíduo terá confiança para a auto-realização, utilizando-se de todas as suas capacidades. Se não receber amor e apoio de pessoas significativas, provavelmente irá se considerar sem valor e aos outros, como não dignos de confiança. Seu comportamento tornar-se-á defensivo (autoprotetor) e seu crescimento em direção à auto-realização será dificultado.

Um elemento importante da teoria do eu é o princípio de que as percepções que uma pessoa tem do eu e do meio (incluindo pessoas significativas) *são* a realidade para ela. Assim, se um indivíduo se vê como incompetente, ou os pais ou professores como desprezíveis, isso determinará seu comportamento, mesmo se os outros acham-no brilhante ou seus pais e professores, amáveis. Dizer a um aluno, que não apresenta um bom desempenho, que ele é capaz, raras vezes tem algum efeito, porque essa avaliação provavelmente entra em conflito com sua realidade pessoal. Esta pode ser mudada através do aconselhamento, mas em geral não através de intervenção direta como a substituição da opinião do cliente pela do conselheiro.

O processo de aconselhamento

Uma vez que Rogers considera os seres humanos positivos e auto-realizadores por natureza, o conselheiro deve proporcionar condições que permitam a autodescoberta e encorajem a tendência natural do cliente para o crescimento pessoal. As condições estimuladoras descritas por Rogers são essencialmente aquelas expostas, no capítulo 3, como importantes na fase da descoberta inicial. Se o conselheiro for totalmente aceito pelo cliente, irá se relacionar empaticamente com o mundo do cliente (realidade) e comportar-se de modo autêntico (comportamento coerente com os sentimentos), e o cliente estará livre para descobrir e expressar o âmago de seu ser. À medida que passar a se perceber de maneira mais positiva, no ambiente estimulador do aconselhamento, estará capacitado para viver de modo mais efetivo. O conselheiro não irá proporcionar apenas um ambiente estimulador, que pode não existir na vida do cliente, mas também atuar como um modelo operacional de como uma pessoa, que vive integralmente, relaciona-se com os outros.

A visão filosófica da natureza dos seres humanos, descrita anteriormente, é muito mais importante, para a prática do aconselhamento centrado no cliente, que qualquer conjunto particular de técnicas ou conhecimentos. Tem-se dito que, no aconselhamento centrado no cliente, o profissional aprende como *ser* um conselheiro, ao invés de como *fazer* aconselhamento. Deve se sentir bastante à vontade para tornar-se *totalmente* envolvido com o mundo de seu cliente sem medo de perder a própria sensação de bem-estar, e interessar-se por seus clientes a ponto de se dispor a compartilhar de sua angústia. Durante todo esse processo, deve ser capaz de manter seu próprio senso de individualidade e de conservar a perspectiva emocional sobre as dificuldades do cliente. Uma vez que se considera que o cliente possui o potencial para solucionar seus próprios problemas, o conselheiro não precisa oferecer-lhe nenhum conhecimento especializado.

O conselheiro centrado no cliente emprega as técnicas situadas na extremidade menos condutiva da escala representada no Quadro 7-1 (pág. 114). Utiliza-se de respostas de silêncio, aceitação, reafirmação e clarificação, sendo o cliente quem conduz a discussão e é responsável pelos resultados. Se durante a discussão percebe-se necessidade de informação, o conselheiro deve encorajar o cliente a buscá-la fora da sessão. Um conselheiro exclusivamente centrado no cliente provavelmente não usa testes, embora possa ter esse procedimento a pedido do cliente.

O conselheiro centrado no cliente estimula a auto-exploração cuidadosa, mas tende a evitar a confrontação e a interpretação como instrumentos para apressar o *insight*. Não se dá muita ênfase ao planejamento de ação específica, exceto quando iniciado pelo cliente. Tem-se que, à medida que o cliente se torna livre para realizar seu potencial através do processo de exploração, a mudança de comportamento ocorre naturalmente, sem a indução do conselheiro.

Contribuição ao modelo genérico de aconselhamento

Carl Rogers deu uma grande contribuição ao modelo genérico de aconselhamento apresentado neste livro. A contribuição óbvia é sua descrição clara da relação de ajuda que constitui a essência da primeira fase. Devido ao trabalho de Rogers, os conselheiros tornaram-se melhores ouvintes. Mesmo os conselheiros que preferem técnicas mais condutivas que as do aconselhamento centrado no cliente reconhecem a importância de dar condições de relacionamento que levem o cliente a revelar elementos significativos da realidade pessoal. Foi dito que o aconselhamento deve partir de onde o cliente está — e, para se saber onde ele está, a maioria dos conselheiros emprega métodos introduzidos por Rogers.

Uma segunda contribuição importante, cuja origem se deve às afirmações de Rogers acerca da natureza humana, é a idéia de que o cliente é basicamente responsável por sua própria vida. Embora alguns conselheiros possam não ser tão otimistas quanto Rogers ao acreditar que todas as pessoas são fundamentalmente boas, a maioria reconhece que o conselheiro não pode e não deve controlar as ações do cliente. Os conselheiros que julgam que o profissional deve estabelecer condições para influenciar as ações do cliente sustentam em geral que estão simplesmente ajudando o cliente a alcançar seus próprios objetivos.

O aconselhamento centrado no cliente tem uma visão positiva do homem. Rogers expôs uma metodologia que pode ser aprendida de modo relativamente fácil por pessoas que estão, elas próprias, "atuando integralmente".

Aconselhamento gestáltico

O aconselhamento gestáltico foi desenvolvido por Frederick Perls que, como Carl Rogers, teve formação em psicoterapia freudiana. Embora tenha sido um profissional dinâmico e efetivo, Perls não foi tão diligente quanto Rogers em escrever sobre seu trabalho, e provavelmente existem mais pontos conceituais pouco claros em seu sistema. Vários livros de Perls e outros (Perls, 1969; Perls, Hefferline e Goodman, 1951; Fagan e Shepherd, 1970; Polster e Polster, 1973), considerados conjuntamente, fornecem uma base adequada para se compreenderem as contribuições de Perls.

A natureza dos seres humanos

O nome desta abordagem tem origem na palavra alemã *Gestalt*, que traduzida toscamente significa "todo". Um conceito central desta visão dos seres humanos é que o todo é maior que a soma das partes e que o organismo funciona como um todo. Além disso, os seres humanos estão constantemente procurando equilíbrio, o qual é ameaçado pelos acontecimentos externos e pelos conflitos interiores. Independentemente da fonte ou da natureza das ameaças ao equilíbrio do indivíduo, todo o organismo desorganiza-se quando ocorre desequilíbrio. Assim, as dificuldades no casamento de uma pessoa afetarão seu desempenho no trabalho; o fracasso na escola provavelmente afetará relações interpessoais; e o sucesso nos esportes terá influência em outros acontecimentos da vida. O conceito de "todo" também se aplica à interação entre aspectos fisiológicos e psicológicos de uma pessoa, do mesmo modo como freqüentemente a emoção é expressa através de meios físicos. Compreender comportamento não-verbal é importante para entender a pessoa como um todo.

Perls acredita que o instinto tem um papel importante na motivação do comportamento, mas enfatiza um instinto de "fome" ao invés do instinto sexual como na teoria freudiana. Esse instinto de fome motiva as pessoas a "incorporarem" elementos do meio. Embora esse instinto dirija o organismo, não é voltado para o bem ou para o mal; na verdade, os teóricos gestaltistas tendem a ver o comportamento não como "ruim" ou "bom", mas como "efetivo" ou "inefetivo".

À medida que as pessoas vivem, freqüentemente desenvolvem elementos da personalidade que divergem e que "desejam" coisas diferentes. Por exemplo, o eu "lutador" de uma pessoa pode querer lutar com seus inimigos, mas seu eu "amoroso" quer fazer as pazes; num momento, uma criança pode tentar vingar-se do pai ou da mãe que a maltratou, e, em outro, procurar apenas ser amada. De acordo com Perls, para se entender o ser humano é importante compreender as polaridades que existem simultaneamente na personalidade. Parte do processo de ajuda é encorajar o cliente a resolvê-las e trabalhar em direção a um conjunto mais unificado de motivos.

O aconselhamento gestáltico situa-se, na escala de teorias de aconselhamento, na direção das teorias de caráter afetivo e centradas no cliente, porque os sentimentos são enfatizados e o cliente é responsável por sua atuação na vida. Como no aconselhamento centrado no cliente, o conselheiro é como um facilitador do crescimento do cliente em direção à autoresponsabilidade; a realidade particular do indivíduo é considerada como a base para suas interações com o mundo em geral; e o aumento de *insight*, que altera essa realidade, resulta em atuação mais efetiva. Embora exista sobreposição entre as concepções de Rogers e da *Gestalt* da natureza humana, a teoria da Gestalt concentra-se em alguns aspectos específicos da experiência que não são tratados por Rogers. Essas diferenças de enfoque resultam em diferenças nos procedimentos de aconselhamento.

O processo de aconselhamento

No sistema da Gestalt, o objetivo do aconselhamento é estimular o crescimento pessoal. A neurose é considerada uma interrupção do processo de crescimento e os mecanismos de defesa, dispositivos que enfraquecem o viver efetivo.

O crescimento é visto como uma seqüência de acontecimentos que passa da experiência (com uma situação vital) para a sensação (verificação das características da situação, através dos sentidos), desta para a excitação (envolvimento com o acontecimento) e, então, para a formação da Gestalt (integração da experiência nas perspectivas do mundo que a pessoa tem armazenadas). Quando o cliente usa mecanismos de defesa para isolar-se de novas experiências, há estagnação.

Alguns conselheiros que trabalham na linha da Gestalt procuram frustrar as tentativas do cliente de evitar novas experiências através de comportamentos defensivos. Assim, a confrontação torna-se uma técnica predominante de aconselhamento. Freqüentemente, a confrontação baseia-se nas discrepâncias entre as afirmações verbais do cliente e seu comportamento não-verbal. Por exemplo, é comum que as pessoas riam quando embaraçadas, numa tentativa de tornar a situação embaraçosa mais branda. O conselheiro, nesse caso, pode observar: "Você diz que está embaraçado, mas está rindo." Através desse tipo de intervenção, o cliente é posto cada vez mais próximo de uma aceitação autêntica de sua própria pessoa. A confrontação também é usada como resposta a elementos discrepantes das declarações verbais do cliente.

As inúmeras técnicas usadas pelo conselheiro da Gestalt visam trazer experiência "passada e distante" para o "aqui e agora". Se um cliente está preocupado com uma divergência com a esposa, pode-se pedir que ele represente algum aspecto da disputa, assumindo alternadamente seu próprio papel e o da esposa. Ao invés de se falar *sobre* o que ocorreu, o acontecimento é vivenciado novamente e a emoção, observada. Muitas vezes, novas compreensões levam a novos comportamentos ou nova aceitação de si ou dos outros. Quando tais representações de eventos da vida remontam a fases iniciais da vida do cliente, dá-se um processo de "conclusão de assuntos não-concluídos". É o caso, por exemplo, de um adulto jovem que, por guardar resíduos do conflito que teve com os pais durante a infância, tem dificuldades de relacionamento com figuras de autoridades legítimas na vida adulta, como o patrão. Ao reprocessar e "digerir" o antigo conflito, o cliente liberta-se para interagir mais objetivamente com pessoas presentes em sua vida.

Os conselheiros da Gestalt usam muitas técnicas para fazer com que o cliente tenha um contato mais claro com o próprio eu. Descreveremos aqui apenas algumas delas. A dramatização é talvez a mais importante. O conselheiro pode representar o papel de uma pessoa significativa e o cliente representar-se a si mesmo, ou vice-versa, ou o cliente representar ambos os papéis. Algumas vezes, pode-se pedir ao cliente para mudar de cadeira, ao trocar de papel. Há uma outra variação da técnica da "cadeira vazia", quando se pede ao cliente para representar dois aspectos diferentes do eu, por exemplo, seu eu "assertivo" e seu eu "fraco". Em todas essas técnicas, o conselheiro conversa "sobre" a situação, apenas o suficiente para ser capaz de estruturar os papéis, e então procura trazer a ação para o "aqui e agora".

Outros "jogos", como são chamados, são o da exageração e o do "eu assumo responsabilidade". No primeiro, pede-se ao cliente para exagerar uma opinião que foi expressa e que o conselheiro considera defensiva. À medida que a emoção e o conteúdo se tornam exagerados, o cliente percebe a inexatidão e pode retirar parte da declaração defensiva original. O jogo da "responsabilidade" funciona do mesmo modo: o cliente é instruído para, depois de repetir uma declaração questionável, dizer: "E eu assumo responsabilidade pelo que eu disse." Se o cliente tiver dúvidas quanto à declaração original, pode alterá-la a fim de assumir responsabilidade pela mesma.

Embora o aconselhamento gestáltico não seja interpretativo — isto é, o conselheiro não interpreta o comportamento —, o profissional deve possuir habilidades diagnósticas para reconhecer o comportamento defensivo do cliente. A fim de fazer observações que levarão o cliente a examinar-se, o conselheiro deve ser capaz de reconhecer suas tentativas de ocultar certas coisas. À medida que se trabalha com o cliente, emergem temas que esboçam os modos característicos de ele lidar com os fatos da vida, particularmente com outras pessoas. O conselheiro deve chamar a atenção do cliente para essas tentativas de ocultar coisas no processo do aconselhamento, e pode referir-se a essa defensividade como "impostura". O conselheiro deve encorajar constantemente o cliente a ter um comportamento autêntico que reflita seu estado interior, mas também é preciso reconhecer que essa autenticidade é muito difícil.

À medida que o aconselhamento prossegue e o cliente "conclui assuntos não-concluídos" e aproxima-se de uma compreensão do eu autêntico, passa a ser capaz de estabelecer mais freqüentemente contato efetivo na vida cotidiana. O processo de crescimento é contagiante, pois sair-se bem em situações da vida faz com que o cliente volte a ter segurança para mostrar ao invés de ocultar. A certa altura, a sua tendência de extroversão excede a de introversão, e o processo de crescimento atinge um grau que torna desnecessário o aconselhamento.

Contribuição ao modelo genérico de aconselhamento

O aconselhamento gestáltico é uma abordagem centrada no cliente, na qual o conselheiro intervém mais ativamente do que no aconselhamento rogeriano. Grande parte da condução é característica da segunda fase do aconselhamento descrito no capítulo 4, mas o conselheiro da Gestalt não chega à interpretação. Uma das contribuições importantes do aconselhamento gestáltico ao modelo genérico é a elaboração de muitas técnicas que podem auxiliar o cliente a ver-se de modo mais claro. O cliente ainda é responsável pelos resultados, mas o conselheiro pode usar técnicas muito ativas para promover a autopercepção.

Por perceber o cliente como um organismo total, o trabalho gestáltico também amplia o foco do conselheiro para a resposta fisiológica à experiência, o qual pede ao cliente que esteja consciente da tensão em seus músculos, das respostas do sistema circulatório ou digestivo a certo conteúdo, ou de suas respostas manifestas e observáveis quando discute acontecimentos da vida. A experiência em trabalho gestáltico aumenta a capacidade do profissional para integrar indícios do comportamento não-verbal do cliente ao processo de aconselhamento, escolha, ou não, o conselheiro confrontar esse comportamento diretamente.

Reiteramos que o aconselhamento gestáltico é uma abordagem orientada para o crescimento que, como o aconselhamento rogeriano, enfatiza o potencial humano. O conselheiro tenta remover as barreiras, a fim de permitir ao cliente a liberdade para vir a viver mais integralmente. Ao contrário do aconselhamento rogeriano, o aconselhamento gestáltico faz mais afirmações sobre a natureza das barreiras e, assim, é mais diagnóstico em sua orientação.

Aconselhamento psicanalítico

A psicanálise foi criada por Sigmund Freud, que desenvolveu sua teoria a partir de sua experiência como terapeuta e escreveu sobre seu trabalho por um período de quase cinqüenta anos antes de 1939 (Strachey, 1964). Como já dissemos, inicialmente o trabalho de Freud não era considerado importante para a prática de aconselhamento, pois visava o alívio de problemas emocionais sérios, e o aconselhamento, nos seus primeiros anos, enfocava a tomada de decisão. Após Rogers ter aberto o caminho para os conselheiros trabalharem com a emoção humana, a obra freudiana foi descoberta pelos profissionais do aconselhamento.

A psicanálise de Freud constituía um processo de ajuda minucioso e longo que colocava bastante ênfase no desenvolvimento psicossexual do cliente. O objetivo era fazer com que o cliente tivesse *insight* em todos os aspectos de sua personalidade. Hoje, poucos profissionais, mesmo psicanalistas, desenvolvem esse tipo de trabalho. Ao contrário, os conceitos freudianos são aplicados em aconselhamento de mais curto prazo, resultando em comportamento mais efetivo sem "análise total".

Seria difícil subestimar as contribuições de Freud à nossa compreensão da psique humana e ao processo de ajudar pessoas a resolver problemas emocionais falando sobre eles. Os conceitos comumente aceitos hoje, como a existência do inconsciente e dos mecanismos de defesa, foram criados por Freud. E os autores que desenvolveram algumas das abordagens mais contemporâneas de aconselhamento (Rogers, Perls e Ellis) tiveram formação e prática psicanalítica. Outros autores e terapeutas (Adler, 1927; Jung, 1954; Sullivan, 1953; Fromm, 1941, 1976; Bordin, 1968) permaneceram identificados com as teorias de Freud e estabeleceram a base da psicologia moderna. O aconselhamento e a psicoterapia orientados psicanaliticamente são as práticas mais adotadas de ajuda humana.

A natureza dos seres humanos

Para Freud, os seres humanos são criaturas biológicas dirigidas por um desejo instintivo para o prazer pessoal (gratificação). A força vital ou *libido* é a fonte de energia que os impulsiona para comportamentos que satisfazem o motivo do prazer. Somente através do processo de socialização, os seres humanos são redirecionados para comportamentos que permitem satisfação de necessidades pessoais de maneira não-destrutiva ou inaceitável para os outros. Se não houvesse controle, as pessoas buscariam a própria satisfação, sem considerar os direitos dos outros ou a realização de trabalho útil. Na teoria freudiana não há nada quanto à tendência do indivíduo à auto-realização; antes, considera que os seres humanos agem segundo o princípio do prazer, tendo que ser moldados no sentido de um esforço positivo.

Desenvolvimento psicossexual Na teoria freudiana, o prazer está ligada à sexualidade, e a libido é uma força que impele em direção à gratificação. Segundo Freud, o desejo por prazer sexual começa na infância e, inicialmente, é satisfeito pelo ato de sugar o peito da mãe. Essa primeira etapa é chamada fase oral. Se as necessidades orais do bebê não são satisfeitas, mais tarde podem resultar em gula ou cobiça (Corey, 1982, p. 15). Seguem-se, em ordem, as fases anal, fálica, de latência e genital, e, para cada uma delas, existem necessidades que, se satisfeitas, permitem crescimento em direção à maturidade psicológica. Se as necessidades de uma criança não são aceitas pelos pais e não são satisfeitas, a conseqüência provável será a "fixação" em satisfazer aquelas necessidades num período posterior, quando esse comportamento não é mais adequado.

A posição de Freud sobre a sexualidade tem provocado grandes controvérsias. Muitos não concordam com a idéia de que todo prazer tem um componente sexual e a sexualidade é vivenciada desde o nascimento. Para outros, a idéia de que os seres humanos são motivados sexualmente e começam a buscar gratificação desde o nascimento é ofensiva. Alguns acreditam que Freud não só esteja errado, como seja um pervertido. Outros aceitam a teoria da sexualidade infantil, mas colocam menos ênfase na duração das fases relativamente rígidas de desenvolvimento.

Aceitando-se, ou não, a ligação entre instinto e sexualidade, há muito a ser aprendido, na obra freudiana, sobre o inconsciente, a estrutura da personalidade e os mecanismos de defesa. Infelizmente, nos primeiros anos de existência da técnica de aconselhamento, a contribuição de Freud foi muito rejeitada. O profissional que estava voltado para tomada de decisão racional não via relevância nas teorias freudianas sobre o desenvolvimento psicossexual e freqüentemente ofendia-se com a idéia da motivação sexual, por isso dava pouca atenção às outras idéias de Freud.

O inconsciente Uma das idéias mais importantes introduzidas por Freud foi o conceito de que o indivíduo não tem consciência de grande parte do seu processo mental e que a atividade mental pode ser inconsciente. A motivação inconsciente de uma pessoa baseia-se no instinto modificado e socializado pela interação com pessoas significativas, principalmente os pais, durante a infância. Se a satisfação das necessidades instintivas é bloqueada pelo relacionamento insatisfatório com os pais, de modo que não se encontrem meios de expressão, o indivíduo é impelido inconscientemente a satisfazer aquelas necessidades por quaisquer meios disponíveis. O conceito-chave é que as pessoas freqüentemente não compreendem por que se comportam de determinado modo, uma vez que a motivação é inconsciente. Isso pode se dar mesmo quando uma pessoa parece ter uma explicação plausível para comportamentos particulares. A explicação plausível pode ser apenas uma defesa aceitável socialmente, que encobre o motivo inconsciente.

A estrutura da personalidade Segundo Freud, a personalidade constitui-se de três componentes interagentes: o id, o ego e o superego. O *id* é a fonte da energia psíquica e a origem do instinto. Impele o indivíduo para a busca do prazer sem levar em conta as conseqüências. O *ego*, considerado o "executivo" da personalidade, está em contato com a realidade exterior e, através de experiência, adquire força para ajudar o indivíduo a satisfazer suas necessidades de modo aceitável. O ego é a sede do pensamento racional. O *superego* consiste de princípios aprendidos relativos às idéias de certo e errado e também controla a gratificação instintiva. O indivíduo, quando nasce, é motivado por um id livre, que busca instintivamente a satisfação imediata das necessidades. Com o passar do tempo, o ego desenvolve um repertório de estratégias para lidar com as situações da vida de modo a satisfazer necessidades de forma positiva, e o superego desenvolve uma provisão de atitudes acerca do certo e do errado. O ego e o superego exercem controle sobre a expressão direta dos impulsos do id.

Os profissionais contemporâneos do aconselhamento psicanalítico tendem a enfatizar o ego como o elemento-chave da personalidade, sujeito a crescimento e mudança como resultado do aconselhamento. Chama-se "psicologia do ego" ao processo de ajuda, orientado psicanaliticamente, que enfatiza o funcionamento do ego. O bom funcionamento do ego determina o modo adequado de o indivíduo lidar com as situações da vida. O cuidado positivo durante os anos de desenvolvimento contribui para um senso de autocompetência, que encoraja o crescimento contínuo da função do ego.

Mecanismos de defesa Quando um indivíduo se depara com necessidades que o ego não pode controlar, sente ansiedade. A pessoa tem medo de que o ego seja derrotado e que o impulso inaceitável seja expresso. Em tais circunstâncias, as defesas do ego atuam a fim de suavizar o golpe sobre o ego e reduzir a tensão. Assim, um estudante que não está tendo um bom desempenho escolar pode rejeitar o problema, negando-o, ou racionalizar para explicar por que não pode ir melhor. O mecanismo de defesa atua no sentido de retirar a pressão do ego. Se os mecanismos de defesa são usados repetidamente, o indivíduo rejeita as demandas e perde várias oportunidades para ter sucesso nas tarefas da vida. Há neurose, quando um indivíduo usa mecanismos de defesa na interação com outras pessoas a ponto de a competência interpessoal ser seriamente dificultada. Há psicose quando o ego é tão pressionado a ponto de perder o contato com a realidade externa.

Os mecanismos de defesa são empregados como parte inconsciente do processo mental. Portanto, não seria útil dizer a um cliente: "Você apenas está sendo defensivo." É importante que o conselheiro seja capaz de reconhecer as defesas e de ajudar o cliente a explorar as circunstâncias problemáticas, a fim de encontrar respostas mais satisfatórias que substituam as defensivas. Também é importante perceber que há momentos em que toda pessoa necessita da pausa temporária que a defesa proporciona e que mecanismos de defesa moderados, diante de circunstâncias duras, são algo saudável e necessário. Os mecanismos de defesa comuns incluem negação, racionalização, intelectualização, projeção e regressão.

Sumário

Para Freud, os seres humanos buscam instintivamente os prazeres, todos de origem sexual. O desenvolvimento através das fases psicossexuais, num ambiente propício, permite ao indivíduo desenvolver uma personalidade saudável com um ego forte. Quando o ego não é bastante forte para enfrentar os desafios da vida, os mecanismos de defesa o protegem. Esses mecanismos servem a um objetivo útil, se não forem empregados excessivamente, impedindo que os desafios sejam enfrentados.

O processo de aconselhamento

É fundamental, ao processo de aconselhamento psicanalítico, a convicção de que os indivíduos, através dos mecanismos de defesa, relegam ao inconsciente o material que não podem tolerar. Mesmo afastando do âmbito da consciência problemas cruciais não-resolvidos, as necessidades insatisfeitas continuam a interferir no contexto vital. O processo de aconselhamento encoraja o cliente a desalojar o material inconsciente e resolver os conflitos contidos nele.

O cliente é encorajado a falar o mais livremente possível sobre situações incômodas. Em alguns casos, emprega-se a livre associação, quando se pede ao cliente para suspender o controle sobre o que diz e apenas deixar correr livremente o discurso sem levar em conta quão desconexo ou bizarro o material pareça. Algumas vezes, também são analisados os sonhos.

Independente do método de abordagem dos pensamentos do cliente — discussão de problema, livre associação ou relato de sonho —, o conselheiro tenta compreender os motivos do cliente e interpretar, para ele, seu comportamento. O conselheiro deve ter conhecimentos de psicodinâmica, para induzir o cliente a novo *insight*. Também usa acontecimentos em sua própria relação com o cliente para exemplificar comportamentos do cliente que podem ser interpretados. Há descarga substancial de emoção por parte do cliente à medida que circunstâncias difíceis são exploradas e ocorrem novas percepções.

O conselheiro de orientação psicanalítica deve ter conhecimentos sólidos de psicologia e seu principal instrumento de condução é a interpretação, sendo muito importante a produção de material significativo pelo cliente. Portanto, o sistema tende para o centro da escala das teorias de aconselhamento. O aconselhamento psicanalítico dá grande ênfase à segunda fase do processo — a exploração em profundidade.

Contribuições ao modelo genérico de aconselhamento

A maior contribuição da teoria psicanalítica à prática contemporânea de aconselhamento é a teoria da personalidade e sua aplicação ao processo diagnóstico. A estrutura da personalidade, apresentada por Freud, facilita a análise do comportamento humano e ajuda o conselheiro a considerar a contribuição do impulso, da razão e da consciência na motivação do cliente. Junto à estrutura tripartida da personalidade, está o conceito de que o ego se fortalece através de experiência positiva com o mundo exterior. Às vezes, há desequilíbrio entre a força do ego e as demandas que se apresentam, e o cliente torna-se defensivo. A natureza dos mecanismos de defesa, os fins a que servem e os problemas que causam são questões importantes para o processo diagnóstico. Transferência, contratransferência e resistência são manifestações do processo de defesa do ego (v. cap. 9).

Os elementos do método original de Freud para condução da terapia também sobrevivem. Muitos conselheiros utilizam a interpretação como instrumento condutor predominante, a fim de ajudar o cliente a ver suas experiências, utilizando uma estrutura psicodinâmica da personalidade. Trabalham com os relatos de experiências cotidianas do cliente e utilizam situações do próprio relacionamento conselheiro/cliente como material para interpretação. A análise de sonhos e a livre associação atualmente são menos utilizadas como material para o processo interpretativo, mas ainda constituem um acesso à experiência inconsciente do cliente. Grande parte do processo de aconselhamento é exploração em profundidade, dando-se pouca ênfase, comparativamente, à construção do relacionamento ou ao planejamento de ações específicas.

Situamos o aconselhamento psicanalítico próximo ao centro da escala das teorias de aconselhamento, porque abrange material cognitivo e afetivo, e o cliente e o conselheiro são ativos no processo de aconselhamento. Um conselheiro de orientação psicanalítica não se satisfaz apenas com relato do cliente sobre sentimento sem significado, nem sobre significado sem sentimento. Cabe ao cliente revelar seu eu ao conselheiro, e ao conselheiro resta a tarefa de interpretar as experiências do cliente, de modo que este passe a ter uma maior percepção de si mesmo e seu ego se fortaleça e possa apresentar respostas efetivas, ao invés de defensivas, às demandas do meio.

Aconselhamento racional-emotivo

O aconselhamento racional-emotivo foi desenvolvido por Albert Ellis que, como Rogers e Perls, recebeu formação para ser terapeuta psicanalista. Ellis pensava que a abordagem psicanalítica tradicional, com seu foco de atenção voltado para material complexo revelado através de livre associação e sonhos, era ineficiente e tratava de muitas questões que desviavam o cliente de sua aprendizagem de como viver de maneira mais efetiva. Influenciado pela teoria da aprendizagem, Ellis começou a desenvolver uma nova abordagem de aconselhamento, na qual se ensina o cliente a pensar de modo diferente sobre seus desejos de amor e realização. Ellis escreveu muito para o público profissional e leigo. Citamos, aqui, apenas uma pequena amostra de seu trabalho (Ellis, 1962, 1973, 1977, 1979).

A natureza dos seres humanos

As pessoas nascem com o potencial tanto para serem racionais, como irracionais. Algumas pessoas têm maior tendência para a irracionalidade que outras, e nossas diferentes tendências para a irracionalidade interagem com a programação do ambiente inicial (principalmente pais) para produzir níveis de irracionalidade distintos em cada um de nós. A sugestionabilidade das pessoas nos anos formativos é alta e elas tendem a adotar muito facilmente os "deveria" da sociedade.

Segundo Ellis, a emoção negativa resulta de pensamento irracional. Não são os acontecimentos em nossa vida que criam sentimentos ruins, mas o que pensamos sobre eles. Por exemplo, ser rejeitado por alguém que se julga atraente, numa festa, é um fato desagradável para a maioria das pessoas, mas se torna um problema, de acordo com a teoria racional-emotiva (TRE), quando o indivíduo repelido "faz uma catástrofe" do acontecimento. Ele pode ter pensamentos irracionais como "Não posso agüentar ser rejeitado" ou "É essencial que eu seja amado por todas as pessoas". Se pensa simplesmente: "É muito ruim que alguém me humilhe; eu gostaria de estar com fulano", não se perde o controle sobre a emoção negativa e pode-se planejar trabalhar para uma outra oportunidade de contato. Entretanto, se a pessoa faz do incidente uma catástrofe, resultam emoções negativas e comportamento inefetivo. A energia será gasta em sentir-se com pena de si mesmo e possivelmente em represália contra a outra pessoa. Muitas vezes, a concepção de personalidade da TRE é chamada teoria ABCD da personalidade, onde A é um acontecimento ativador; B, o pensamento da pessoa sobre o acontecimento; C, a reação emocional; e D, o comportamento resultante. Como no exemplo acima, se o pensamento em B é irracional, então a reação emotiva é potencialmente debilitadora e o comportamento inefetivo.

No sistema da TRE, as pessoas pensam irracionalmente de poucas maneiras. A perturbação pode ser compreendida, avaliando-a comparativamente a um conjunto finito de idéias irracionais típicas. Embora Ellis tenha exposto aproximadamente doze idéias irracionais em seu trabalho inicial, mais recentemente ele sumarizou a natureza do pensamento irracional em termos de aceitação e competência. As pessoas sentem-se aflitas por acreditarem que *precisam* do amor dos outros e que *precisam* ser perfeitamente competentes. Embora concorde que as pessoas desejem ser aceitas e competentes, Ellis questiona que essas sejam necessidades humanas. Se vistos como necessidades, mais do que desejos, os sentimentos de desvalia resultarão quando uma pessoa não for integralmente aceita ou perfeitamente competente. O acontecimento é percebido como "terrível" e as outras pessoas como "vis". Ellis afirma que as opiniões irracionais de que uma pessoa deve ser amplamente aceita e perfeitamente competente, para aceitar-se, são ensinadas pelos pais através de um tipo de lavagem cerebral na qual as convicções são reforçadas incessantemente durante os anos da infância.

O processo de aconselhamento

Segundo Ellis, o aconselhamento racional-emotivo caracteriza-se por um procedimento de "despropaganda". O conselheiro identifica o pensamento irracional do cliente, indica-o e então procura substituí-lo por um pensamento mais racional. O processo inclui persuasão, condicionamento operativo, dessensibilização (v. aconselhamento behaviorista), dramatização e trabalho em casa. Todas as técnicas procuram estimular o cliente a pensar mais racionalmente, a fim de que se sinta melhor a seu próprio respeito, sendo capaz de atuar mais efetivamente. O conselheiro tem papel muito ativo ao avaliar a natureza do pensamento irracional e ao influenciar o cliente a mudá-lo.

A abordagem racional-emotiva de aconselhamento situa-se próxima à extremidade de caráter racional e de controle pelo conselheiro de nossa escala de teorias de aconselhamento. O conselheiro penetra no mundo de experiência do cliente, através dos processos de pensamento deste (cognitivos), e toma a seu cargo o aconselhamento. É colocada pouca ênfase nas habilidades necessárias à primeira fase do aconselhamento, e, para Ellis, é irrelevante se o cliente sente, ou não, cordialidade da parte do conselheiro. Existe alguma atividade de exploração característica da segunda fase, no sentido de que o pensamento irracional deve ser identificado e corrigido; mas o processo de exploração se estende apenas até que o conselheiro identifique a natureza da irracionalidade. A partir desse ponto, o processo de aconselhamento move-se rapidamente para o planejamento da ação. O cliente é instruído para comportar-se de modo diferente, com base em seus pensamentos irracionais recentes sobre suas experiências de vida. Como em qualquer aprendizagem, os novos padrões não podem ser desempenhados perfeitamente de início, e é necessário reforço. Contudo, o aconselhamento racional-emotivo visa provocar mudanças de ações num tempo relativamente curto.

Contribuição ao modelo genérico de aconselhamento

A teoria racional-emotiva fornece um modelo adicional para compreender o comportamento humano. Para certos clientes a identificação do pensamento irracional e a aprendizagem de pensamento mais racional podem resultar em melhoria rápida de comportamento. A teoria elimina a necessidade de um completo processo diagnóstico histórico e passa diretamente a apoiar as mudanças no cliente. Faz com que este perceba corretamente como pensa e sente, sem dedicar excessiva energia em compreender o porquê, e reestrutura o processo cognitivo do cliente. O aconselhamento racional-emotivo é um modo de considerar as segunda e terceira fases do aconselhamento. Acrescenta uma dimensão diagnóstica e mostra o uso de técnicas ativas e diretas.

Aconselhamento baseado em traços e fatores

Como foi dito na introdução deste capítulo, o aconselhamento baseado em traços e fatores foi considerado *o* método de aconselhamento por muitos anos, no início do século XX. Embora tenha sido criada por Frank Parsons (1909), essa abordagem foi mais claramente articulada em sua forma atual por E. G. Williamson (1939, 1950, 1965). Como Williamson era professor na Universidade de Minnesota, também são encontradas referências à Escola de Aconselhamento de Minnesota. Embora uma série de abordagens e psicodinâmicas mais recentes de aconselhamento tenham emergido para ajudar indivíduos com problemas pessoais, a abordagem baseada em traços e fatores permanece a mais empregada para auxiliar as pessoas que devem fazer escolhas educacionais e vocacionais.

A natureza dos seres humanos

Como Ellis, Williamson acredita que as pessoas têm potencial para se tornar boas ou más. Não concorda com a visão de Rogers de que, se é dada livre escolha, as pessoas optam por comportamento auto-realizador. Ao contrário, segundo Williamson, as crianças são inexperientes e ingênuas e necessitam de orientação do adulto para terem uma vida compensadora. Cada indivíduo é dotado de um conjunto diferenciado de capacidades e desenvolve habilidades, interesses e atitudes únicas que têm implicações na tomada de decisão. Quanto melhor um indivíduo conhece suas características particulares, mais efetivo será em planejar uma vida compensadora e útil.

O processo de aconselhamento

O aconselhamento baseado em traços e fatores é centrado no conselheiro, porque grande parte do processo depende de sua atividade. O conselheiro usa suas habilidades especializadas para ajudar o cliente a avaliar *objetivamente* vários traços que têm implicações na solução do problema e na tomada de decisão. Essa avaliação objetiva inclui a introdução dos escores de testes que refletem as habilidades, capacidades e interesses do cliente. O conselheiro mostra ao cliente como este se compara a outras pessoas em escores específicos, de modo que possa escolher uma linha de conduta que levará a sucesso e satisfação. O conselheiro introduz ativamente informações sobre campos de trabalho, para que o cliente possa se tornar mais consciente das oportunidades profissionais. Também é oferecida orientação sobre como estudar e entender-se com outras pessoas.

Williamson descreveu o processo de aconselhamento como uma seqüência de seis passos: análise, síntese, diagnose, prognóstico, aconselhamento e acompanhamento. Cada um desses passos refere-se ao papel do conselheiro. A análise é a coleta de todos os dados relevantes sobre o cliente, incluindo escores em teste e informação do registro cumulativo sobre o cliente. A síntese é o processo de organização de todos os dados sobre o cliente. A diagnose, baseada numa síntese da informação coletada, indica o que está impedindo o progresso ou a tomada de decisão: dependência, falta de informação, autoconceito inexato, ansiedade na escolha, ou nenhum problema. O prognóstico compõe-se da predição de desenvolvimentos futuros, relacionados ao problema do cliente. O aconselhamento é o processo de se ajudar o cliente a dar os passos necessários que irão resultar em ajustamento ou reajustamento. Esses passos incluem: forçar conformação, mudar ambientes, selecionar novos ambientes, aprender novas habilidades e mudar atitudes. Finalmente, o acompanhamento é o processo pelo qual o conselheiro observa o progresso do cliente e repete os outros passos, se não estiver ocorrendo desenvolvimento positivo.

A abordagem da solução do problema segue o método científico e usa as medidas atuais do potencial humano. O que é atraente nesse sistema é a idéia de que as pessoas podem calcular como manejar melhor suas vidas. Em geral, se a perturbação emocional não constitui um fator significativo no problema do cliente, o processo de revisão cuidadosa de um problema ou decisão, com a ajuda do conselheiro, resulta em clarificação da escolha a ser feita e em melhores habilidades para a tomada de decisão. Embora os problemas de desenvolvimento relativos à atuação normal possam ser tratados por esse método de aconselhamento, segundo Williamson, os clientes mais perturbados devem ser encaminhados a outros profissionais, como psicólogos, por exemplo.

Contribuição ao modelo genérico de aconselhamento

O aconselhamento baseado em traços e fatores é o método a ser escolhido quando o problema enfrentado pelo cliente envolve tomada de decisão e quando existe um baixo nível de complexidade emocional. É o caso de muitos clientes que procuram aconselhamento para escolhas educacionais e vocacionais. Nesse sistema, o conselheiro utiliza instrumentos para coletar dados objetivos sobre o cliente, inserindo-os no processo de tomada de decisão pelo cliente.

É dada pouca ênfase às primeira e segunda fases do processo de aconselhamento. A construção do relacionamento (*rapport*) objetiva tornar o cliente mais receptivo aos conselhos e informações do conselheiro. A exploração em profundidade não é importante, porque a atenção não está voltada para questões psicodinâmicas. O aconselhamento caracteriza-se principalmente por intervenções da terceira fase, que enfatizam a ação. O conselheiro tem papel ativo no planejamento da ação e pode aconselhar o cliente, se julgar que lhe falta perspectiva para fazer boas escolhas por si mesmo.

Apesar da importante contribuição que a tomada de decisão científica acrescenta às habilidades do conselheiro, algumas posturas filosóficas de Williamson são conflitantes com o modelo genérico aqui apresentado. A diferença mais importante reside na idéia de que os conselheiros são responsáveis por perpetuar valores sociais, o que pressupõe que todos os conselheiros conheçam quais são esses valores e que aquilo que a sociedade valoriza é bom. Tal idéia dá origem a um procedimento que leva à conformação. Uma vez que a humanidade está constantemente encontrando novas verdades, essa abordagem, que visa uma ordem social estática, é uma supersimplificação. Naturalmente, há um preço exigido pela sociedade pela violação de suas normas, e a discussão dessas conseqüências lógicas do comportamento é parte importante do aconselhamento. Porém, o cliente deve ter o direito de escolher entre se conformar ou assumir as conseqüências de suas atitudes.

Aconselhamento behaviorista

O aconselhamento behaviorista baseia-se na teoria da aprendizagem. O pressuposto fundamental é que todo comportamento é aprendido e, portanto, pode ser mudado por estratégias implementadoras para produzir nova aprendizagem. A personalidade é considerada como produto de aprendizagem acumulada.

O objetivo do aconselhamento behaviorista é mudar o comportamento inefetivo, e apenas a mudança mensurável de comportamento é considerada evidência de aconselhamento bem-sucedido. Geralmente, os conselheiros behavioristas não consideram os conceitos hipotéticos sobre o processo mental; por exemplo, o inconsciente em relação ao processo do aconselhamento. A autocompreensão não é um objetivo instrumental do aconselhamento.

Não se credita o desenvolvimento do aconselhamento behaviorista a um único autor. B. F. Skinner (1971) é reconhecido amplamente como o porta-voz contemporâneo da psicologia behaviorista. John Krumboltz e Carl Thoresen (1969, 1976) e Donald Meichenbaum (1977) estão entre os autores que têm aplicado a psicologia behaviorista ao aconselhamento. O interesse em métodos behavioristas aumentou durante o final da década de 1960, quando muitas pessoas se desiludiram com os métodos rogerianos como abordagem predominante para o aconselhamento. Recentemente, alguns conselheiros behavioristas têm voltado sua atenção para processos de pensamento que mediatizam o comportamento, além do comportamento em si mesmo.

A natureza dos seres humanos

Para os behavioristas, o comportamento humano é produto da hereditariedade e do meio. Essa visão do homem também é chamada de determinista, porque ambos os elementos que dão forma ao comportamento estão, em grande parte, além do controle do indivíduo. O indivíduo nasce com certo equipamento hereditário que não pode ser mudado; assim, a única variável que pode ser alterada após o nascimento é o meio. O que uma pessoa aprende a partir do meio determina o seu comportamento. Mudando o meio, muda o comportamento.

Não se considera que o ser humano tenda a ser bom ou mau. Dependendo das características hereditárias recebidas, qualquer indivíduo pode tornar-se bom ou mau dependendo do que aprende do meio.

No sistema behaviorista, construtos como autoconceito, ego ou inconsciente não têm significado para a descrição da natureza dos seres humanos.

Os behavioristas não negam necessariamente que tais mecanismos existam, mas afirmam que, se existem, é impossível para o conselheiro observá-los. A descrição dos homens como seres capazes de aprender através do condicionamento é suficiente para a abordagem behaviorista do aconselhamento. Sabemos muito sobre como as pessoas aprendem e faz sentido usar o que conhecemos para influenciá-las em direção a comportamento efetivo. Um trabalho mais recente de aconselhamento behaviorista (Meichenbaum, 1977) focaliza o processo cognitivo que leva a um comportamento específico.

O processo de aconselhamento

Estabelecimento do objetivo O aconselhamento behaviorista coloca grande ênfase na definição clara dos objetivos. Os objetivos são estabelecidos em termos de mudança de comportamento, de modo que a observação proporcione evidência de mudança que possa ser medida. Um objetivo como "Gostaria de me relacionar melhor com meus pais" não seria aceitável. Um objetivo mais específico, por exemplo: "Jantarei em casa pelo menos quatro noites por semana e farei tudo o que posso para ter, em boa parte de minha vida, conversas agradáveis" seria um passo em direção a um melhor relacionamento com os pais. Uma vez que o objetivo é um comportamento específico, o conselheiro e o cliente podem avaliar o grau de realização. Segundo Krumboltz (1966), muitos esforços de aconselhamento não-behaviorista fracassam devido à falta de objetivos específicos.

Freqüentemente, os clientes são encaminhados para aconselhamento por pessoas significativas que estão descontentes com seu comportamento. Os conselheiros behavioristas são talvez mais dóceis do que os de outras linhas, às sugestões das pessoas significativas sobre a necessidade de mudança de seus clientes. Por exemplo, uma criança pode ser encaminhada ao aconselhamento porque não está satisfazendo os padrões de seus pais quanto ao horário de deitar-se: um conselheiro behaviorista pode tentar mudar o comportamento indesejável, sem despender muito tempo em compreender as experiências afetivas do cliente nas relações com seus pais ou iguais.

Em geral, o cliente tem a oportunidade de participar no processo de estabelecimento de objetivos, mesmo quando comportamentos-problema são, desde o princípio, bastante óbvios para o conselheiro. Em alguns casos, o cliente pode ter seus próprios objetivos em mente, como no caso de uma pessoa que quer controlar seu hábito de comer.

Como os objetivos são específicos, o conselheiro e o cliente têm meios diretos para documentar a mudança. É possível identificar e calcular comportamentos-alvo específicos que devem ser eliminados ou reforçados como resultado do aconselhamento. A freqüência em que ocorre o comportamento-alvo no início do aconselhamento é considerada a "linha básica", em comparação à qual o progresso é medido.

Estratégias para mudança As estratégias de aconselhamento baseiam-se nos princípios de aprendizagem. O cliente aprende a pensar de modo diferente sobre seu comportamento ou simplesmente é condicionado a comportar-se de maneira diferente.

O condicionamento operante é um dos procedimentos mais comuns usados no aconselhamento behaviorista. O procedimento, que pode ser usado para eliminar comportamentos indesejáveis ou desenvolver comportamentos positivos, usa técnicas de reforço. Se o conselheiro está tentando eliminar um comportamento indesejável, ele primeiro determina que condições ambientais estão sustentando o comportamento e depois faz com que aqueles reforçadores sejam eliminados. Uma criança que tem comportamento dissimulado, em casa ou na escola, freqüentemente está buscando a atenção dos pais ou professores; muitas vezes, pais e professores prestam atenção à criança apenas quando ela se comporta mal. Num plano de condicionamento operante, o conselheiro ensinará pais ou professores a não darem atenção ao mau comportamento e, ao contrário, darem atenção quando a criança faz algo positivo como suas tarefas ou lições de casa. Se as pessoas significativas recompensam, de modo coerente, o comportamento positivo com atenção e deixam de responder à busca de atenção negativa, o cliente aprende novos comportamentos mais eficientes em alcançar a atenção que deseja. No condicionamento operante, o comportamento do cliente é reforçado seletivamente para desenvolver comportamentos positivos e reduzir os negativos. O condicionamento operante pode recompensar comportamentos desejáveis de várias formas — atenção positiva, tempo livre após completar tarefas, doces e assim por diante —, e pode desencorajar comportamentos indesejáveis através de conseqüências negativas, como isolamento ou recusa de privilégios.

Usa-se treinamento da dessensibilização para fazer com que o cliente reduza ou elimine medos irracionais ou fobias, baseando-se nos princípios clássicos do condicionamento. Primeiro, pede-se ao cliente para ser o mais específico possível em relação à condição que produz ansiedade (como estar em lugares altos). Desenvolve-se uma lista de condições ameaçadoras, dispostas hierarquicamente, da menos para a mais ameaçadora. Ensina-se o cliente a relaxar o corpo através de controle respiratório e muscular. Quando completamente relaxado, pede-se que ele pense nas circunstâncias ameaçadoras, começando com a menos ameaçadora, enquanto o conselheiro continua a estimular o relaxamento. Eventualmente, o cliente pode tolerar as circunstâncias mais ameaçadoras, enquanto permanece relaxado: a circunstância temida emparelha-se com o relaxamento e os sentimentos bons que o acompanham. Assim, o cliente pode ser exposto às circunstâncias reais (não apenas a pensamentos) e permanecer calmo.

O cliente pode aprender novos comportamentos através de um processo no qual um modelo é mostrado atuando numa situação difícil para o cliente, que observa seu comportamento. Pode-se também pedir ao modelo para "pensar alto" enquanto atua, possibilitando, ao cliente, acesso aos processos de pensamento que levam a certas conseqüências comportamentais. Esse procedimento pode ser aplicado mais informalmente, apresentando-se ao cliente modelos efetivos em situações da vida real, como o trabalho ou a escola.

A reestruturação cognitiva — aprendizagem de novos modos de pensar — é um dos procedimentos mais recentes incorporados por conselheiros behavioristas. Tais procedimentos "visam modificar os pressupostos (condições) e as atitudes com base em cognições" (Patterson, 1980, p. 265). Os procedimentos usados por Albert Ellis, descritos anteriormente, são um exemplo de método de reestruturação cognitiva. O treinamento em assertividade é também um tipo de reestruturação cognitiva.

Essa amostragem de procedimentos behavioristas e behavioristas-cognitivos está longe de ser exaustiva. A linha comum dessas e de outras estratégias behavioristas é o estabelecimento de condições para nova aprendizagem.

Contribuição ao modelo genérico de aconselhamento

O aconselhamento behaviorista dá pouca ênfase à história de como um problema pode ter-se desenvolvido e não depende da teoria da personalidade como base para compreender o comportamento de um cliente. Quanto a isso, é substancialmente diferente de sistemas (por exemplo, o centrado no cliente e o psicanalítico) que dependem de autocompreensão e percepção em questões de desenvolvimento. O interesse recente dos conselheiros behavioristas pelos processos cognitivos relaciona-os ao aconselhamento racional-emotivo, e alguns incluem o aconselhamento racional-emotivo como procedimento behaviorista.

O processo de aconselhamento behaviorista passa rapidamente da primeira fase — descoberta inicial — para a terceira fase — preparação para a ação. Na primeira fase não se dá ênfase especial à empatia, aceitação ou autenticidade. Essas condições são consideradas apenas facilitadoras na aprendizagem de quais são os problemas do cliente. Uma vez identificados os problemas, rapidamente são estabelecidos objetivos e o mais especificamente possível. A ênfase principal do aconselhamento repousa nas estratégias da terceira fase que desenvolvem o planejamento da ação freqüentemente através da manipulação ambiental.

Apresentamos um quadro conservador do aconselhamento behaviorista para mostrar o quanto este contrasta com os outros sistemas, em filosofia e método. Muitos conselheiros behavioristas demonstram preocupação por seus clientes e estão conscientes de seus estados afetivos.

Entretanto, sua abordagem não depende consideravelmente de tais qualidades, mas, ao contrário, visa à aprendizagem de novos modos de comportamento pelo cliente.

Sumário

As várias abordagens teóricas de aconselhamento relacionam-se ao modelo genérico apresentado nos capítulos 2 a 5 deste livro. Cada teoria dá ênfase às condições ou técnicas apropriadas a uma ou mais das fases apresentadas nesse modelo. O aconselhamento centrado no cliente salienta as condições da primeira fase, com a quase exclusão das técnicas da terceira fase, e o aconselhamento behaviorista enfatiza as técnicas da terceira, com a quase exclusão das condições da primeira fase.

As teorias do aconselhamento podem ser dispostas numa escala desde a orientação afetiva e centrada no cliente até a orientação cognitiva e controlada pelo conselheiro. Ao apresentarmos o modelo genérico de aconselhamento, reconhecemos que cada um dos sistemas dá uma contribuição importante, detalhando os procedimentos de aconselhamento apropriados a uma ou mais fases. Acreditamos que o estagiário de aconselhamento deva primeiro ter domínio sobre o modelo genérico e, a partir disso, acrescentar técnicas e procedimentos das várias teorias. Dessa forma, obtém uma visão ampla da teoria e da técnica disponíveis, podendo depois optar e praticar o que melhor se ajustar a seu estilo pessoal. Muitos podem conservar um ecletismo baseado no modelo genérico; outros podem desenvolver claras preferências por um dos sistemas específicos.

Referências

Adler, A. *The pratice and theory of individual psychotherapy*. New York: Harcourt Brace Jovanovich, 1927.
Alexander, F. M., *Fundamentals of psychoanalysis*. New York: Norton, 1963.
Bordin, E. S. *Psychological counseling*. New York: Appleton-Century-Crofts, 1968.
Corey, G. *Theory and practice of counseling and psychotherapy* (2.ª ed.). Monterey, Calif.: Brooks/Cole, 1982.
Corsini, R. J. (Ed.). *Current psychotherapies* (2.ª ed.). Itasca, Ill.: Peacock, 1979.
Ellis, A. *Reason and emotion in psychotherapy*. New York: Lyle Stuart, 1962.
Ellis, A. *Humanistic psychotherapy*. New York: Julian Press, 1973.
Ellis, A. *How to live with — and without — anger*. Pleasantville, N. Y.: Reader's Digest Press, 1977.

Ellis, A. "Rational-emotive therapy". In R. J. Corsini (Ed.), *Current psychotherapies* (2.ª ed.). Itasca, Ill.: Peacock.

Fagan, J., & Shepherd, I. *Gestalt therapy now*. New York: Harper Colophon, 1970.

Fromm, E. *Escape from freedom*. New York: Holt, Rinehart and Winston, 1941.

Fromm, E. *To have or to be*. New York: Harper & Row, 1976.

Hansen, J. C., Stevic, R. R., & Warner, R. W., Jr. *Counseling: Theory and Process* (2.ª ed.). Boston: Allyn and Bacon, 1977.

Jung, C. G. *Collected works: The practice of psychotherapy* (vol. 16). New York: Pantheon Books, 1954.

Krumboltz, J. D. (Ed.). *Revolution in counseling*. Boston: Houghton Mifflin, 1966.

Krumboltz, J. D., & Thoresen, C. E. *Counseling methods*. New York: Holt, Rinehart and Winston, 1976.

Krumboltz, J. D., & Thoresen, C. E. (Eds.). *Behavioral counseling: Cases and techniques*. New York: Holt, Rinehart and Winston, 1969.

Meador, B. D., & Rogers, C. R. "Person-centered therapy". In R. J. Corsini (Ed.), *Current psychotherapies* (2.ª ed.). Itasca, Ill.: Peacock, 1979.

Meichenbaum, D. *Cognitive-behavior modification: An integrative approach*. New York: Plenum, 1977.

Parsons, F. *Choosing a vocation*. Boston: Houghton Mifflin, 1909.

Patterson, C. H. *Theories of counseling and psychotherapy* (3.ª ed.). New York: Harper & Row, 1980.

Perls, F. *Gestalt therapy verbatim*. Moab, Utah: Real People Press, 1969.

Perls, F., Hefferline, R., & Goodman, P. *Gestalt therapy: Excitement and growth in human personality*. New York: Dell, 1951.

Polster, E., and Polster, M. *Gestalt therapy integrated*. New York: Bruner/Mazel, 1973.

Rogers, C. R. *Counseling and psychotherapy*. Boston: Houghton Mifflin, 1942.

Rogers, C. R. *Client-centered therapy*. Boston: Houghton Mifflin, 1951.

Rogers, C. R. *On becoming a person*. Boston: Houghton Mifflin, 1961.

Skinner, B. F. *Beyond freedom and dignity*. New York: Knopf, 1971.

Strachey, J. (Ed.). *The standard edition of the complete psychological works of Sigmund Freud*. London: Hogarth Press, 1964.

Sullivan, H. S. *The interpersonal theory of psychiatry*. New York: Norton, 1953.

Williamson, E. G. *How to counsel students*. New York: MacGraw Hill, 1939.

Williamson, E. G. *Counseling adolescents*. New York: MacGraw-Hill, 1950.

Williamson, E. G. *Vocational counseling*. New York: MacGraw-Hill, 1965.

12. Pesquisa em aconselhamento

Kerlinger define pesquisa como "investigação sistemática, controlada, empírica e crítica de proposições hipotéticas sobre as relações supostas entre fenômenos naturais" (1964, p. 13). Conduzir uma pesquisa significa levantar uma questão que pode ser respondida através de coleta, organização e análise sistemática de dados. Esse processo auxilia os profissionais a expandir suas compreensões do comportamento humano, a desenvolver idéias mais claras sobre os elementos efetivos do aconselhamento e a clarificar e desafiar os pressupostos existentes. A pesquisa é a máquina que faz avançar o conhecimento-base da profissão.

Em periódicos, como *Journal of Counseling Psychology, Journal of Consulting and Clinical Psychology, Journal of Personality and Social Psychology, Vocational Guidance Quarterly, Journal of Vocational Behavior*, milhares de estudos de pesquisa, relevantes para a prática e a teoria do aconselhamento, são relatados a cada ano. Periodicamente, resenhas críticas de temas de pesquisa aparecem em revistas, como *Annual Review of Psychology, Psychological Bulletin, Psychological Review, The Personnel and Guidance Journal* e *The Counseling Psychologist*. Ocasionalmente, aparecem manuais importantes como o *Handbook of Psychotherapy and Behavior Change*, de Garfield e Bergin (1978), que reúnem as principais tendências e temas e sugerem direções futuras.

É grande a quantidade de material desse gênero e é impossível darmos aqui informações que abranjam o todo. Neste capítulo, introduziremos alguns dos problemas e correntes significativas da pesquisa no campo do aconselhamento. Esperamos, assim, contribuir para a expansão de habilidades para a compreensão de relatórios de pesquisa e sua relevância para a teoria e a prática. Uma profissão renova-se através de pesquisa constante, e todos os profissionais têm obrigação de participar de tal renovação, pela leitura de pesquisa significativa. Muitos também procuram contribuir para a literatura sobre pesquisa.

O conselheiro como cientista

Um bom cientista, no fundo, é um cético. Não aceita conclusões baseadas na fé. Ao contrário, quer chegar à evidência de que determinada proposição é válida. Verifica, então, se a evidência disponível suporta, ou não, a conclusão adequadamente. O pressuposto operante é que o processo de investigação de acordo com as regras da pesquisa (Campbell e Stanley, 1963; Kerlinger, 1964; Sidman, 1960) não apenas leva ao reforço de algumas opiniões e rejeição de outras, mas também a novas questões. A indagação sobre as novas questões emergentes é um processo contínuo que, no final das contas, aperfeiçoa o conhecimento-base do campo e aumenta a eficiência do profissional.

À medida que as questões se tornam mais complexas, antigos métodos de planejamento de pesquisa são reexaminados e novos são propostos (Bordin, 1974; Fiske, 1977; Goldman, 1978; Kiesler, 1971; Meltzoff e Kornreich, 1970). Assim, uma parte do processo de investigação inclui a criação de novas formas de se medir o que é observado, novos esquemas de condução de pesquisa (Anton, 1978; Remer, 1981; Thoresen, 1978) e novos métodos de análise de dados existentes (Baggaley, 1981; Schafer e Dayton, 1981). Freqüentemente, os novos métodos de investigação contribuem para o conhecimento num determinado campo, tanto quanto os resultados efetivos de um projeto de pesquisa.

Variáveis na pesquisa sobre aconselhamento

A variável é aquela entidade que pode apresentar alterações. A quantidade de tempo que se leva para ir de casa ao trabalho é uma variável; também o são a energia de uma pessoa, a quantidade de dinheiro na carteira de um indivíduo, o número de calorias ingeridas em períodos consecutivos de vinte e quatro horas e os minutos de sol, em cada dia, no intervalo de uma semana. Nas ciências behavioristas, o comportamento humano é uma das variáveis a ser estudada num projeto de pesquisa. A natureza de uma variável comportamental pode ir do pestanejar ou salivar (freqüentemente usado nos experimentos clássicos de condicionamento) a formas de violência, estendendo-se até a comportamentos de grupos grandes (por exemplo, o comportamento de uma multidão numa concentração política).

A distinção entre as variáveis dependentes e as independentes também é importante nas ciências behavioristas. *Variáveis dependentes* são aquelas que o pesquisador acredita serem sujeitas à influência da mudança ou suscetíveis a ela, por condições definíveis. Em aconselhamento, certa medida do resultado é muitas vezes uma variável dependente. *Variáveis independentes* são aquelas que se acredita exercerem uma influência. A pesquisa causal visa examinar as relações entre variáveis dependentes e independentes.

Alguns exemplos podem ser mais esclarecedores. Um pesquisador deseja saber se os clientes, que têm ansiedade em relação à aplicação de teste, têm menos ansiedade quando trabalham com conselheiros do mesmo sexo ou do sexo oposto. Para um projeto como esse, a redução da ansiedade é a variável dependente e mesmo sexo *versus* sexos diferentes é a variável independente. Um outro pesquisador deseja saber se dessensibilização ou aconselhamento global é mais efetivo na redução da ansiedade para falar em público, sentida por um grupo de estudantes universitários. Para esse projeto (Paul, 1966), a redução da ansiedade para falar em público é a variável dependente e os modos diferentes de intervenção em aconselhamento, a variável independente.

Quando o resultado é a variável dependente, a medida da mudança é importante. O pesquisador examina variações tais como redução na ansiedade, aumento do tempo dedicado ao estudo, menos tempo de choro no pátio do recreio, redução da depressão, afirmações mais freqüentes e mais positivas sobre o eu, menos comportamentos de conflito interpessoal e um aumento concomitante de comportamentos cooperativos. Como analisaremos mais tarde, existem vários esquemas de pesquisa para estudar mudança e vários instrumentos para medi-la.

Nem sempre, em pesquisa, o resultado é a variável dependente. Por exemplo, um pesquisador pode desejar saber se os clientes estão aptos a fazer mais descobertas com um conselheiro que responde com imediação ou com outro que nunca responde com imediação. Para tal projeto, a descoberta do eu pelo cliente é a variável dependente e a imediação *versus* a não-imediação é a variável independente.

Mais de quarenta anos de pesquisa sobre aconselhamento tem levado os pesquisadores à conclusão de que o número de variáveis que influi no processo do aconselhamento e em seus resultados é tão amplo que é necessário um modo para organizá-las. Assim, os pesquisadores, hoje, pensam em geral sobre variáveis relativas ao cliente, variáveis relativas ao conselheiro, variáveis relativas ao relacionamento e variáveis relativas ao resultado.

Variáveis relativas ao cliente são aquelas que descrevem algumas características do cliente que se acredita serem significativas para o processo de aconselhamento. Podem incluir fatores demográficos (como idade, sexo, raça e *status* sócio-econômico) e variáveis relativas à personalidade (como habilidade verbal, força do ego, mecanismos particulares de defesa e grau de ansiedade interpessoal). As variáveis relativas à experiência de vida (se o cliente vem de um histórico familiar intacto ou partido; se foi, ou não, maltratado; se tem, ou não, tendência suicida e se apresenta, ou não, uma história de uso de droga) têm constituído variáveis para pesquisa, sendo em alguns projetos variáveis independentes e, em outros, variáveis dependentes.

Variáveis relativas ao conselheiro são aquelas que descrevem algumas características do conselheiro que se acredita serem significativas para o processo. Estas incluem sexo, nível de experiência, tipo de preparação, orientação teórica e se fez, ou não, terapia. Obviamente, a capacidade de um conselheiro para criar condições de intimidade tem sido pesquisada como variável dependente e independente. As características da personalidade, como força do ego, ansiedade pessoal, percepções das figuras de autoridade e flexibilidade cognitiva *versus* rigidez, também têm sido estudadas.

Variáveis relativas ao relacionamento geralmente examinam a interação das características de comportamento de ambos os participantes. Normalmente, os pesquisadores consideram confiança, níveis de descoberta, atrativo, mesmo sexo *versus* sexo oposto, mesma raça *versus* raça distinta, e diferença de idade entre os participantes como variáveis relativas ao relacionamento, porque é evidente certa combinação direta e imediata das características do cliente e do conselheiro.

São maneiras de se medirem resultados: observação do comportamento do cliente em suas situações de vida típicas, classificações em instrumentos estruturados (por clientes ou pessoas significativas) ou mudanças em algum instrumento de avaliação da personalidade.

Medidas válidas do resultado vêm a ser imensamente difíceis e dispendiosas de serem obtidas (veja resenha do estudo de Paul). Os relatórios de clientes, conselheiros e pessoas envolvidas estão sujeitos a distorções defensivas e, às vezes, o nível de concordância não é muito alto. Ter consciência de que se está sendo observado por um membro de uma equipe de pesquisa pode causar mudança temporária num cliente. Além disso, para ver se houve mudança duradoura, o pesquisador pode querer fazer sessões de acompanhamento, dois, três ou, talvez, seis meses mais tarde.

As características do conselheiro e as variáveis relativas ao relacionamento

Há pesquisas que procuram analisar as relações entre dois ou mais conjuntos dessas variáveis. Um projeto de Tepper e Haase (1978) ilustra o estudo de como as características do conselheiro conectam-se às variáveis relativas ao relacionamento. Nesse trabalho, os pesquisadores desejavam saber se alguns comportamentos não-verbais diferentes do conselheiro influíam, ou não, nas percepções, pelo cliente, da empatia, consideração e autenticidade do conselheiro; e, em caso positivo, se esses comportamentos tinham, ou não, tanta influência quanto as declarações do conselheiro para o cliente. As cinco variáveis independentes não-verbais incluíam: inclinação do tronco (para a frente ou para trás), contato nos olhos (contato direto ou ausência de contato), expressão facial (preocupada ou indiferente) e tom de voz (preocupado ou indiferente). Também havia uma variável independente relativa ao conteúdo verbal: alto grau *versus* baixo grau de empatia (predeterminado por especialistas). As três variáveis dependentes principais eram a pontuação da empatia, da consideração e da autenticidade estipulada pelos especialistas.

Para verificarem a influência relativa das variáveis independentes sobre as dependentes, os pesquisadores produziram vídeo-teipes contendo séries de trinta e duas interações diferentes entre cliente e conselheiro, filmados de modo que o observador tivesse a mesma perspectiva do cliente, com uma visão clara do conselheiro. Cada uma das trinta e duas seqüências continha algumas características em baixo grau e algumas em alto grau. Por exemplo, numa seqüência o conselheiro apresenta-se inclinado para a frente, com a expressão facial e o tom de voz preocupados, comunicação de alta empatia, mas sem contato nos olhos; em outra, o conselheiro aparece inclinado para a frente, com ar preocupado, contato direto nos olhos e comunicação de empatia avançada, mas com um tom de voz indiferente.

Quinze clientes e quinze conselheiros do sexo masculino, de um centro de aconselhamento da universidade, constituíam os sujeitos da pesquisa. Depois de terem assistido aos vídeo-teipes, atribuíram pontos, numa escala de 1 a 5, para cada condição central, em dias diferentes. Foram desenvolvidos, para o projeto, controles das possíveis fontes de influência não relevantes para o estudo. Por exemplo, diferentes especialistas assistiram aos teipes numa ordem distinta: alguns classificaram empatia em primeiro lugar e outros, consideração.

Quando os dados foram analisados (através da análise da variância de medidas repetidas), os pesquisadores verificaram que os fatores não-verbais tinham tido maior influência nas percepções dos especialistas do que o conteúdo verbal das respostas do conselheiro, em relação às três condições centrais. O mesmo se deu com os clientes e conselheiros que observaram os teipes.

Também se verificou que a quantidade de influência de cada variável não-verbal dependia de qual variável dependente estava sendo considerada e se o cliente ou o conselheiro estava fazendo a observação. A variável tronco inclinado teve a maior influência nas classificações da empatia e da consideração, pelo cliente e pelo conselheiro. O contato nos olhos teve uma influência mais alta sobre a empatia para os clientes do que para os conselheiros. A expressão facial teve a mais forte influência na percepção da autenticidade, especialmente ao ser combinada com comunicação verbal de alto grau de empatia. Os pesquisadores também verificaram que as proporções de influência entre fatores não-verbais e verbais foram de 23:1 para autenticidade, 5:1 para consideração e 2:1 para empatia. Isso significa que os conteúdos não-verbais tiveram, em relação à fala do conselheiro, o dobro da influência sobre as percepções de empatia pelos especialistas. Ainda assim, a influência do conteúdo não-verbal sobre a percepção da empatia foi bem menor que para a consideração e a autenticidade.

Todos os esforços de pesquisa verdadeiros tentam construir algo e ir além dos esforços anteriores. Os pesquisadores encontraram estudos prévios que consideravam a empatia, mas não a consideração ou a autenticidade, como uma variável dependente para as influências não-verbais. Também não identificaram estudos anteriores que examinassem tom de voz ou expressões faciais como variáveis independentes.

Nesse estudo, todos os especialistas eram do sexo masculino. As influências seriam as mesmas se os profissionais e os clientes fossem do sexo feminino? Essa técnica de utilização de vídeo-teipe mostra realmente as reações dos clientes ao lidarem com seu próprio material? Até o momento, não há relato de tal pesquisa.

Resultado da pesquisa

Num exame dos temas e métodos de pesquisa em aconselhamento que deram uma contribuição primordial para o campo, Gelso (1979) indica que a questão "Aconselhamento é eficaz?" é uma pergunta estéril, por ser muito vaga. Colocada dessa forma, não leva em conta o cliente, o conselheiro, o relacionamento e as questões relativas aos objetivos que podem fazer diferença. Realmente, as questões relativas a resultados têm muitas facetas diferentes que rejeitam simplificações fáceis.

Houve um tempo em que a questão era se abordagens que utilizam *insight* eram mais ou menos efetivas que aquelas que empregam técnicas de modificação do comportamento (London, 1964; Mahoney, 1974). Esse problema também está consideravelmente supersimplificado. As orientações com *insight* estendem-se da abordagem centrada no cliente à Gestalt, indo até a abordagem racional-emotiva. As técnicas de modificação do comportamento abrangem uma variedade de intervenções, incluindo dessensibilização sistemática, terapia implosiva, reforço positivo e utilização de modelos. Além disso, se a modificação do comportamento é, ou não, mais efetiva que as abordagens com *insight*, depende do tipo de problema com o qual se está lidando, das características de personalidade e do nível intelectual do cliente.

Segundo Gelso (1979), a questão relativa ao resultado deve realmente ser pensada como um conjunto de questões que envolvem *quem, o quê, quando e onde*. Partindo de Krumboltz, ele pensa "o que precisamos conhecer é: que procedimentos e técnicas, quando usados para realizar quais tipos de mudança de comportamento, são mais efetivos com quais tipos de clientes quando aplicados por qual tipo de conselheiro?" (p. 9). Entendida a partir dessa orientação, a questão relativa ao resultado se torna muito mais complexa.

Contudo, a questão "Aconselhamento é eficaz?" ainda é feita. Em 1952, Eysenck publicou uma análise famosa (e infame), onde afirmava que, a partir da literatura que examinou, não havia evidência clara de que clientes, submetidos a aconselhamento ou terapia, demonstravam ganhos duradouros acima daqueles mostrados por pessoas similares que não tinham recebido esse tratamento. Embora sua análise tenha recebido críticas severas, ainda hoje há adeptos de suas idéias. As análises de Bergin (1971), Bergin e Lambert (1978) e Smith e Glass (1977) concluem que, de modo global, os esforços de aconselhamento parecem originar ganhos para os clientes.

O estudo de meta-análise de Smith e Glass (1977) parece ser a mais forte expressão de pesquisa sobre a eficácia do aconselhamento e psicoterapia até o momento. Identificaram 375 relatórios sobre resultados, nos quais pelo menos um grupo com tratamento foi comparado a um grupo sem tratamento ou a um grupo com tratamento diferente. Compararam todos esses estudos entre si, usando um conceito estatístico chamado "medida do efeito". Por exemplo, compararam investigações sobre autoconceito com análises envolvendo realização na escola e ansiedade em testes. Confrontaram os resultados, comparando uma forma de tratamento com outra. Um total de 16 variáveis independentes são indicadas no relatório. Investigaram as variáveis múltiplas e, através disso, calcularam um total de 833 medidas de efeito, a partir dos 375 relatos.

Uma série de resultados interessantes decorreu desse projeto. Agregando os 375 estudos, as terapias, tomadas como um todo, "mudaram o cliente médio do percentual 50 para o 75, o que é significativo estatisticamente" (Smith e Glass, 1977, p. 755). Isso faz com que se chegue à conclusão de que, considerada na totalidade, a terapia apresenta melhores resultados do que a ausência de terapia e, assim, refuta a alegação de Eysenck. Smith e Glass também encontraram que a intervenção terapêutica parecia ter um efeito diferencial sobre tipos de problemas distintos. O maior efeito global foi a redução da ansiedade ligada ao medo e o aumento da auto-estima, com resultados significativos de medida do efeito, porém menos fortes para os estudos do ajustamento e da realização na escola ou no trabalho. Estudos de clientes hospitalizados e alcoólatras foram agrupados sob a categoria ajustamento, o que poderia explicar por que os resultados nessa área não foram mais fortes. A partir de sua pesquisa de meta-análise, comparando os dois tipos de abordagem, Smith e Glass concluíram também que "não obstante volumes devotados às diferenças teóricas entre escolas de psicoterapia distintas, os resultados da pesquisa demonstram diferenças insignificantes nos efeitos produzidos por tipos de terapia distintas. Os julgamentos incondicionais de superioridade de um tipo ou outro de psicoterapia... são injustificados" (1977, p. 760). O que nos leva à conclusão de que as terapias behavioristas e não-behavioristas (ou utilizando *insight*) apresentam os mesmos níveis de eficácia.

Para Gelso (1979), é impossível conduzir um estudo de pesquisa perfeito. Uma das tensões contínuas é entre relevância e rigor. Os estudos em ambientes naturais (que pesquisam situações reais de aconselhamento) têm relevância, mas as variáveis medidas sob essas condições são fixadas tão amplamente que, quando um efeito é mostrado, é difícil especificar justamente que fatores influíram para que ocorresse. Por exemplo, um estudo de Paul (1966) comparou o uso do *insight* com o da dessensibilização para reduzir a ansiedade de falar em público. As abordagens com *insight* são definidas como aquelas onde o conselheiro usou *insight* ao invés de técnicas de modificação do comportamento, para efetuar uma mudança. A frase "técnicas para produzir *insight*" é global e abrange uma grande variedade de possibilidades. Embora se tenha mostrado que as abordagens com *insight* têm impacto, essa variável independente foi medida de modo tão global que tornou difícil identificar a condição específica que influenciou as mudanças.

Para obter mais rigor, os pesquisadores têm-se voltado para estudos análogos, conduzidos em laboratórios, ao invés de situações de campo. Os estudos análogos tentam criar condições que se igualam aos ambientes naturais. Entretanto, a fim de definir operacionalmente e controlar variáveis de modo mais preciso, a artificialidade é introduzida a algum nível. Em muitos desses estudos, vídeo-teipes dos conselheiros, dos clientes ou das interações entre os dois são apresentados ao observador, que classifica o que foi observado ou responde diretamente ao material de estímulo. Uma vez que esse material tem a possibilidade de ser padronizado, as variáveis a serem pesquisadas podem ser controladas e estudadas mais cuidadosamente. Enquanto o uso de tais procedimentos análogos permanece controverso, os estudos que empregam esses métodos fornecem dados que simplesmente não podem ser obtidos através da pesquisa natural. Um exemplo disso é o estudo de Tepper e Haase descrito anteriormente. Muitos dos projetos de pesquisa das décadas de 1970 e de 1980 têm sido análogos de alguma forma.

Embora tenha mais de quinze anos, o clássico estudo de Paul (1966) ainda é considerado como um dos estudos exemplares do resultado em ambientes naturais, por causa do rigor em seu projeto e do grau de controle sobre as variáveis a serem estudadas. Nos terrenos teórico e prático, Paul estava particularmente interessado em saber se a dessensibilização sistemática ou o aconselhamento com *insight* seria mais efetivo ao tratar uma ansiedade relacionada a uma situação específica. (No momento em que a pesquisa foi projetada, acreditava-se que, se mostrasse efeitos mais fortes, os resultados desafiariam severamente um ponto central da teoria freudiana e apoiariam uma orientação behaviorista na compreensão das pessoas.)

Os sujeitos para esse estudo eram estudantes universitários matriculados num curso de oratória, ao término do qual deveria ser feito um discurso público. Muitos estudantes experimentavam forte ansiedade em relação a falar em público, por isso o pesquisador tinha acesso a um amplo grupo-sujeito. Os voluntários foram pré-testados através de um autorelatório e, depois, distribuídos pelas quatro condições. As distribuições foram feitas para controlar o nível de ansiedade relacionado às diferentes condições experimentais. Um grupo recebeu dessensibilização sistemática, mas não aconselhamento com *insight*. A dessensibilização sistemática baseia-se em ensinar o cliente a relaxar profundamente e, então, imaginar-se em situações que provocam ansiedade. Com a ajuda do conselheiro, cada cliente desenvolveu sua própria hierarquia de situações provocadoras de ansiedade. Os clientes começaram com a menos ameaçadora e progrediram para a mais ameaçadora, até que foram relatados apenas baixos níveis de ansiedade em circunstâncias que anteriormente provocaram alta ansiedade.

Um segundo grupo de tratamento recebeu aconselhamento orientado para *insight*. Nesse grupo, o cliente e o conselheiro trabalharam problemas pessoais que o profissional acreditava estarem relacionados à ansiedade do cliente para falar em público. Foi pedido aos conselheiros desse grupo que usassem seus estilos pessoais de aconselhamento orientados para *insight* — em outras palavras, que conversassem com seus clientes de um modo que, segundo eles, fosse o mais útil no momento.

Paul descreveu o terceiro grupo como o grupo-placebo. Como no grupo do *insight*, os sujeitos deste grupo interagiram com um profissional experiente. Mas o conselheiro foi instruído para manter a conversa centrada em tópicos "inertes terapeuticamente".

Havia um quarto grupo que não pôde ser atendido durante o período de estudo. Os nomes foram colocados numa lista de espera.

Os conselheiros eram professores de programas de aconselhamento e psicologia na universidade e membros do centro de aconselhamento. Todos tinham experiência e eram muito bem preparados. Para controlar as características da personalidade, todos trabalharam com sujeitos dos sexos masculino e feminino, nas três condições de tratamento. Cada conselheiro fez um pouco de dessensibilização, um pouco de trabalho com *insight* e um pouco de trabalho placebo.

As variáveis dependentes incluíram desempenho atual em situações para falar em público e os auto-relatórios dos sujeitos. O desempenho atual para falar em público foi avaliado por especialistas, que foram deliberadamente mantidos desinformados sobre os aspectos específicos do projeto.

Os resultados dependeram em parte da variável dependente que estava sendo examinada. O grupo que recebeu dessensibilização mostrou o menor número de sujeitos com problemas de fluência no discurso e o maior grau de redução da ansiedade. Seus resultados foram significativamente diferentes de todos os outros grupos. Comparados ao grupo de controle, os grupos do *insight* e placebo também mostraram significativamente menos problemas de fluência no discurso, porém em maior número que o grupo da dessensibilização.

Baseado nesses resultados, o pesquisador inferiu que a dessensibilização sistemática apresenta um efeito de redução da ansiedade para se falar em público superior ao das abordagens com *insight* ou ao de possíveis resultados devidos à presença de um especialista como público. Como as abordagens orientadas para *insight* não mostraram ganhos apreciáveis além do efeito placebo, Paul concluiu também que, pelo menos quanto a ansiedade para falar em público, quaisquer que fossem os efeitos que o tratamento por *insight* pudesse ter, não poderiam estar relacionados a quaisquer *insights* específicos, mas a receber atenção de um conselheiro experiente e bem preparado.

Todo projeto de pesquisa pode ser criticado por falhas de método e projeto. Os críticos do estudo de Paul argumentam que os resultados foram obtidos quase imediatamente após o término do tratamento. Se tivesse havido um estudo de acompanhamento após seis meses, as conclusões poderiam ter sido diferentes. Supôs-se que esse estudo desafiara o pensamento freudiano, mas, na realidade, não o fez, porque, segundo a teoria freudiana, os tratamentos como a dessensibilização podem ajudar um cliente a conseguir controle temporário sobre os sintomas, mas estes reaparecem depois de certo tempo. Como não foi incluído acompanhamento a longo prazo, o estudo não é um desafio conclusivo.

Além disso, o que o pesquisador descreveu originalmente como um placebo pode ser algo mais. É muito difícil permanecer num recinto com alguém, durante cinqüenta minutos, e não falar nada de conteúdo. Os cliente-sujeitos neste grupo estavam sendo ouvidos com atenção por "especialistas". Talvez isso tenha influído de alguma maneira, não que os sujeitos pensassem que isso fosse suposto, mas porque, como falavam numa atmosfera de aceitação da parte de um especialista, sua ansiedade quanto a se apresentarem para outras pessoas foi reduzida.

O estudo e as reações subseqüentes a ele ilustram de que modo ocorre progresso nas ciências behavioristas. As críticas deram origem a uma corrente inteira de pesquisa sobre os fatores que tornam o conselheiro mais atraente para o cliente (Goldstein, 1971), o que, por sua vez, tem estimulado pesquisa sobre os fatores que tornam os clientes atraentes para os conselheiros (Barocas e Vance, 1974).

Sumário

Nos campos inter-relacionados do aconselhamento e da psicoterapia, os estudos de pesquisa enfocam resultado, variáveis relativas ao cliente, variáveis relativas ao conselheiro e variáveis relativas ao relacionamento. Existem estudos exemplares, mas não um estudo definitivo. Os bons estudos de pesquisa levantam mais questões do que respondem a elas e, desse modo, estimulam mais investigação. O espírito de ceticismo respeitoso e o processo de indagação contínua, inerentes aos métodos das ciências behavioristas, dão energia ao progresso e evolução contínua do conhecimento-base de qualquer disciplina, especialmente o aconselhamento. A pesquisa tem mostrado que algumas supostas "verdades" passam a ser anacrônicas na década seguinte. No campo do aconselhamento toda pesquisa é, em última instância, dirigida a beneficiar o cliente. O contexto mutável de nosso conhecimento-base requer fundamentalmente que o conselheiro incorpore novas habilidades e orientações, caso sejam apoiadas pela pesquisa.

Referências

Anton, J. L. "Intensive experimental designs: A model for the counselor/researcher". *Personnel and Guidance Journal*, 1978, 56, 273-278.

Baggaley, A. R. "Multivariate analysis". *Personnel and Guidance Journal*, 1981, 59, 619-621.

Barocas, R., & Vance, F. L. "Physical appearance and personal adjustment counseling". *Journal of Counseling Psychology*, 1974, 21, 96-100.

Bordin, E. S. *Research strategies in psychotherapy*. New York: Wiley, 1974.

Bergin, A. E. "The evaluation of therapeutic outcomes". In A. E. Bergin & S. L. Garfield (Eds.), *Handbook of psychotherapy and behavior change*, New York: Wiley, 1971.

Bergin, A. E., & Lambert, M. J. "The evaluation of therapeutic outcomes". In S. L. Garfield & A. E. Bergin (Eds.), *Handbook of psychotherapy and behavior change* (2.ª ed.). New York: Wiley, 1978.

Campbell, D. T., & Stanley, J. C. *Experimental and quasi experimental designs for research*. Chicago: Rand McNally, 1963.

Eysenck, H. J. "The effects of psychotherapy: An evaluation". *Journal of Counsulting Psychology*, 1952, 16, 319-324.

Fiske, D. W. "Methodological issues in research on the psychotherapist". In A. S. Gurman & A. M. Razin (Eds.), *Effective psychotherapy: A handbook of research*. New York: Pergamon, 1977.

Garfield, S. L., & Bergin, A. E. (Eds.). *Handbook of psychotherapy and behavior change* (2.ª ed.). New York: Wiley, 1978.

Gelso, C. J. "Research in counseling: Methodological and professional issues". *Counseling Psychologist*, 1979, 8(3), 7-36.

Goldman, L. (ed.). *Research methods for counseling*. New York: Wiley, 1978.

Goldstein, A. P. *Psychotherapeutic attraction*. New York: Pergamon, 1971.

Kerlinger, F. N. *Foundation of behavioral research*. New York: Holt, Rinehart and Winston, 1964.

Kiesler, D. J. "Experimental designs in psychotherapy research". In A. E. Bergin & S. L. Garfield (Eds.), *Handbook of psychotherapy and behavior change*. New York: Wiley, 1971.

London, P. *The modes and morals of psychotherapy*. New York: Holt, Rinehart and Winston, 1964.

Mahoney, M. J. *Cognitive behavior modification*. Cambridge, Mass: Ballinger, 1974.

Meltzoff, J., & Kornreich, M. *Research in psychotherapy*. Chicago: Aldine, 1970.

Paul, G. L. *Insight vs. desensitization in psychotherapy*. Stanford, Calif.: Stanford University Press, 1966.

Remer, R. C. "The use of time-series designs: Interaction between skill level and application". *Personnel and Guidance Journal*, 1981, 59, 621-627.

Schafer, W. D., & Dayton, C. M. "Techniques for simultaneous inference". *Personnel and Guidance Journal*, 1981, 59, 631-636.

Sidman, M. *Tactics of scientific research: Evaluating experimental data in psychology*. New York: Basic Books, 1960.

Smith, M. L., & Glass, G. V. *Meta-analysis of psychotherapy outcome studies*. American Psychologist, 1977, 32, 752-760.

Tepper, D. T., & Haase, R. F. "Verbal and non-verbal communication of facilitative conditions". *Journal of Counseling Psychology*, 1978, 25, 34-44.

Thoresen, C. E. "Making better science intensively". *Personnel and Guidance Journal*, 1978, 56, 279-283.

Apêndice A

Normas éticas da American Personnel and Guidance Association

(Aprovadas pelo Comitê Executivo por referência do Conselho Diretor, 17 de janeiro de 1981.)

Preâmbulo

A American Personnel and Guidance Association é uma organização educativa, científica e profissional cujos membros se dedicam ao enaltecimento do valor, dignidade, potencial e singularidade de cada indivíduo e, desse modo, ao serviço da sociedade.

A Associação reconhece que as definições de função e os locais de trabalho de seus membros envolvem uma ampla variedade de disciplinas acadêmicas, níveis de preparação acadêmica e serviços de agência. Essa diversidade reflete a largueza de interesse e influência da Associação. Esta também se propõe estabelecer normas para o desempenho de seus membros, preparação ou prática em requisito desejado, e a apoiar controles sociais, legais e éticos.

A especificação de padrões éticos possibilita à Associação esclarecer, para membros atuais e futuros e para aqueles que recebem serviços de seus membros, a natureza das responsabilidades éticas de seus membros.

A existência de tais normas serve para estimular maior preocupação dos membros por sua própria atuação profissional e pela conduta de colegas, como conselheiros, orientadores educacionais e outros. Como código ético da Associação, este documento estabelece princípios que definem o comportamento ético de seus membros.

Seção A: Geral

1. O membro influi no desenvolvimento da profissão através de esforços contínuos para aperfeiçoar práticas profissionais, ensino, serviços

e pesquisa. O crescimento profissional é contínuo durante toda a carreira dos membros e é demonstrado pelo desenvolvimento de uma filosofia que explica por que e como um membro funciona na relação de ajuda. Os membros devem coligir dados sobre sua eficiência e guiar-se pelos pareceres.

2. O membro tem responsabilidade, para com o indivíduo a quem serve e para com a instituição na qual o serviço é prestado, de manter altos padrões de conduta profissional. Empenha-se em manter os mais altos níveis de serviços profissionais oferecidos. Também se esforça para ajudar a agência, organização ou instituição a proporcionar a mais alta qualidade de serviços profissionais. A aceitação de emprego numa instituição implica estar de acordo com sua política e princípios gerais, portanto, suas atividades profissionais também estão de acordo com os objetivos da mesma. Se, apesar de esforços de ambas as partes, um membro não consegue entrar em acordo com o empregador, quanto a normas aceitáveis de conduta que implicam mudanças na política institucional que conduz ao positivo crescimento e desenvolvimento dos clientes, deve-se considerar seriamente a desvinculação desse membro.

3. O comportamento ético entre profissionais associados, membros e não-membros deve ser sempre esperado. Quando se possui informação que suscita dúvidas quanto ao comportamento ético de colegas profissionais — membros, ou não, da Associação —, o membro deve tentar retificar essa condição. Tal ação deverá passar primeiro pelos canais da instituição e, depois, pela Seção, Divisão ou Associação do Estado.

4. O membro não reivindica nem sugere qualificações profissionais excedendo aquelas convencionadas e é responsável por corrigir quaisquer deturpações dessas qualificações por outras pessoas.

5. Ao estabelecer honorários para serviços profissionais de aconselhamento, os membros devem considerar a situação financeira dos clientes e da localidade. Caso a estrutura estabelecida seja inapropriada a um cliente, deve-se dar assistência para encontrar serviços comparáveis de custo aceitável.

6. Quando os membros fornecem informação ao público ou a subordinados, iguais ou supervisores, têm a responsabilidade de assegurar que o conteúdo seja geral, a informação do cliente não-identificado seja acurada, imparcial e consista de dados objetivos, factuais.

7. Com relação à prestação de serviços profissionais, os membros devem aceitar apenas aquelas situações para as quais estão qualificados profissionalmente.

8. Na relação de aconselhamento, o conselheiro tem consciência da intimidade da relação, mantém respeito pelo cliente e evita engajar-se em atividades que visem a satisfação de necessidades pessoais. Através da cons-

ciência do impacto negativo de se basear em estereótipos raciais e sexuais e da discriminação, o conselheiro preserva os direitos individuais e a dignidade pessoal do cliente na relação de aconselhamento.

Seção B: A relação de aconselhamento

Esta seção refere-se à prática e procedimentos em relações de aconselhamento individual ou em grupo.

O membro deve reconhecer a necessidade da liberdade de escolha do cliente. Sob circunstâncias onde isso não for possível, deve informar os clientes das restrições que possam limitar sua liberdade de escolha.

1. A *primeira* obrigação de um membro é respeitar a integridade e promover o bem-estar do cliente, esteja este sendo assistido individualmente ou em grupo. No último caso, o membro também é responsável por tomar precauções razoáveis para proteger os indivíduos de trauma físico e/ou psicológico resultante da interação no grupo.

2. A relação de aconselhamento e a informação dela resultante devem ser confidenciais, de acordo com as obrigações do membro como profissional. Numa situação de aconselhamento em grupo, o conselheiro deve estabelecer uma norma de confidencialidade com respeito às revelações de todos os participantes do grupo.

3. Se um indivíduo já está numa relação de aconselhamento com um outro profissional, o membro não inicia nova relação sem primeiro contactar e receber a aprovação desse profissional. Se após ter iniciado descobre que o cliente está numa outra relação de aconselhamento, deve obter o consentimento do outro profissional ou dar fim à relação, a menos que o cliente escolha pôr fim à primeira.

4. Quando a condição do cliente indica que existe perigo claro e iminente para o mesmo ou outras pessoas, o membro deve ter atitude pessoal razoável ou informar as autoridades responsáveis. A consulta a outros profissionais deve acontecer, quando possível. Assumir a responsabilidade pelo comportamento do cliente deve ocorrer somente após deliberação cuidadosa. O cliente deve ser levado a reassumir a responsabilidade o mais rápido possível.

5. Os registros da relação de aconselhamento, incluindo notas de entrevista, dados de teste, correspondência, gravações e outros documentos deverão ser considerados informação profissional para uso em aconselhamento e não devem fazer parte dos arquivos da instituição ou agência onde o conselheiro está empregado, a menos que seja especificado pelo estatuto ou regulação do Estado. A revelação de material de aconselha-

mento a outras pessoas deve ocorrer apenas com o consentimento expresso do cliente.

6. O uso de dados derivados de uma relação de aconselhamento, para fins de treinamento ou pesquisa do conselheiro, deve restringir-se ao conteúdo que pode ser dissimulado para assegurar plena proteção da identidade do cliente exposto.

7. O membro deve informar o cliente dos fins, objetivos, técnicas, regras de procedimento e limitações que possam afetar a relação, antes ou no momento de iniciar o aconselhamento.

8. O membro deve proteger os participantes do grupo, especialmente quando a ênfase é sobre autocompreensão e crescimento através da descoberta do eu. Deve manter uma consciência da compatibilidade dos participantes do grupo, durante a existência do grupo.

9. O membro pode escolher consultar, com qualquer outra pessoa competente profissionalmente, sobre determinado cliente. Ao escolher um consultor, deve evitar colocá-lo numa situação de conflito de interesse que excluiria uma parte genuína de seus esforços para ajudar o cliente.

10. Se o membro é incapaz de dar assistência profissional ao cliente, deve evitar iniciar a relação de aconselhamento ou deve terminá-la imediatamente; em qualquer caso, deve sugerir alternativas adequadas (deve ter conhecimento sobre recursos para referência, de modo que um encaminhamento satisfatório possa ser iniciado). Caso o cliente não aceite o encaminhamento sugerido, o membro não está obrigado a continuar a relação.

11. Quando o membro tem outras relações — particularmente de natureza administrativa, de supervisão e/ou avaliação — com determinado indivíduo não deve prestar serviços como conselheiro, mas encaminhá-lo a outro profissional. Somente em casos onde tal alternativa não esteja disponível e onde a situação do indivíduo garanta intervenção de aconselhamento, o membro deve iniciar e/ou manter uma relação de aconselhamento. As relações duais com clientes, que possam prejudicar a objetividade e julgamento profissional do membro (p. exemplo, com amigos próximos ou parentes, intimidades sexuais com qualquer cliente), devem ser evitadas e/ou deve-se encaminhar o cliente a um outro profissional competente.

12. Todos os métodos experimentais de tratamento devem ser claramente apontados aos receptores e devem ser tomadas precauções de segurança.

13. Quando um membro está engajado em programas de tratamento/treinamento de curta duração e em grupo (por exemplo: maratonas e outros tipos de encontro ou grupos de crescimento) deve-se assegurar a

existência de assistência profissional disponível durante e após a experiência em grupo.

14. Se o membro precisa ser engajado num ambiente de trabalho que exija qualquer variação das afirmações acima, deve consultar outros profissionais, sempre que possível, para considerar as alternativas legítimas.

Seção C: Medida e avaliação

O objetivo primeiro da aplicação de teste educacional e psicológico é fornecer medidas descritivas que são objetivas e interpretáveis em termos comparativos ou absolutos. O membro deve reconhecer a necessidade de interpretar as afirmações abaixo, como aplicando-se à série integral das técnicas de avaliação, incluindo dados de teste e não-teste. Os resultados de teste constituem apenas uma entre uma variedade de fontes de informação relativas às decisões quanto a recrutamento de pessoal, orientação e aconselhamento.

1. O membro deve dar orientação ou informação específica ao examinado antes e após a aplicação do teste, de modo que os resultados possam ser colocados em perspectiva adequada com outros fatores relevantes. Agindo assim, deve reconhecer os efeitos dos fatores sócio-econômicos, étnicos e culturais sobre os escores do teste. É responsabilidade profissional do mesmo usar cuidadosamente a informação adicional não-validada, ao modificar interpretação dos resultados do teste.

2. Ao selecionar testes para uso em uma dada situação ou com um cliente específico, o membro deve considerar cuidadosamente a validade, a confiabilidade e a adequação específica do teste. A validade e a confiabilidade *gerais* e os aspectos semelhantes podem ser questionados legal e eticamente, quando os testes são usados para seleção, colocação ou aconselhamento vocacional e educacional.

3. Ao fazer quaisquer declarações ao público sobre testes e aplicação de teste, o membro deve dar informação acurada e evitar pretensões falsas ou concepções errôneas. Muitas vezes, são requeridos esforços especiais para se evitarem conotações injustificadas de termos como "*Q.I*" e "*escores de classe equivalente*".

4. Testes diferentes demandam níveis diferentes de competência para aplicação, avaliação e interpretação. Os membros devem reconhecer os limites de sua competência e desempenhar apenas aquelas funções para as quais estão preparados.

5. Os testes devem ser aplicados sob as mesmas condições estabelecidas em sua padronização. Quando os testes não são aplicados sob

condições-padrão ou quando comportamento excepcional ou irregularidades ocorrem durante a sessão de aplicação do teste, essas condições devem ser anotadas e os resultados devem ser considerados sem valor ou de validade questionável. A aplicação de teste, sem supervisão ou inadequadamente supervisionada, como o uso de teste através dos correios, não é considerada ética. Por outro lado, o uso de instrumentos bem projetados ou padronizados que possibilitem auto-aplicação e auto-avaliação, como os inventários de interesse, deve ser estimulado.

6. A significância dos resultados de teste usado em funções relacionadas a recrutamento de pessoal, orientação e aconselhamento depende geralmente da não-familiaridade dos examinados com os itens específicos no teste. Qualquer instrução ou disseminação anterior de materiais do teste pode invalidar seus resultados. Portanto, a segurança do teste é uma das obrigações profissionais do membro. As condições que produzem resultados de teste mais favoráveis devem ser conhecidas pelo examinando.

7. O objetivo da aplicação do teste e o uso explícito dos resultados devem ser conhecidos pelo examinando antes da aplicação. O conselheiro deve fazer com que as limitações do instrumento não sejam excessivas e que a revisão periódica e/ou a nova aplicação do teste sejam feitas para se evitar enquadrar o cliente em estereótipos.

8. O bem-estar do examinando e entendimento anterior explícito devem ser os critérios para a determinação dos receptores dos resultados do teste. O membro deve providenciar para que a interpretação específica acompanhe os dados de teste individual ou em grupo. A interpretação dos dados de teste deve estar relacionada às preocupações particulares do examinando.

9. O membro deve ser cauteloso ao interpretar os resultados de instrumentos de pesquisa se possuir dados técnicos insuficientes. Os fins específicos para o uso de tais instrumentos devem ser ditos explicitamente aos examinandos.

10. O membro deve proceder com cautela ao tentar avaliar e interpretar o desempenho de membros de grupo minoritário ou de outras pessoas que não estão representadas no grupo — norma pela qual o instrumento foi padronizado.

11. O membro deve prevenir-se contra a apropriação, reprodução ou modificações de testes publicados ou parte deles, sem reconhecimento e permissão prévia do editor.

12. Quanto à preparação, publicação e distribuição de testes, deve ser feita consulta a:

a. *Standards for Educational and Psychological Tests and Manuals*, edição revista, 1974, publicada pela Associação Americana de Psicologia,

pela Associação Americana de Pesquisa Educacional e pelo Conselho Nacional de Medidas em Educação.
   b. Uso responsável dos testes: *Measurement and Evaluation in Guidance*, 1972, 5, 385-388.
   c. "Responsabilites of Users of Standardized Tests", APGA *Guidepost*, 05/10/1978, pp. 5-8.

Seção D: Pesquisa e publicação

1. Orientações sobre pesquisa com sujeitos humanos devem aderir a:
   a. *Ethical Principles in the Conduct of Research with Human Participants*, Washington, D.C.: American Psychological Association, Inc. 1973.
   b. *Code of Federal Regulations*, Título 45, Subtítulo A, Parte 46, como promulgado correntemente.

2. Ao planejar qualquer atividade de pesquisa que lide com sujeitos humanos, o membro deve estar consciente de todos os princípios éticos pertinentes, ser suscetível a eles, e assegurar que o problema, o projeto e a execução da pesquisa estejam em plena conformidade com os mesmos.

3. A responsabilidade pela prática ética da pesquisa pesa sobre o pesquisador principal, enquanto outras pessoas envolvidas nas atividades de pesquisa dividem a obrigação ética e têm total responsabilidade por suas próprias ações.

4. Na pesquisa com sujeitos humanos, os pesquisadores são responsáveis pelo bem-estar dos sujeitos durante todo o experimento e devem tomar todas as precauções razoáveis para evitar causar-lhes efeitos psicológicos, físicos ou sociais prejudiciais.

5. Todos os sujeitos da pesquisa devem ser informados do objetivo do estudo, exceto quando ocultar informação ou dar-lhes informações erradas é essencial à investigação. Em tal caso, o membro deve ser responsável pela ação corretiva o mais breve possível após a conclusão da pesquisa.

6. A participação na pesquisa deve ser voluntária. A participação involuntária é adequada apenas quando pode ser comprovado que não existem efeitos prejudiciais sobre os sujeitos e é essencial à investigação.

7. Ao relatar os resultados da pesquisa, deve ser feita menção explícita de todas as variáveis e condições conhecidas pelo pesquisador, que podem afetar o resultado da investigação ou a interpretação dos dados.

8. Um membro deve ser responsável pela condução e relato das in-

vestigações de modo a reduzir ao mínimo a possibilidade de que os resultados sejam enganosos.

9. Um membro tem obrigação de colocar à disposição os dados suficientes da pesquisa original a outras pessoas qualificadas que possam estar interessadas.

10. Ao suprir dados, auxiliar a pesquisa de uma outra pessoa, relatar resultados de pesquisa ou tornar disponíveis dados originais, deve-se tomar o devido cuidado para encobrir a identidade dos sujeitos, na ausência de autorização específica destes para agir-se de outro modo.

11. Ao conduzir e relatar uma pesquisa, o membro deve estar familiarizado com o trabalho anterior sobre o tópico e citá-lo, bem como observar todas as leis de direitos autorais e seguir os princípios de dar crédito pleno a todos a quem o crédito é devido.

12. O membro deve dar o crédito devido, através de co-autoria, citação, declarações em nota de rodapé ou outros meios adequados àqueles que contribuíram significativamente para a pesquisa e/ou publicação, de acordo com as colaborações.

13. O membro deve comunicar a outros membros os resultados de qualquer pesquisa julgados de valor profissional ou científico. Não se devem ocultar resultados que sejam desfavoráveis a instituições, programas, serviços ou interesses pessoais.

14. Se os membros concordam em cooperar com um outro indivíduo em pesquisa e/ou publicação, incorrem na obrigação de colaborar para a pontualidade no cumprimento e para plena consideração à totalidade e à exatidão da informação requerida.

15. A prática ética exige que os autores não submetam o mesmo texto ou um essencialmente similar em conteúdo para publicação simultânea por dois ou mais periódicos. Além disso, os textos publicados no todo ou em parte substancial em um outro periódico ou trabalho publicado, não devem ser submetidos à publicação, sem reconhecimento e autorização da publicação anterior.

Seção E: Consulta

Consulta refere-se a uma relação voluntária entre um profissional e um indivíduo, um grupo ou uma unidade social que necessita de ajuda, na qual o consultor proporciona ajuda ao cliente para definir e solucionar um problema relacionado a trabalho ou um problema potencial com um cliente ou um sistema-cliente. (Essa definição foi adaptada do artigo de

Kurpius, De Wayne: "Consultation theory and process: An integrated model". *Personnel and Guidance Journal*, 1978, 56.)

1. O membro que atua como consultor deve ter um elevado grau de autoconsciência de seus valores, conhecimento, habilidades, limitações e necessidades, ao iniciar uma relação de ajuda que envolve mudança humana e/ou organizacional e na qual o foco do relacionamento está nos problemas a serem resolvidos e não na pessoa que expõe o problema.

2. Deve existir entendimento e acordo, entre membro e cliente, sobre a definição do problema, os objetivos de mudança e as conseqüências implicadas nas intervenções selecionadas.

3. O membro deve estar razoavelmente seguro de que ele, ou a organização que representa, tem as competências e recursos necessários para oferecer o tipo de ajuda requerida no momento ou que pode revelar-se mais tarde, e quais fontes de referência adequadas estão à sua disposição.

4. A relação de consulta deve estimular e cultivar a adaptabilidade e o crescimento do cliente para a autodireção. O membro deve manter essa função consistentemente e não tomar decisões pelo cliente ou criar uma futura dependência do consultor.

5. Ao anunciar a disponibilidade dos serviços ao consultor, o membro adere conscienciosamente aos *Padrões Éticos* da Associação.

6. O membro deve recusar um honorário particular ou outra remuneração por consulta de pessoas que têm direito a esses serviços através da agência ou instituição empregadora do membro. A política de uma agência particular pode ter disposições explícitas quanto à prática privada com clientes da agência por um de seus membros. Em tais circunstâncias, os clientes devem ser informados de outras opções abertas a eles, se buscam serviços privados de aconselhamento.

Seção F: Prática privada

1. O membro deve prestar serviços de aconselhamento em locais privados ou públicos.

2. Ao anunciar serviços como prática particular, o membro deve fazê-lo de maneira a informar acuradamente o público sobre serviços, competência, profissão e técnicas de aconselhamento de um modo profissional. Um membro que assume uma função de direção executiva na organização não deve permitir que seu nome seja usado em anúncios profissionais nos períodos em que não está ativamente engajado na prática privada de aconselhamento.

O membro deve registrar o seguinte: o mais alto título relevante, tipo e nível de certificado ou licença, tipo e/ou descrição dos serviços e outra informação relevante. Tal informação não deve conter material ou declarações falsos, inexatos, enganosos, parciais, fora de contexto ou fraudulentos.

3. Os membros podem juntar-se em sociedade/corporação com outros membros e/ou outros profissionais, com a condição de que cada membro da sociedade ou corporação diferencie as especialidades distintas por nome, de acordo com os regulamentos da localidade.

4. Um membro tem a obrigação de retirar-se de uma relação de aconselhamento se acreditar que o emprego resultará em violação dos *Padrões Éticos*. Se a condição mental ou física do membro torna difícil levar a cabo uma relação profissional efetiva ou se o cliente acha que a relação de aconselhamento não lhe é mais produtiva, então o membro é obrigado a finalizar a relação de aconselhamento.

5. Um membro deve aderir aos regulamentos para prática privada da localidade onde os serviços são oferecidos.

6. Não é ético utilizar-se do vínculo institucional para recrutar clientes para sua prática privada.

Seção G: Administração de pessoal

Reconhece-se que muitos membros estão empregados em instituições públicas ou quase-públicas. A atuação de um membro em uma instituição deve contribuir para os objetivos da mesma e vice-versa, para que ambos cumpram seus respectivos fins ou objetivos. Portanto, é essencial que o membro e a instituição funcionem de modo a: (a) tornar explícitos e públicos os fins da instituição; (b) tornar específica a contribuição do membro para fins institucionais; e (c) promover responsabilidade mútua pela realização do fim.

Para cumprir esses objetivos, se reconhece que o membro e o empregador devem dividir responsabilidades na formulação e implementação da política de pessoal.

1. Os membros devem definir e descrever os parâmetros e níveis de sua competência profissional.

2. Os membros devem estabelecer relações interpessoais e acordos funcionais com supervisores e subordinados, a respeito de relações clínicas ou de aconselhamento, confidencialidade, distinção entre material público e privado, conservação e disseminação de informação gravada, encargo e responsabilidade pelo trabalho. Os acordos funcionais em cada caso devem ser especificados e conhecidos pelos interessados.

3. Os membros devem alertar seus empregadores sobre as condições que possam ser potencialmente prejudiciais.
4. Os membros devem informar os empregadores sobre as condições que possam limitar sua eficiência.
5. Os membros devem submeter-se regularmente a exame e avaliação profissional.
6. Os membros devem ser responsáveis por desenvolvimento — em benefício próprio e/ou da equipe de trabalho.
7. Os membros devem informar sua equipe de trabalho sobre seus objetivos e programas.
8. Os membros devem oferecer práticas relativas a pessoal que garantam e aumentem os direitos e bem-estar de cada receptor de seu serviço.
9. Os membros devem selecionar pessoas competentes e atribuir responsabilidades compatíveis com suas habilidades e experiências.

Seção H: Padrões de preparação

Os membros que são responsáveis pelo treinamento de outros devem ser orientados pelos padrões de preparação da Associação e da Divisão relevante. O membro que atua na qualidade de instrutor assume responsabilidades éticas únicas, que freqüentemente vão além das assumidas pelos membros que não têm essa função. Essas responsabilidades éticas estão esboçadas como segue:

1. Os membros devem orientar estudantes quanto a expectativas do programa, desenvolvimento de habilidades básicas e perspectivas de emprego, antes da admissão ao programa.
2. Os membros encarregados das experiências de aprendizagem devem estabelecer programas que integrem estudo acadêmico e prática supervisionada.
3. Os membros devem estabelecer um programa dirigido a desenvolver as habilidades, o conhecimento e a autocompreensão dos estudantes, fixados sempre que possível em termos de competência ou desempenho.
4. Os membros devem identificar os níveis de competência de seus alunos de acordo com padrões relevantes da Divisão. Essas competências devem acomodar o paraprofissional e o profissional.
5. Os membros, através de avaliação e apreciação contínuas do estudante, devem estar conscientes das limitações pessoais do aprendiz que poderão impedir desempenho futuro. O instrutor deve não apenas auxiliar o aprendiz assegurando assistência reparadora, mas também retirar do programa aqueles indivíduos incompetentes.

6. Os membros devem oferecer um programa que inclua treinamento em pesquisa de acordo com os níveis funcionais. Os paraprofissionais e o pessoal de nível técnico devem ser treinados como consumidores de pesquisa; além disso, esse grupo deve aprender como avaliar a própria eficiência e a de seu programa. A instrução pós-graduada, especialmente ao nível de doutorado, inclui preparação para pesquisa original pelo membro.

7. Os membros devem conscientizar os estudantes das responsabilidades e padrões éticos da profissão.

8. Os programas preparatórios devem estimular os estudantes a valorizar os ideais do serviço para os indivíduos e a sociedade. A esse respeito, a remuneração financeira direta ou a ausência dela não devem influir na qualidade do serviço prestado. Não se deve permitir que considerações monetárias toldem necessidades profissionais e humanitárias.

9. Os membros responsáveis por programas educacionais devem ser qualificados como professores e profissionais.

10. Os membros devem apresentar posições teóricas totalmente variadas, de modo que os estudantes possam fazer comparações e tenham oportunidade de escolher uma posição.

11. Os membros devem desenvolver, em suas instituições educacionais, políticas claras a respeito de colocação no campo e dos papéis do estudante e do instrutor em tais colocações.

12. Os membros devem assegurar que formas de aprendizagem centradas em autocompreensão ou crescimento sejam voluntárias, ou, se requeridas como parte do programa de educação, tornem-se conhecidas pelos estudantes antes de ingresso no programa. Quando o programa de educação oferece uma experiência de crescimento com uma ênfase em descoberta do eu ou outro envolvimento relativamente íntimo ou pessoal, o membro não deve ter autoridade administrativa, de supervisão ou avaliação em relação ao participante.

13. Os membros devem conduzir um programa educacional, observando as orientações correntes relevantes da American Personnel and Guidance Association e suas Divisões.

Apêndice B

Esboço para apontamentos da sessão

Conduzir sessões de aconselhamento com o apoio e *feedback* de um supervisor é uma parte importante do desenvolvimento profissional de um estagiário. Na maioria dos programas de treinamento, sessões são gravadas em áudio ou vídeo-teipe. Terminada a sessão, o estagiário ouve a gravação, obtendo *feedback* que pode produzir idéias para sessões futuras e conhecimento de áreas onde o trabalho pode ser melhorado. Os conselheiros de nível superior e estagiários ouvem para desenvolver um quadro total do que aconteceu na sessão: emoções importantes, opiniões e características de personalidade do cliente não-observadas plenamente durante a sessão real, momentos ou pontos decisivos significativos e coisas importantes que o conselheiro fez ou deixou de fazer. Receber *feedback* organizado do supervisor e dar a si mesmo *feedback* organizado são os veículos principais para se melhorar o trabalho com um dado cliente e para se desenvolverem as habilidades profissionais.

O esboço a seguir pode auxiliar a elaboração de uma análise escrita de uma sessão de aconselhamento, especialmente uma que tenha sido gravada. Usado cuidadosamente, o esboço pode ajudar o estagiário a organizar pensamentos sobre o cliente, a sessão e a qualidade do trabalho.

Ter uma cópia desse apontamento dará ao supervisor um quadro rápido, porém intensivo, da sessão e, desse modo, irá ajudá-lo a organizar *feedback* que será muito útil para o estagiário e o cliente.

O esboço contém seis partes principais com narrativa sob cada título para sugerir o tipo de conteúdo que aquela área deve conter. A primeira parte — "Informação Básica" — é mais aplicável à primeira sessão com um cliente específico. Algumas vezes, é usada em sessões subseqüentes quando novos dados de significância chamam a atenção do conselheiro. A última parte — "SOCORRO!" — reflete nossa experiência, como supervisores, de que a receptividade do estagiário para o *feedback* está diretamente relacionada à sua capacidade para tornar claro que tipo de *feedback* seria mais útil.

Informação básica

Por que o cliente se aproximou de você (ou por que você se aproximou do cliente)? Quais foram as preocupações e circunstâncias importantes que uniram vocês dois? Se uma terceira pessoa está envolvida, quais foram as observações e preocupações dela? Exponha informação demográfica significativa, como idade, grau escolar, emprego, unidade familiar e história, que pareça relevante para o problema apresentado.

Visão geral da sessão

Sobre o que vocês conversaram? Quais foram as questões e temas dominantes nesta sessão? Se esta era uma sessão após o encontro inicial, quais foram seus objetivos processuais e finais que entraram na sessão? Você fez progressos com esses objetivos? Você achou necessário fazer alguma coisa diferente por causa de prioridades do cliente? (Esta parte deverá ser bastante breve, deixando detalhes de interações significativas para a parte seguinte.)

Observações e avaliação do diagnóstico

Descreva o quadro que você desenvolveu de seu cliente a partir dos dados que recebeu na sessão. Quais observações e impressões tem de seu cliente e do seu espaço vital? Quão impenetráveis são as barreiras para o crescimento? Quão fortes são as habilidades de seu cliente? Qual é a etiologia da capacidade ou incapacidade psicológica atual do cliente? O que ele está tentando realizar através dos vários comportamentos?

Quais são suas hipóteses sobre seu cliente que podem servir para desenvolver suas intervenções no aconselhamento? (O cap. 8 fornece uma estrutura para abordar muitas dessas questões.)

Observações sobre si mesmo

Descreva temas e padrões significativos que observou em seu próprio comportamento, mencionando o que considerou especialmente eficaz e quais áreas lhe foram difíceis. Descreva sua própria experiência interna durante a sessão, com foco especial sobre momentos ou pontos onde se sentiu confuso, tenso, irritado ou perdido.

Planos para a próxima sessão

Como você espera continuar nas sessões subseqüentes? Que questões e preocupações acha que vale a pena explorar? Que objetivos processuais tentará cumprir?

Socorro!

Especificamente, que tipo de ajuda gostaria de ter de seu supervisor de estágio ou de colegas estudantes, quanto a este cliente, a esta sessão e a seus esforços de ajuda?